Shuwasystem Business Guide Book　How-nual

最新 ブランディングの基本と動向がよ～くわかる本

ブランディング責任者&経営者のための基礎知識

荒木 洋二 著

秀和システム

注意

(1) 本書は著者が独自に調査した結果を出版したものです。

(2) 本書は内容について万全を期して作成いたしましたが、万一、ご不審な点や誤り、記載漏れなどお気付きの点がありましたら、出版元まで書面にてご連絡ください。

(3) 本書の内容に関して運用した結果の影響については、上記 (3) 項にかかわらず責任を負いかねます。あらかじめご了承ください。

(4) 本書の全部または一部について、出版元から文書による承諾を得ずに複製することは禁じられています。

(5) 本書に記載されているホームページのアドレスなどは、予告なく変更されることがあります。

(6) 商標
本書に記載されている会社名、商品名などは一般に各社の商標または登録商標です。なお、本文中には™、®を明記しておりません。

はじめに

　企業を取り巻く環境は、あらゆる場面で変化を続け、未来は予測不能な不確実性に満ちています。どんな業界のどんな企業も、目覚ましい科学技術の発達とグローバルな競争環境に常にさらされています。そのため、どんな製品・サービスもあらゆる分野でコモディティ化が急速に広がり、市場は飽和状態の様相を呈しています。

●ステークホルダーの視点を取り入れたブランディング

　本書で解説する内容は、従来のブランディング関連書とは一線を画すものです。その特徴の1つがステークホルダーの視点をブランディングの中心に据えたこと、そして、もう1つが**リスクマネジメント**を組み込んでいることです。

　これまでは「ブランド＝商品」であるがゆえに、顧客を起点としたブランディングが解説されてきました。しかし、時代の流れとともに、顧客と接する社員自身に視線が注がれ、インナーブランディングが脚光を浴びます。また、SDGsブームの中でソーシャルブランディングやパーパスブランディングなどの目新しいブランディングも登場しています。

　そして、リーマンショックによって、金融資本主義や株主至上主義の終焉が始まり、コロナ禍を経て佳境を迎えているようにみえます。その証左として、2020年1月14日、世界経済フォーラムは、年次総会の場で「ステークホルダー資本主義：持続可能で団結力ある世界を築くための宣言」を発表。年次総会のテーマは、「ステークホルダーがつくる、持続可能で結束した世界」でした。

　ステークホルダーとは、価値を共に生み出し続ける仲間のことです。今や、顧客か社員かなどの優先順位をつけている場合ではありません。全方位、つまりすべてのステークホルダーと向き合うことからしか、ブランディングは始められないのです。

　経営者・社員、顧客、取引先・パートナー、株主、地域社会（住民・行政）などを対象とすることが「明日のブランディング」であり、それこそが原点回帰した「本来のブランディング」といえます。

●リスクマネジメントを組み込んだブランディング

　さらに、企業経営の文脈で語られるブランディングにおいて、**リスクマネジメント**は欠かせません。

　リスクは未来にありますが、同時にブランディングを阻む要因はすぐ目の前に、常に存在しています。成長や存続を目指す企業は、多種多様で複雑なリスクと向き合うことなしにブランディングを成功に導くことはできません。リスク情報とどう向き合うのか。今、経営者たちは問われているのです。見過ごしたり見逃したりした

先には、経営危機が訪れることが必然と知るべきでしょう。

　本書では、前述した２つの視点を組み入れたブランディングの本質に関する基礎知識と理論を前半で解説します。後半では、自社においてどんな準備が必要なのか、何から取り掛かり、どんな体制でどんな取り組みをすればいいのか、そして、どんな能力が必要なのかを示します。

●経営者の本能がブランディングを希求する

　永続を目指す企業は、成長を続ける過程でさまざまな障壁に必ず直面します。売上高が伸びれば、それに呼応して顧客基盤が増大し、取引先が多岐にわたって、社員が増加します。自社を取り巻く多数かつ多様な関係者と深く関わり、厳しい競争社会にさらに踏み込まざるを得なくなります。

　そんな成長過程にある経営者たちは、直面する事態を打開するために、その本能としてブランディングを希求せざるを得ません。10年近く前から、中小企業からスタートアップに至るまで、数多くの経営者たちが「わが社をどうブランディングするか」と声を上げ始めたのは、潜在的意識、本能に起因しているとみています。

　本書は、そんな経営者のもとで、「はじめてブランディングに取り組む」「これからブランディングに着手する」企業において、**ブランディング責任者**や、**その現場に身を置いている人たち**を対象にしています。もちろん経営者自身にとっても必見の内容を網羅しています。

　企業とは、そもそもどんな存在なのか。経営の本質とは何のか。ステークホルダーの存在がどれほど重要なのか。ブランドの語源とは何か。企業ブランディングの真髄とは何か。マーケティングとブランディングはどんな関係があるのか。何がブランディングを阻むのか。ブランディングに取り組むためには、これら概念に対する総合的な理解が欠かせません。本書では、それぞれを丁寧にひもときます。

●情緒面の情報発信が成功の鍵

　先見性を持つ一部の有識者は、企業間の競争において、**機能面**で差別化することは極めて困難であると提唱しています。そして、無数の選択肢の中から自社が選ばれるためには、理性ではなく、感性に訴える**情緒面**を発信できるかが差別化の鍵だと述べています。

　近年では、「ブランド＝商品」ではなく、「ブランド＝企業・組織」という文脈で語られることが主流となっています。インターネットの普及に伴うSNSなどの勃興により、情報爆発が起こり、生活者を取り巻く情報環境は混迷しています。企業が表面を過度に着飾った情報を発信すれば、化けの皮は瞬時に剥がされるのが現代です。

●すべてのステークホルダーがずっと笑顔でいられる会社に

　成長を求める企業は、激変する３つの環境（経済・社会・自然）から影響を受けながらも、ステークホルダーから選ばれ続けることで、存続できる可能性が高まります。**ステークホルダーは、喜びも苦しみも悲しみも分かち合える仲間**と断言できる関係を築けるかが、決定的に重要なのです。

　本書が危機に直面しても誰も見捨てない、情熱にあふれ、芯が強く心持ちが温かい会社となるための第一歩を踏み出すきっかけとなれば、望外の喜びです。

2024年8月　荒木 洋二

図解入門ビジネス
最新 ブランディングの基本と動向がよ～くわかる本

はじめに …………………………………………………………………… 3

第1章 企業の本質と役割

1-1 社会と企業 ……………………………………………………… 10

1-2 ステークホルダーの本質を知る ……………………………… 18

1-3 情報の正体を知る ……………………………………………… 26

1-4 企業経営の本質を解き明かす8つの軸① ………………… 30

1-5 企業経営の本質を解き明かす8つの軸② ………………… 41

コラム システム開発を成果報酬型にする理由① ………………… 50

第2章 ブランディングの本質を明らかにする

2-1 ブランドの本質 ………………………………………………… 52

コラム システム開発を成果報酬型にする理由② ………………… 56

2-2 ブランドを構成する2つの価値 …………………………… 57

コラム ソニック・ブランディング①
　　　 非言語領域としての「音」の可能性 ……………………… 63

2-3 企業経営に通底する2つの側面 …………………………… 64

コラム ソニック・ブランディング②
　　　 無意識に働きかけるブランディングとは ………………… 70

2-4 企業ブランディング …………………………………………… 71

コラム 元社員もステークホルダー ………………………………… 76

2-5 ブランディングとマーケティングの関係 ………………… 77

2-6 欧州ラグジュアリーブランドに学ぶ ……………………… 86

第3章 ブランディングを始める前に

3-1	生活者は情報をどう選ぶのか①	94
コラム	トヨタイムズ① 等身大の姿を見せる『トヨタイムズ』	101
3-2	生活者は情報をどう選ぶのか②	102
コラム	トヨタイムズ② 職人、匠たちが織り成す「クルマづくり」の物語	109
3-3	企業の魅力を解剖する	110
コラム	日本のモノづくり開発秘話① 舞台裏の宝庫『ニッポンはじめて物語』	119
3-4	企業が発信する2種類の公式情報	120
コラム	日本のモノづくり開発秘話② 世界中の人々の命を救う「内視鏡」	129
3-5	企業ブランディングの鍵を握る舞台裏	130

第4章 実践編①ブランディングの現状診断と魅力の洗い出し

4-1	情報発信の棚卸し	142
4-2	自社の成長段階を診断する	150
4-3	ステークホルダーとの関係を診断する①	155
コラム	魅力があふれるWeb社内報「en soku」を公開	162
4-4	ステークホルダーとの関係を診断する②	163
コラム	これぞ舞台裏！ 台本なしの一発撮り動画が採用を変える	174
4-5	魅力の見つけ方、舞台裏の照らし方①	175
4-6	魅力の見つけ方、舞台裏の照らし方②	186

第5章 実践編②ブランディング推進エンジンの仕組み

| 5-1 | 舞台裏を「見える化」する秘訣 | 196 |
| コラム | 日本のモノづくり開発秘話③
雨の日には欠かせない「ビニール傘」のルーツ | 206 |

6-2	魅力を焼き印するエンジン ………………………………	207
6-3	ブランディングの本拠地「ニュースルーム」……………	216
6-4	ニュースルームとSNSの 組み合わせによるブランディング ………………………	224
6-5	ブランディング推進のエンジンを設計する ……………	231
コラム	SNSで舞台裏を伝え続ける「桃尻先生」………………	240

第6章 実践編③真のブランディングがもたらす企業の未来、社会の未来

6-1	ブランディング年間活動計画 ……………………………	242
6-2	メディア・リレーションズ ………………………………	251
コラム	「舞台裏」はマスメディアの常套句？ ……………………	265
6-3	魅力を磨き続ける …………………………………………	266
コラム	「舞台裏」は組織開発でも鍵を握る………………………	279
6-4	何がブランディングを阻むのか …………………………	280
6-5	企業ブランドを守り続ける ………………………………	289

| 索引 | ………………………………………………………………… | 297 |

＊本文中で紹介しているワーク資料は、下記の本書サポートページより
ダウンロードできます。

https://www.shuwasystem.co.jp/support/7980html/7299.html

第 **1** 章

企業の本質と役割

　もともとブランドとは、商品に対して使用される言葉でした。しかし近年、企業ブランドや企業ブランディングなど、企業経営の文脈で使われることが主流となっています。本書のテーマとして掲げるブランディングとは、この企業ブランディングのことです。

　第1章では、まずブランディングに取り組む企業はどんな存在であるべきかを明らかにします。

1-1
社会と企業

　日常的に使っている用語でも意外と理解が浅かったり、曖昧だったりする用語は少なくありません。ブランディングを効果的に行うための前段階として、企業とはどんな存在で、私たちが暮らす社会でどんな役割を担っているのかを知る必要があります。

▶ 社会とは何かを知る

　企業は、私たちが生活する社会の中で重要な役割を果たしています。その役割を理解することは、「自分が何のために働いているのか」を理解するための第一歩です。これは、どの業界や業種、規模、部署に所属しているかに関わらず、すべての人に共通することです。

　まず企業が存在する場所、つまり**社会**について考えることから始めましょう。

　社会という言葉は、明治初期に英語の「ソサイエティ」から訳されました。これは、「独自の慣習や法律を持つ組織体」という意味を持っています。

　このソサイエティを形容詞にすると、ソーシャルとなります。現代では、インターネットが社会インフラとして普及し、ソーシャル・ネットワーキング・サービス*が一般的になりました。

　このソーシャルという言葉は、日常会話でもよく使われています。ビジネスの世界では、ソーシャル・アントレプレナー*やソーシャル・グッド*などの用語がよく聞かれます。また、経営理論では、ソーシャル・キャピタル*などの用語が注目されています。

　このように、ソーシャルという言葉は、私たちの日常生活や企業活動に深く関わっています。これらを理解することで、企業と社会の関係性をより深く理解することができます。

＊ソーシャル・ネットワーキング・サービス	Social networking service。登録者同士が交流できるインターネットの会員制サービス。SNSと略される。
＊ソーシャル・アントレプレナー	Social Entrepreneur。社会の課題を、事業により解決する社会起業家。
＊ソーシャル・グッド	Social Good。境や地域などのに対して良い影響を与える活動や商品・サービスなどのこと。
＊ソーシャル・キャピタル	Social Capital。人々の関係性やつながりを資源として捉える考え方。社会関係資本。

1-1　社会と企業

▶ 持続可能な社会を目指して

　社会とは、人々が共に生活する「現実の世界」を指します。科学技術の進歩により、産業社会が生まれ、さまざまな業界や業種の企業によって発展しました。これにより、経済社会全体のエコシステム（生態系）が形成されました。

　しかし、産業の発展は、大気汚染、水質汚染、土壌汚染などの環境破壊や資源の枯渇など、社会の存続を脅かす問題を引き起こしました。これらの問題は、私たちが地球上で幸せに生きることが可能かどうかという疑問を抱かせるものです。企業の成長は確かに私たちに豊かな生活をもたらしましたが、同時に社会の持続性を脅かす事態も引き起こしました。

　そのため、2010年以降、世界中の企業が**持続可能な社会**の実現を目指して、自己反省を始めました。企業と社会は密接に関連しており、持続可能な社会を阻む企業は、最終的に自分自身と周囲に害を及ぼすことになります。

　過剰な力を持つ主体が社会や市場を支配すると、社会は歪み、持続することが困難になります。持続可能な社会こそが、個人や法人が幸せに生きるための基盤となります。

▶ 企業は社会を構成する主体

　企業は、社会の一員であり、社会を形成する主要な要素です。社会が存在するからこそ、すべての企業は存在できます。この点を理解することが非常に重要です。

　米国の著名な経営学者、ピーター・ドラッカー＊博士は、「社会の存続が前提で初めて企業経営は成り立つことを知るべきだ」と強調しています。ドラッカー博士はまた、一部の企業が過剰な能力を使いすぎると、それが社会の存続を脅かす可能性があると警告しています。企業が存在できるのは、社会が公正で平和で、安心して生活できる状態であるからです。

＊**ピーター・ドラッカー**　Peter Ferdinand Drucker。1909年、オーストリア・ウィーン生まれ。人類史上初めてマネジメントという分野を体系化した経営学者。2005年没。

第1章　企業の本質と役割

1-1 社会と企業

企業は社会を構成する主体①

社会の存続が前提で成り立つ

　企業は、この前提を忘れてはなりません。持続可能な社会を実現するためには、各企業が短期的な利益や過剰な利益を追求してはなりません。自社だけの利益を追求することに目がくらんでいないかを常に問い直すことが重要です。

　社会が破壊されたり、大きな変化が起きたりすると、企業の存続や経営に大きな影響を及ぼす可能性があります。企業の存在は社会と密接に関連しており、企業自身が社会の存続に貢献する存在でなければなりません。つまり、すべての企業は社会の中で何らかの役割を果たしているということです。この視点を忘れてはいけないのです。

企業は社会を構成する主体②

▶ 法のもとに人格を認められた存在が「法人」

　法人とは、企業やその他の組織を含む総称で、それぞれが独自の「人格」を持つ存在です。法律上、人間は「自然人」（個人）と「法人」の2つに分けられます。法人は、法の下で人格が認められた存在です。

1-1 社会と企業

法人とは

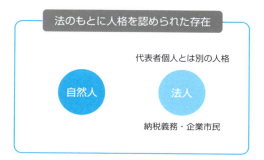

　法人と代表者（個人）は、別の人格として扱われます。中小企業でオーナーが代表を務める場合でも、法人と個人は法的に明確に別の人格とされています。そのため、各法人（営利法人）には、代表者とは別に納税義務があります。

　「企業市民」という言葉からもわかるように、企業は社会から人格ある存在として受け入れられています。代表者と企業や組織の人格が別であることを理解しておくことが重要です。

　さらに詳しく法人について見てみましょう。法人は、大きく3つの種類に分けられます。**営利法人**と**非営利法人**の違いは、利益の分配を目的としているかどうかで区別されます。それぞれの特性を理解することが重要です。

● 営利法人

　主に下記の4つに分類されます。

❶株式会社
❷合同会社
❸合名会社
❹合資会社

1-1　社会と企業

●非営利法人

主に下記のような種類があります。介護施設や障害者施設の運営主体は株式会社が多いのですが、社会福祉法人も少なくありません。

❶NPO法人（特定非営利活動法人）
❷一般社団法人／一般財団法人
❸社会福祉法人

●公益法人

主に下記の種類があります。

❶地方公共団体
❷公益社団法人／公益財団法人
❸独立行政法人
❹学校法人

▶ 法人格の有無に限らず、あらゆる組織は社会を構成する主体

地方公共団体の代表格は、自治体です。前述の分類以外にも医療法人や宗教法人など、法人格を持つ組織も存在します。

一方で、法人格を持たない組織もあります。これは複数の人が集まって1つの有機体として成立する組織で、法人と同様の役割を担っています。例えば、地域の自治会、PTA、観光協会、小さなスポーツ団体、大学のサークルなどが該当します。これらは**任意団体**と呼ばれ、法人格はありませんが、社会の主体としての役割を果たしています。

法人格の有無に関わらず、これらの組織は社会を構成する一員であり、何らかの役割を担っていることは確かです。

企業は何のために存在するのか？

次に企業や組織がなぜ存在するのか、つまりその存在目的や意義について考えてみましょう。これは、自分たちがどのように存在したいのかという基本的な問いに対する答えです。

2020年に新型コロナウイルスが世界中に広がり、その後の日本の報道では、**パーパス経営*** という言葉が急速に広まりました。これは、利益だけを追求する経営に限界が見え、企業や組織が自身の存在意義を明確にし、大切にしようとする動きを指しています。持続可能な社会もこの文脈で語られています。

つまり、「企業や組織が社会の中でどのような価値を持つのか」ということです。企業とは何かを深く理解するためには、その存在目的と価値を明らかにすることが大切です。これが、企業や組織の「パーパス」、つまり存在意義となります。

企業や組織が存在する理由は、**社会に何かしらの価値を提供すること**です。つまり、価値を提供することがその存在の根拠となります。

企業は何のために存在するのか？

存在価値と存在意義の継続

企業の生存と成長は、その価値創造と提供に直結しています。あるデータによれば、創業10年後の企業の生存率はわずか6％で、一般的に企業の寿命は30年と言われています。これは人間の寿命よりもはるかに短いのです。

企業や組織が社会で存在し続けるためには、価値を生み出し、それを提供し続けることが必要です。これができない企業や組織は、成長もできず、存続もできません。

***パーパス経営** 自社の社会的な存在意義（何のために存在するのか）といったパーパスを軸とし、経営を行うこと。パーパスは、「企業の存在意義」と訳される。

1-1　社会と企業

　つまり、価値を生み出し、提供することができない企業や組織は、社会で存在することができなくなってしまいます。これは、企業や組織にとって逃れられない運命と言えます。

　存続とは、「存在価値の継続」を意味します。すべての企業と組織にとって、価値を生み出し続け、社会に対して提供し続けられるかどうかが問われています。つまり、存在価値を継続できるかどうかという問いが、企業と組織に突き付けられているのです。

　時代や社会が変わっても、自分たちの存在意義を見失わずに、**ありたい姿**を保ちながら事業を営み続けることができるかどうかが問われています。人格を持った企業という存在に、永続を求めます。これは企業の本能とも言えます。この点については、1-3節、1-4節で後述します。

▶ 誰と共に存続するのか？

　考慮すべき重要な点が、もう1つあります。人間は1人では生きていけません。これは企業や組織にも当てはまります。では、企業や組織は誰と共に存続すべきでしょうか。

　企業や組織に関わる人々は、**利害関係者**という経営用語で表されます。利害関係者は、**ステークホルダー**の日本語訳で、利益や損害を共有し、相互に影響を及ぼす人々を指します。ステークホルダーは、企業や組織と密接に関連しています。

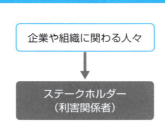

ステークホルダーとは

1-1 社会と企業

企業や組織が誰と共に存在し続けるかという質問に対する答えは、これまでの説明からすでに明らかです。ステークホルダーと価値を共に生み出すことで、存在し続けることができるのです。

これは、企業とステークホルダーが価値を共同で創造する関係であることを示しています。

誰とともに存続するのか？

CSV*は、**共有価値の創造**を意味する言葉で、マーケティングの権威であるマイケル・ポーター*氏が提唱しました。この「共有価値」は誰と共有するのかというと、それはステークホルダー、つまり企業の関係者全体と共有するものです。つまり、企業はステークホルダーと一緒に価値を生み出すというのが、CSVの本質的な意味となります。

なお、ステークホルダーについての詳細は、次節で説明します。

ステークホルダーと価値を共創

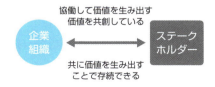

***CSV** Creating Shared Valueの略。
***マイケル・ポーター** Michael Porter。1947年、米国ミシガン州生まれ。ファイブフォース分析やバリューチェーンなどのコンセプトを提唱した経営学者。

1-2 ステークホルダーの本質を知る

　　企業が成長、存続するためにステークホルダーは、必要不可欠な存在です。ただし、聞き慣れない経営用語なので違和感を抱く人も少なくないでしょう。あるいはブランディングにとって何の意味があるのか、どんな関わりがあるのかと腑に落ちない人もいるでしょう。

▶ ステークホルダーとは誰なのか？

　　ステークホルダーとは、企業の成長や存続に影響を及ぼし、利益や損害を共有する関係者を指します。企業のパートナーであり、価値を生み出し、提供する役割を果たします。彼らとの関係は対等で、上下や貴賤の区別はありません。経済取引の基本原則は「等価交換」であり、信頼関係を築くことが重要です。ブランディングにおいては、ステークホルダーへの理解が欠かせません。どのように彼らと向き合うかは、経営の根本的な問題です。

　　従来のブランディングでは、ステークホルダーの対象が限定されていました。主に「ブランド＝商品」の観点から顧客が対象とされていたからです。

　　しかし、2015年頃からは、商品やサービスを生み出す社員に焦点を当てた**インナーブランディング**が注目されています。「インナー＝社内」なので、「社外」には顧客や社会が含まれます。しかし、その他のステークホルダーは、あまり重視されていませんでした。つまり、「ブランディングしたい」対象は、限定的でした。

▶ 代表的なステークホルダーを4つに分類

　　企業のステークホルダーを4つの主要なカテゴリーに分けて説明します。

●経営者/社員

企業の基盤を形成する人々で、企業の運営と成長に直接関与します。

1-2　ステークホルダーの本質を知る

●顧客

BtoB*でもBtoC*でも同じで、企業の商品やサービスを購入する人々を指します。

●取引先

製造業などの企業は、供給網*を形成します。取引先は国内外に広がり、複雑な相互関係を持つことで経済社会のエコシステムを形成します。これには、複数のパートナー企業との業務提携も含まれます。

●株主/金融機関

企業への資金提供者であり、企業の財務に影響を与えます。

これらの4種類のステークホルダーは、本来、心理的には企業のすぐそばに存在しています。自社の各部署のスタッフたちは、ステークホルダーたちと日々コミュニケーションを取り合っています。本質は仲間であり、常に協力し合う関係です。

▶ 報道機関と地域社会

今までの4種類と比較すると、企業と少し距離をとって関わっているステークホルダーもいます。1つはメディア/報道機関、もう1つは地域社会の住民と行政機関です。ここでいう地域社会とは本社や支社の所在地の地域を指します。

●メディア/報道機関

メディアは、社会にとって必要な情報を広く伝える役割を果たします。企業はプレスリリースを通じてメディアと接触し、情報を提供します。地方の企業は地元のメディアに広告を出したり、メディア主催のイベントに参加（出展）することもあります。

●地域社会の住民/行政機関

企業の本社や支社がある地域の住民もステークホルダーです。彼らは企業の社員や顧客として関わることがあります。また、企業は地域の自治体とも関わりを持ちます。企業は住民税を支払い、地域の条例を守る責任があります。

＊BtoB　Business to Businessの略。企業間の取引のこと
＊BtoC　Business to Consumerの略。企業と消費者間の取引のこと。
＊供給網　製品の原材料・部品の調達から販売に至るまでの一連の流れを指す用語。「サプライチェーン」とも呼ばれる。

1-2　ステークホルダーの本質を知る

ネット広告は、現在、その影響力を増しており、マスメディアの広告費を上回っています。ちなみにマスメディアとは、テレビ、新聞、雑誌、ラジオのマス4媒体のことです。しかし、報道の観点から見ると、報道機関の社会への影響力は依然として大きいままです。特に日本の地方では、地方新聞（とその発行元である新聞社）は、地元での影響力が大きく、企業にとって重要なステークホルダーとなっています。

▶ ステークホルダーは価値を共に生み出していく仲間たち

社会、環境、時代は常に変化しており、すべてのステークホルダーは、この変化に対応しながら生きています。このような変化の中にあって、企業が存続するにはステークホルダーと価値を共に生み出すパートナーの関係を築くことが大切です。つまり、どんな状況でも**ステークホルダーから選ばれるかどうか**が、経営の重要なテーマとなります。さらに言えば、**選ばれ続ける企業であるかどうか**が、すべての企業に求められています。「選ばれる」または「選ばれ続ける」という概念は、ブランディングと深く関連しています。ブランドの起源からブランディングの本質まで、第2章で詳しく説明します。

▶ それぞれのステークホルダーの選択

「選ぶ」という観点から見ると、ステークホルダーとの関係は下記のようになります。

●社員（スタッフ）

社員は、自分が働く企業を選びます。企業も社員を選びますが、社員自身も就職活動や転職活動を通じて企業を選んでいます。現在、若年層の離職率が高く、これが採用コストの増加と企業の負担につながっています。

●顧客

顧客は、商品やサービスを選びます。これは同時に、企業を選んでいるとも言えます。一時的な流行に乗って商品やサービスを利用することもありますが、流行が過ぎ去ると利用しなくなることもあります。

1-2 ステークホルダーの本質を知る

マーケティングでは、LTV*が評価の基準となります。

●取引先やパートナー

取引先は、待遇、慣習、事業展望などの要素を考慮して自分たちと取引する企業を選びます。これは、各業界での競争が激化しているためです。また、市場がグローバル化するにつれて、競争は国内だけでなく海外にも広がっています。その結果、自社だけでは価値を提供できない場合、パートナーを探して業務提携することもあります。この場合も、パートナーは自分たちと提携する企業を選びます。

●株主/金融機関

株主は、企業の健全性や将来性を分析して投資先を選びます。同様に、金融機関も融資先を選びます。近年、SRI*やCSR*活動に注目が集まっています。これらは、社会課題の解決に取り組む企業に投資したり、有利な金利で貸し出したりする動きです。さらに、最近ではESG投資が注目されています。これは、Ecology（環境）、Social（社会）、統治（Governance統治）の3つの要素に取り組む企業を評価するものです。これらの要素を考慮して、株主や金融機関も投資先や融資先を選んでいます。

報道機関と地域社会も企業を選んでいます。

●メディア/報道機関

報道機関は、社会に必要な商品やサービスを提供する企業を選び、その情報を自社のメディアで伝えます。企業から発信されるプレスリリースなどの情報は膨大で、報道機関はその中から重要と判断した情報を選び出します。

報道機関が企業を選ぶ際の基準は、「その企業がどのような商品やサービスを提供しているか」、また「その企業自体がどのような存在であるか」という点です。報道機関は企業を厳しく評価し、その結果に基づいて「報道する」か「報道しない」かを決定します。

＊LTV Life Time Valueの略称。顧客が長期間にわたって商品やサービスを利用し続け、その企業を選び続けるかどうかを示す指標。「顧客生涯価値」と訳される。

＊SRI Socially Responsible Investmentの略。財務的側面だけでなく、社会的・倫理的側面であるCSRも考慮して投資対象を選ぶこと。「社会的責任投資」と訳される。

＊CSR Corporate Social Responsibilityの略。企業が社会的存在として果たすべき責任のことです。「企業の社会的責任」と訳される。

1-2 ステークホルダーの本質を知る

●地域社会の住民/行政機関

地域社会の住民や行政も、また企業を選んでいます。社会に対して害を及ぼす、あるいは不利益をもたらすような企業があれば、住民は不買運動を起こしたり、訴訟を起こしたりします。また、行政は問題があれば指導を行います。

地域社会は、企業が社会の一員として適切な行動を取ることを期待しています。そのため、地域社会は「企業市民」としての企業を選びます。これは、企業が地域社会に対して責任を持ち、地域社会への貢献が期待されていることを意味します。

▶ 未来のステークホルダー

企業経営を理解するためには、ステークホルダーを「現在」と「未来」の2つのカテゴリーに分けることも有効です。

●現在のステークホルダー

直接関わる人々として、社員、顧客（BtoB/BtoC）、取引先やパートナー、株主/金融機関、間接的に関わる人々としてメディア/報道機関、地域社会（住民、行政）が挙げられます。

●未来のステークホルダー

下記のような企業が将来的に関わりを持つ可能性のある人々や組織を指します。

❶**社員候補**……学生や転職希望者など、採用市場や労働市場に存在する人々。
❷**新規顧客候補**……個人や法人など、市場（BtoB、BtoC）に存在する潜在的な顧客。
❸**取引先やパートナー候補**……業界全体、競合も含む。
❹**株主候補**……投資家やまだ取引のない金融機関など、金融市場に存在する人々。
❺**メディア/報道機関**……まだ接点のないメディアや記者。
❻**地域社会**……将来進出を狙う地域の住民や行政。

1-2 ステークホルダーの本質を知る

現在のステークホルダー

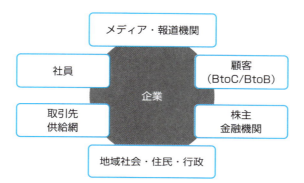

未来のステークホルダー

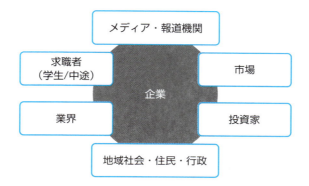

▶ ステークホルダーから選ばれ続けるために

未来という言葉は、遠い先のことを思い浮かべさせますが、実際にはそれはすぐそこにある「明日」を指しています。誰もが明日のステークホルダーになる可能性を持っています。だからこそ、現状に満足せず、明日を見据えてブランディングに取り組むことが重要です。

社会や環境、時代は常に変化しています。その変化は企業にも影響を与え、ステークホルダーも例外ではありません。変化する環境の中で、企業が存続するためには、ステークホルダーから選ばれ続けることが必要です。選ばれなければ、企業は存続できません。社会や市場での存在感を失い、退場させられる運命につながります。

今日のステークホルダーが明日も同じように存在する保証はありません。だからこそ、自分たちが「仲間」と言える関係を築いているかどうか、常に自問自答することが大切です。

企業は、社会を構成する一員であり、ステークホルダーもまた同様です。個人であろうと法人であろうと、それぞれが社会を構成する主体として、互いに協力しながら存在しています。これが私たちが築いている関係です。

▶ ステークホルダーから選ばれ続けるための活動

大企業や有名企業は、多くの人々に選ばれ続けていることで成長を続けています。これらの企業は、働く人々、商品・サービスを購入する人々、地域社会の人々など、さまざまなステークホルダーから支持を受けています。

日本は特に、長い歴史を持つ老舗企業が多いことで知られています。100年、200年、あるいはそれ以上の長い間、ステークホルダーから選ばれ続けてきました。2度の世界大戦や大規模な自然災害を乗り越え、倒産することなく、今もなお力強く存在し続けています。

ステークホルダーから選ばれ続けるための活動

1-2 ステークホルダーの本質を知る

そして、ここで重要なポイントがあります。皆さんがよく知っているブランドを思い浮かべてみてください。そのブランドが長く愛され続けているのは、多くの人々から選ばれ続けているからです。つまり、**選ばれ続けるための活動**、それがブランディングの本質なのです。

ブランディングとは、社員、学生、顧客（BtoB、BtoC）、取引先やパートナー、投資家、メディア/報道機関、地域社会（住民、行政）など、さまざまなステークホルダーから選ばれ続けるための活動を指します。詳しくは第2章で説明しますが、これがブランディングの真髄なのです。

▶ 台頭するステークホルダー資本主義

かつて、「会社は誰のものか」という問いが米国を中心に大きな議論を巻き起こし、その結果、「企業は株主のもの」という考え方が世界中に広まりました。この考え方は、企業を人間ではなく、「箱」つまり「物」と見る視点を持っています。

英語では、株主をストックホルダー（stock holder）と呼びます。そして、ストックホルダーに対して、ステークホルダー（stake holder）という言葉が生まれました。

やがて2008年のリーマンショックや2020年の新型コロナウイルスの流行を経験した後、「企業は株主だけのものではなく、ステークホルダーのものだ」という新しい考え方、**ステークホルダー資本主義***が台頭しました。この考え方は、「三方よし*」などの日本型経営と共通する部分があります。

企業経営においては、ステークホルダーの存在を無視することはできません。ステークホルダーを無視したり、軽視したりする経営は、必ず衰退の道をたどります。

業績が順調に伸び、成長している企業でも、必ず落とし穴が存在します。成長を追求するあまり、数字だけに目が行きがちになります。その傾向が強まると、一部のステークホルダーを無視したり、軽視したりする行動が増えます。そのような兆候や事象を見逃したり、放置したりすることが、企業の衰退や崩壊、破綻の始まりとなります。

すべてのステークホルダーと真剣に向き合い、どんなに小さな事象でも見逃さず、見過ごさず、情報として把握することが非常に重要です。これが、企業が持続的に成長し続けるための鍵となります。

***ステークホルダー資本主義** 　企業活動に関わるステークホルダーに対し、長期的かつ継続的に適正な利益を還元することを目指す考え方。

***三方よし** 　江戸時代の近江商人の活動の理念を表すもので、売り手、買い手、世間（社会）のすべてが満足できるように事業活動を行う考え方。

1-3 情報の正体を知る

私たちは、情報があふれる社会に生きています。この「情報」は、私たちの生活やビジネスに大きな影響を与えます。これは誰もが経験から理解できることです。さらに深く考えてみましょう。では、「情報」の本質とは何でしょうか。その答えを探求します。

▶ 情報発信は企業にとって宿命的な行為

1989年12月、ブッシュ米国大統領とゴルバチョフ旧ソ連大統領がマルタ島で会談し、このマルタ会談により東西冷戦が終わりました。冷戦の終結は、インターネットという軍事技術が経済社会や市場に広がるきっかけとなりました。

その後、情報通信技術と情報端末は急速に進化し、インターネットは私たちの生活のあらゆる部分に浸透しました。人々や物、さらには情報やお金までをつなげるツールとなりました。

企業にとって、情報は非常に重要です。「知らない」ことは、「存在しない」ことと同じだと言えます。企業やその商品やサービスは、「知らせる」ことから始まります。つまり、**情報発信**は企業にとって必須の行為です。

マーケティングとブランディングは、企業が経営を続ける限り、車の両輪のように常に進行中です。これらは「情報をどう扱うか」が成功の鍵となるほど、情報と深く関連しています。これについては第2章で詳しく説明します。

情報発信は宿命

知ってもらうために、知らせる

情報発信 ＝ 宿命

1-3 情報の正体を知る

▶ 情報爆発、情報洪水の時代に求められる情報リテラシー

　今も**情報**は増え続け、社会や市場は情報の洪水に見舞われています。この情報の海を安全に航行するためには、**情報リテラシー**が必要です。

　情報リテラシーとは、情報を適切に読み取り、解釈し、真偽を見極める能力のことを指します。また、どの情報を共有し、どのように発信するかを決定する能力も含まれます。

　情報があふれる現代において、企業は「法人」としての情報リテラシーを身につけ、その能力を継続的に向上させることが求められます。それによって、企業は情報の洪水に飲み込まれることなく、適切な情報を選択し、利用することができます。

▶ 人々の意識、判断、行動に影響を与え、変化を促す

　情報リテラシーを理解するためには、まず情報とは何かを理解することが重要です。情報の定義は多く存在しますが、ここでは文筆家、文章コンサルタントとして活躍する前田安正氏の定義を参考にします。

　前田氏の著書『注意ワード・ポイントを押さえれば文章は簡単に直せる!!』（2023年8月、東京堂出版刊）によれば、情報とは下記のように説明されています。

> 情報は、ヒト/モノ/コトを変化させる記号、またはその集合体

　同書では、さらにわかりやすく、下記のように述べています。

> 情報は、人の意識・判断・行動に影響を与え、変化を促します

> ヒト、モノ、コトを含め、それを生み出す人・社会が意識・判断・行動の変化をもたらすもの全般を情報と考えることができる

1-3 情報の正体を知る

情報の定義

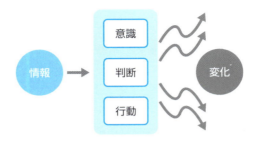

▶ 彼を知り、己を知れば百戦殆からず

　企業が目的を達成するためには、自社のステークホルダーを理解し、その意識や行動に影響を与えなければいけません。ステークホルダーは、個人でも法人でもあり得ます。まず自社にとって誰がステークホルダーなのかを明確にする必要があります。これを判断するためには、さまざまな情報を集め、分析することが求められます。

　次に、その情報を使ってステークホルダーの意識や行動に影響を与え、変化を促します。例えば、社員やスタッフはどのような意識で仕事に取り組んでいるのか、顧客はどのような判断で商品を購入したり、サービスを利用したりしたのかを理解することが重要です。

　また、顧客が今後、サービスの利用を続けるか、やめるかの判断も重要な情報となります。これらの情報はすべて、自社が発信し、共有した情報によって影響を受けています。

　さらに取引先やパートナー、投資家などがどのような判断で取引や投資を決定したのか、それぞれの意識や行動に影響を与えたのはどのような情報だったのかを理解することも重要です。

　つまり、「彼を知り、己を知れば百戦殆からず*」という言葉の通り、自社とステークホルダーを深く理解することが、企業の成長と存続にとって必要なのです。

＊彼を〜殆からず　敵と味方の情勢をよく知って戦えば、何度戦っても敗れることはないという意味。古代中国の兵法家、孫子の言葉とされる。

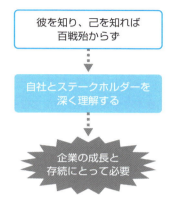

「企業が持つ情報」と「企業を取り巻く情報」をひもとく

　企業は、自分たちの内部（内部環境）と外部（外部環境）の両方に情報を持っています。これらの情報は、それぞれプラスとマイナスの2つの種類があります。

　企業経営におけるフレームワークであるSWOT分析＊は、下記の4つの要素で経営環境を分析します。

❶強み（Strength）　　❸機会（Opportunity）
❷弱み（Weakness）　　❹脅威（Threat）

　ここで、**強み**と**弱み**は企業が持つ内部環境の情報、**機会**と**脅威**は企業を取り巻く外部環境の情報を表しています。これら4つの情報は、ブランディングの本質と成果に深く関わっています。

　さらに情報には「企業を取り巻く情報の間に存在する情報」もあります。これは、ステークホルダーが持つ情報と、ステークホルダーとの関わりの中で生まれた情報を指します。これらの情報もブランディングの根幹を担う情報であり、ブランディングの成功または失敗に直結します。

　これについては、第2章で詳しく説明します。

＊**SWOT分析**　Strength、Weakness、Opportunity、Threatの4つの要素の頭文字を組み合わせて命名した分析方法で、自社の外部環境と内部環境を強み、弱み、機会、脅威で分析し、事業の改善点や将来的なリスクなどを見つけることができる。

1-4
企業経営の本質を
解き明かす8つの軸①

　企業が持続するためには、マーケティングとブランディングが必要不可欠な要素となります。これらは、企業が常に成長し続けるための重要な推進力です。 本書は、ブランディングについての従来の本とは一線を画しています。それは、ステークホルダーの視点をブランディングの中心に位置づけていることが最大の特徴です。

▶ 企業経営の本質

　世の中の大多数の人々は、企業や組織に所属し、特定の役割を果たしています。その役割は、企業経営の一部を形成しています。だからこそ、企業経営の本質を理解することは、個人の成長と企業の生産性に大きな影響を与えます。

　企業経営の本質を理解するためには、8つの軸があると筆者は捉えています。8つの軸とは、下記の通りです。

1	経営目的	**5**	広報/PR
2	MVV（Mission、Vision、Value）	**6**	リスクマネジメント
3	経営戦略	**7**	経営資源
4	CSR（企業の社会的責任）	**8**	企業価値

　これらの要素は、一見すると難解な用語で、それぞれが独立したもののように見えます。しかし、すべての要素は相互に関連しています。

　8つの要素を理解することで、企業経営の本質が明らかになります。そして、その本質を理解するための鍵は、ステークホルダーです。これから、これらの要素を1つずつ詳しく説明し、それぞれの関連性を明らかにしていきます。

選ばれ続けることが経営目的

まず、**1**の**経営目的**から解説します。企業経営にとってステークホルダーが欠かせない大切な存在であることが、ここまでの解説で理解できたでしょう。そのことを踏まえた上で、下記の問いを発します。

> ・（経営者は）何のために経営しているのか？
> ・企業経営の目的とは何か？

この問いに対する筆者の解答は、下記の通りです。

> ・ステークホルダーに選ばれ続けるために経営している。
> ・経営目的はステークホルダーに選ばれ続けることだ。

ステークホルダーは、社会や市場の変化に対応しながら生きていく存在であり、その変化に合わせて自身も進化します。それでも、ステークホルダーに選ばれ続ける企業であることが重要です。これは、「ステークホルダー資本主義」の時代において、すべての企業に求められることです。

一方、各企業は、自身の経営理念や事業展望を掲げ、それに基づいて事業を展開します。これらは企業ごとに異なり、それぞれが独自のものです。しかし、事業展望を実現するためには、ステークホルダーの存在が不可欠です。ステークホルダーから選ばれ続けることは、すべての企業に共通する経営目標です。

人生観と良心

経営の目的がはっきりした後、次に考えるべきは、**2**の**MVV**です。MVVは、**Mission**（ミッション）、**Vision**（ビジョン）、**Value**（バリュー）の頭文字を取ったもので、企業の存在理由や目指すべき未来、大切にする価値観を示します。企業がどのように進むべきかを示す指針で、ステークホルダーの視点から考えることが重要です。

1-4　企業経営の本質を解き明かす8つの軸①

　一人ひとりにとっても、自分の人生観を明確にすることは大切です。

　人生観とは、自分がどう生きたいか、何を目指すか、何を大切にするかといった信念や価値観のことを指します。これは人生哲学と同じような意味で使われます。

　人が持つ良心は、自然とより良く生きることを求めます。そのためには、どのような人生観を持つべきかを考えます。人生観がはっきりしていないと、何か起こるたびに判断が変わり、行動が一貫しなくなります。その結果、周囲の人々から「どんな人間なのかわからない」と思われることがあります。

　例えば、「お金さえあればいい」という人生観を持つと、「他人を利用する人」と見られがちです。その結果、他人から敬遠されたり、自分自身が利用されたりすることがあります。

　このような人は、周囲の人々から信頼されず、浅い関係しか築けません。結局、誰からも選ばれなくなり、一時的に選ばれてもその関係はすぐに壊れます。これは自明の理と言えます。

▶ MVVとはMission、Vision、Valueのこと

　企業がステークホルダーから選ばれ続けるためには、**企業の人生観**が必要です。これは、企業がどのような存在であるべきか、何を目指すべきかを示すもので、日本企業では社是や社訓、経営理念、行動規範などと呼ばれてきました。

　改めて、企業におけるMVVを見ていきましょう。

・Mission（使命）

　企業が存在する理由や目的を示します。つまり、企業がどのような存在であるべきかを問います。

・Vision（将来像）

　企業が将来的に達成したい目標や理想を示します。これは、企業がどのような姿を目指しているかを表します。

・Value（価値観）

　企業が事業を営む上で大切にする価値観や行動指針を示します。

1-4 企業経営の本質を解き明かす8つの軸①

　大企業からスタートアップまで、多くの企業がWebサイトなどでMVVを掲げています。

　この考え方の始まりは、ドラッカー博士が著書『ネクスト・ソサエティ ― 歴史が見たことのない未来がはじまる』（2002年、ダイヤモンド社刊）で唱えたと言われています。このように、MVVは企業がどのような存在であるべきか、何を目指すべきか、何を大切にするべきかを明確に示す重要な考え方です。

MVVとは

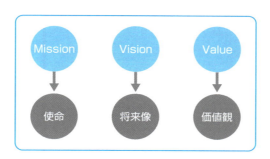

▶ MVVとはステークホルダーに対する誓い

　Why、What、Howの3つの要素は、ゴールデンサークル理論＊と呼ばれるモデルでよく説明されます。それぞれの要素は下記のように理解できます。

・Why
「なぜ存在しているのか」という問いを立てるもので、組織のMission（使命）を表します。

・What
「何を目指すのか」という問いで、組織のVision（将来像）を示します。

・How
「どうやって（どんな価値観で）実現するのか」という問いで、組織のValue（価値観）を示します。

＊**ゴールデンサークル理論**　他者への伝え方やコミュニケーションの順番に関する有効な考え方で、マーケティングコンサルタントであるサイモン・シネック氏（Simon Sinek）が提唱した。

1-4 企業経営の本質を解き明かす8つの軸①

そして、MVVとは何かという問いに対する答えは、下記の通りです。

> ステークホルダーに対する誓い

つまり、組織がステークホルダーに対して約束するMission（使命）、Vision（将来像）、Value（価値観）を表すものと言えます。

経営の目的は、ステークホルダーから選ばれ続けることです。ですから、選ばれなくなるということは、社会や市場から必要とされなくなることを意味します。選ばれ続ける企業となるためには、**揺るぎない誓い**を定めることが非常に重要です。これが筆者が導き出した解です。このように、MVVは組織の基本的な価値観や目指す方向性を明確にするための重要な考え方となります。

MVVの共有は、ステークホルダーからの共感を得るための手段です。共感は、価値を生み出す動機となり、企業活動の原動力となります。同じ思いを持ち、同じ方向を見て、同じものを望むことで、ステークホルダー同士が信頼関係を築き、経営の基礎体力を強化することができます。

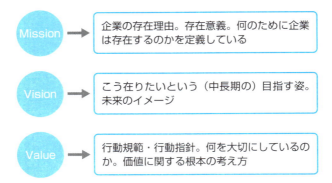

MVVの意味

- Mission → 企業の存在理由。存在意義。何のために企業は存在するのかを定義している
- Vision → こう在りたいという（中長期の）目指す姿。未来のイメージ
- Value → 行動規範・行動指針。何を大切にしているのか。価値に関する根本の考え方

1-4 企業経営の本質を解き明かす8つの軸①

▶ トヨタ自動車とサントリーのMVV

　先進的な大企業は、ステークホルダーと向き合い、MVVを掲げ、共感を得るために、その伝え方や共有の仕方を常に工夫しています。例えば、トヨタ自動車株式会社やサントリーホールディングスなど、皆さんがよく知る大企業もその一例です。これらの企業のMVVや企業理念は、各社のWebサイトで確認できます。これらの企業は、MVVを通じてステークホルダーとの強い絆を築いています。

トヨタフィロソフィー

[出所] トヨタ自動車株式会社 公式企業サイト「トヨタフィロソフィー」経営理念 (https://global.toyota/jp/company/vision-and-philosophy/philosophy/)

1-4　企業経営の本質を解き明かす8つの軸①

　トヨタ自動車のWebサイトには、「トヨタフィロソフィー」が示され、豊田綱領を基盤とし、MVVを設定しています。これらは、トヨタ自動車の企業文化と行動指針を示しています。

トヨタ自動車のMVV

【MISSION】

わたしたちは、幸せを量産する。

だから、ひとの幸せについて深く考える。
だから、より良いものをより安くつくる。
だから、1秒1円にこだわる。
だから、くふうと努力を惜しまない。
だから、常識と過去にとらわれない。
だから、この仕事は限りなくひろがっていく。

【VISION】

モビリティ
可動性を社会の可能性に変える。

不確実で多様化する世界において、
トヨタは人とモノの「可動性」＝移動の量と質を上げ、
人、企業、自治体、コミュニティができることをふやす。
そして、人類と地球の持続可能な共生を実現する。

【VALUE】

トヨタウェイ

ソフトとハードを融合し、パートナーとともに
トヨタウェイという唯一無二の価値を生み出す。

【ソフト】	【ハード】	【パートナー】
より良い社会を描くイマジネーションと人起点の設計思想。現地現物で本質を見極める。	人とモノの可動性を高める装置。パートナーとともにつくるプラットフォーム。これらをソフトによって柔軟に、迅速に変化させていく。	ともに幸せをつくる仲間（顧客、社会、コミュニティ、社員、ステークホルダー）を尊重し、それぞれの力を結集する。

［出所］トヨタ自動車株式会社 公式企業サイト「トヨタフィロソフィー」経営理念（https://global.toyota/jp/company/vision-and-philosophy/philosophy/）

1-4　企業経営の本質を解き明かす8つの軸①

　サントリーは、企業理念、MVV、企業倫理綱領などをWebサイトに掲載しています。

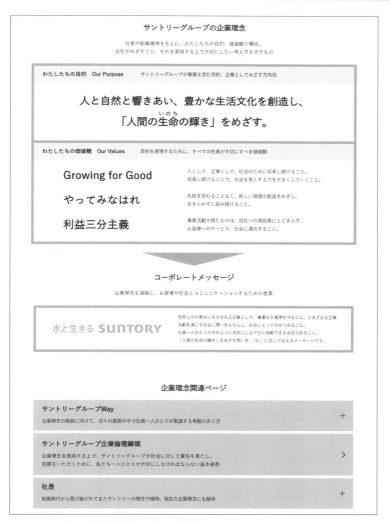

[出所] サントリーホールディングス「企業情報」グループ企業理念（https://www.suntory.co.jp/company/philosophy/）

強い情熱とこだわり

　MVVは、企業がどのような使命を持ち、どのような価値観を大切にし、どのような事業展望を描いているかを示すものです。これは、創業者や経営者たちが事業に対する**情熱**を注ぎ込んで作り上げたもので、その情熱とエネルギーが企業の原動力となっています。

　経営環境や競争環境が激変する中でも、企業はMVVを旗印に掲げ、困難を乗り越えて前進し続けます。そのためには、どのような理想を追い求め、どのような価値を大切にし、どのような姿勢を持つべきか、ということに対する強い情熱とこだわりが必要です。そして、ブランディングとは、そのような情熱をもとに、企業の魅力を最大限に引き出し、ステークホルダーに伝える活動のことを指します。ブランディングの本質については、次の第2章で詳しく説明します。

書籍『経営戦略の教科書』との出会い

　企業のMVVは、すべてのステークホルダーへの誓いです。この誓いを維持し、それに反することなく達成するためには、**3**の**経営戦略**が必要です。次に、この経営戦略について説明します。

　筆者が遠藤功氏の著書『経営戦略の教科書』（2011年7月、光文社刊）と出合ったのは、10年以上前のことです。その時、筆者は自身のPR会社を立ち上げ、広報や経営についての研究を進めていました。

　2011年頃、筆者は当時のクライアントである副社長と親しくなり、何度も食事を共にしました。彼は非常に知識豊富な人物で、社会人になってから米国の大学でMBAを取得していました。さらに彼は謙虚であり、広報PRに対する知識欲が強く、筆者からの提案をすぐに吸収し、それを成果につなげていました。

　ある時、筆者は彼にどのような書籍を読んでいるのか、どのビジネス書に影響を受けているのかを尋ねました。彼が挙げた書籍の1つが、欧州系最大の戦略コンサルティング会社であるローランド・ベルガー会長などを務められ、「現場力」で知られる遠藤氏の著者である『経営戦略の教科書』でした。

　それ以前にも、筆者は経営についての本をいくつも読んでいましたが、経営戦略についての説明がなかなか理解できませんでした。

1-4　企業経営の本質を解き明かす8つの軸①

　戦略と戦術の違いや、戦略が長期計画であるという説明など、納得できる説明が見つからなかったのです。

　しかし、『経営戦略の教科書』に出合った時、初めて「経営戦略とは何か」という問いに対する納得のいく答えを見つけることができました。その本には、下記のように書かれていました。

> 　経営戦略とは、経営者の『意志』と、さまざまなステークホルダーとの『約束』です。どのような会社を目指すのか、どのような存在になりたいのかを示し、株主や顧客などのステークホルダーと約束するものが経営戦略です。

　さらに、下記のように続けています。

> 　企業は設立手続きを行い、登記すれば誰でも作ることができます。しかし、それだけでは企業はただの『箱』に過ぎません。経営戦略を作り、それを明らかにすることで、企業に『魂』が宿るのです。

金融資本主義からステークホルダー資本主義へ

　遠藤氏によれば、経営戦略とは「ステークホルダーとの約束」です。この約束とは、誰に対して、どのような価値（利益や体験）を、いつ、どこで、どのように提供するのか、ということを具体的に示すものです。

　企業は、設立手続きを終えた時点では「箱」や「物」に過ぎませんが、MVVに基づいた経営戦略を策定することで、「魂」を持つ存在、つまり「人格」を持った主体として存在できるようになります。

　この人格を持つ存在とは、法人のことであり、経営者とは別の存在となります。そして、この法人を取り巻くステークホルダーの中には、「企業＝法人」自体も含まれます。つまり、企業を「モノ」ではなく、「ヒト」として捉えることが重要で、これがステークホルダー資本主義の考え方です。

　通常、経営戦略は3年や5年といった期間を設けて策定され、大企業ではその達成状況などを毎年、統合報告書を通じてステークホルダーに報告します。

1-4　企業経営の本質を解き明かす8つの軸①

統合報告書とは、アニュアルレポート*とCSR報告書を統合したもので、ここで
CSRが登場します。次に、このCSRの本質について解説します。

CSRの一丁目一番地は情報開示と説明責任

企業が経営戦略を示す時、ステークホルダーに対して約束をします。それによっ
てステークホルダーからの期待が生まれます。そして、その期待に応えること（＝
response）が**責任**（＝responsibility）であり、その責任が**4**の**CSR***と言えます。

企業が経営戦略でステークホルダーに対して約束した事柄を守るためには、**情
報開示**と**説明責任**が必要です。どのような取り組みを行い、その結果、何が達成
され、何が失敗したのかを、すべてのステークホルダーに対して公開する責任が
あります。統合報告書もその一部です。

統合報告書やアニュアルレポートは、上場企業だけや大企業だけのものではあ
りません。企業の社会的責任は、上場しているかどうか、規模の大小に関係なく、
すべての企業に求められます。

そして、それぞれのステークホルダーに情報が伝わるように、わかりやすく説明
することが大切です。これが説明責任です。統合報告書は、写真や図解、グラフ
などを用いて、読みやすく分かりやすい情報を提供することが求められます。

ステークホルダーと正面から向き合う

2C20年頃から産業界では、**SDGs***が注目されています。SDGsは、CSRから
派生した概念で、CSRにはISO26000という国際標準が存在します。ISO26000
は、2010年11月1日に国際標準化機構（ISO）によって発行されました。

ISO26000の発行後、**ステークホルダー・エンゲージメント**が重要なキーワー
ドとなりました。企業がステークホルダーと直接対話し、その意見や要望、不満な
どを真剣に受け止めることを意味します。

これは社員に始まり、顧客、取引先、株主、地域社会（住民、行政）の人々など、
すべてのステークホルダーに対して行われます。すべてのステークホルダーの声を
真摯に受け止めることが、現代の「ステークホルダー資本主義」が求めるものです。

＊**アニュアルレポート**　Annual Report。企業が事業年度終了時に作成する報告書で、経営内容に関する総合的な情報
を掲載した冊子。「年次報告書」とも呼ばれる。

＊**CSR**　Corporate Social Responsibilityの略。「企業の社会的責任」と訳される。

＊**SDGs**　Sustainable Development Goalsの略。「持続可能な開発目標」と訳される。

1-5
企業経営の本質を
解き明かす8つの軸②

ブランディングでは、企業経営の本質を理解せずに行動しても成果は期待できません。前節の経営目的、MVV、経営戦略、CSRに続き、本節では、広報/PR、リスクマネジメント、経営資源、企業価値という4つの観点から、企業経営の本質をさらに探求します。

▶ 広報/PRとは仲良くすること

5の広報/PRも重要な要素の1つです。広報とPRは同じ意味を持ちます。PRは、Public Relationsの略で、企業と公衆との関係を指します。日本では、第二次世界大戦後にGHQ[*]がPRを導入し、その後「広報/広聴」という言葉に変わり、現在では、広報として一般的に使われています。

では、企業にとっての「公共」や「公衆」は何を意味するのでしょうか。それは社員、顧客、取引先、株主、地域社会(住民、行政)などの企業のステークホルダーを指します。PRの本質は、これらのステークホルダーと良好な関係を築くことです。

▶ コミュニケーションを構成する4つの要素

ステークホルダーとの良好な関係を築くためには、つまり仲良くなるためには、コミュニケーションが不可欠です。これは、個々の人間関係においても同様です。良好な関係は、丁寧なコミュニケーションを継続することで築かれます。コミュニケーションは双方向性を前提としており、下記の4つの要素があります。

❶見る
❷聞く
❸考える
❹話す(伝える)

＊GHQ　General Headquartersの略。「連合国軍最高司令官総司令部」と訳される。

1-5 企業経営の本質を解き明かす8つの軸②

　CSRは、情報によって成り立ちます。情報がなければ、コミュニケーションは成立しません。❶の「見る」、❷の「聞く」は情報を収集して受け取ること、❸の「考える」は情報戦略を描くこと、❹の「伝える」は情報を共有し、発信することを意味します。

　ちなみに、社員との関係を強化するための社内コミュニケーションは、**インターナル・コミュニケーション**と呼ばれます。この概念から派生したインターナル・ブランディング*やインナー・ブランディング*もよく使われる用語です。

共感に基づく信頼関係へと発展

　コミュニケーションの核心は、すべてのステークホルダーと真剣に向き合うことです。企業は逃げず、目をそらさず、さまざまな意見や要望、不満を正面から受け止めるべきです。

　コミュニケーションの重要な要素は、前述したように❶の「見る」と、❷の「聞く」です。企業が相手の声をきちんと聞いているかどうかが問われます。例えば、社員に対しては内部通報窓口を設置し、顧客に対しては、お客様相談室やコールセンターを設置することが大事です。

　ステークホルダーとの約束が経営戦略だと述べましたが、誰に何をどう約束するのかを決めるためには、議論に基づく思考が必要です。思考と議論を重ねることで経営戦略が策定されます。経営戦略は、❸の「考える」領域を担い、その下に情報戦略が立てられます。情報戦略はコミュニケーション戦略であり、ブランディング戦略でもあります。

　PRとは、ステークホルダーとの良好な関係を築くことです。MVVを共有し、価値を共創するパートナーとしての絆を深めることで、どんな困難や危機に直面したとしても乗り越えることができます。そして、何があってもステークホルダーから「選ばれ続ける」企業になるのです。

リスクとは勇気を持って挑戦すること

　❻の**リスクマネジメント**をステークホルダー視点からひもときましょう。

　筆者は、2006年にPR会社を設立し、その経営を行っています。同時に、2013年から特定非営利活動法人である日本リスクマネジャーアンドコンサルタント協会（RMCA）の理事長を務めています。

***インターナル・ブランディング**　自社の企業理念や価値を明確にし、社員に共感を促して、企業ブランドを向上させる活動のこと。
***インナー・ブランディング**　インターナル・ブランディングとほぼ同義。

1-5 企業経営の本質を解き明かす8つの軸②

　RMCAは、1993年に設立され、2023年には30周年を迎えました。この団体はリスクマネジメントの専門家を育成しています。

　リスクマネジメントという言葉は、2010年頃から一般的になり、サッカーなどでもよく使われるようになりました。しかし、危機管理との違いなど、詳細に理解している人はまだ少ないです。

　そこで、まず**リスク**が何を意味するのかを理解することから始めましょう。リスクの語源を見てみると、ラテン語では「岩礁の間を航海する」という意味があります。これは「冒険」に近い概念です。アラビア語では「明日の糧」が語源で、これは「未来」を指します。そしてイタリア語では、リズカーレという言葉が語源で、これは「勇気を持って挑戦する」という意味です。つまり、リスクとは「危険を承知で挑戦する」という意味を持つのです。

▶ ISO31000によるリスクの定義

　リスクマネジメントの国際規格であるISO31000では、リスクを「目的に対する不確かさの影響」と定義しています。この規格は、2009年11月に初めて発行され、認証ではなくガイドラインです。2018年には改訂版が発行されました。

リスクの定義

　またリスクは、「特定の事象の結果とその事象が起こりやすい度合いの組み合わせ」とも表現されます。事象の結果には、プラス面（良い結果）とマイナス面（悪い結果）があり、これらの結果とその発生の起こりやすさの組み合わせ全体がリスクを形成します。

1-5　企業経営の本質を解き明かす8つの軸②

　ISO31000では、リスクマネジメントが定義されていますが、その定義は少々複雑で、詳細を説明すると混乱を招く可能性があります。そのため、本書では定義の詳細は省略します。

　筆者のリスクマネジメントへの見解は、ステークホルダーの視点から下記のようになります。

> 　ステークホルダーとリスク（情報）を共有し、共に未来を創り、危機を乗り越えていくこと。

　未来は、不確かなものです。すべてを予測することはできず、予知することもできません。そのため、リスクのマイナス面が現れ、危機に直面することもあります。そのような状況では、把握できるリスク情報をステークホルダーと迅速かつ正確に共有することが重要です。

リスクとは

目的	・どんな目標なのか ・どんなレベルで設計されているのか
影響	・期待されていることから乖離すること ・好ましい（好ましくない）方向
リスク	・事象の結果 ・その発生の起こりやすさ、組み合わせ

▶ リスクと不確実性

　なお、リスクと似た概念に**不確実性**があります。これらは非常に似ており、ほぼ同じとも言えますが、専門書では明確に区別されています。その理由は、不確実性は管理できないからです。つまり、その発生の起こりやすさを計算することができず、確率論の範囲を超えているためです。

44

1-5 企業経営の本質を解き明かす8つの軸②

　時代は急速に変化し、経済、社会、自然環境も絶えず変化しています。その変化の中で、多様で複雑なリスクが増えています。リスクを理解する上で非常に重要なことは、**ゼロリスク**は絶対に存在しないということです。

　2020年、新型コロナウイルスが世界中に広がりました。感染を防ぐための対策を考える際、ゼロリスクは存在しないということを理解しておくべきです。そうでなければ、社会全体に影響を及ぼす誤りを犯す可能性があります。どれだけ想像力を働かせても、未来に予想外や想定外の事態が起こることは避けられません。そして、リスクは常に存在します。これを忘れてはなりません。

▶ ISOが明記する「ステークホルダーとのコミュニケーションと協議」

　企業や組織は、良い情報だけを共有する傾向がありますが、上場企業はIR*の一部としてリスク情報を開示することが義務付けられています。しかし、これは上場企業だけでなく、すべての企業が価値を共に生み出すパートナーに対して**透明性**を保つべきであることは言うまでもありません。

　経営の目的とリスク管理の目的は同じで、それはさまざまなステークホルダーから選ばれ続けることです。そして、それを達成するためには、リスク情報を共有することが大切なのです。そうすることが真のパートナーとしての証です。

　ISO31000では、ステークホルダーとのコミュニケーションと協議について言及しています。具体的には、下記の3つの行動が挙げられています。

❶ステークホルダーに情報を提供する
❷ステークホルダーと情報を共有する
❸ステークホルダーから情報を取得する

　ステークホルダーと信頼関係を築くためには、隠し事は許されません。自分たちの弱点を互いに明らかにすることで、深い信頼関係を築くことができます。社会心理学では、**自己開示**が非常に重要であると説明しています。自分から自己開示をすることで、相手も自己開示をするようになります。

　その一方、ステークホルダー自身もリスクを保有しており、常にリスクに直面しています。

＊IR　Investor Relationsの略。企業が株主や投資家向けに経営状態や財務状況、今後の見通しなどを広報するための活動のこと。「株主向け広報」と訳される。

1-5　企業経営の本質を解き明かす8つの軸②

そのリスクは、自社とステークホルダーとの関係の中に存在し、時にはマイナスの影響をもたらします。そのため、ステークホルダーの行動を注意深く観察して洞察し、現状の関係性を冷静に分析することが求められます。

▶ 真のブランディングはマイナス面の情報も共有する

リスクマネジメントには、**リスク対策**という概念があります。これは、リスクを特定し、その発生頻度や影響度を分析し、リスクマップに記入することを指します。

そして、リスク対策の一環として、**リスクコントロール**します。企業が主導的な立場にある場合、自社の弱点やリスクをステークホルダーに**開示**することが信頼を得るための第一歩となります。

なお、発生頻度が低く、影響度も小さいリスクについては**保有**することもよくありますが、リスク情報を隠すことは、リスクコントロールとは言えません。

本書の特徴は、リスクマネジメントの視点をブランディングの文脈に組み込んだことです。従来のブランディング関連の書籍では、ブランディングを妨げるリスクについて十分に言及していません。ブランドを保護するためには、リスクマネジメントの理解が必要不可欠です。

▶ 経営資源を構成する4つの要素

7の**経営資源**は、かなり以前より企業社会で頻繁に使われている用語です。経営資源の構成要素として、**ヒト**、**モノ**、**カネ**、**情報**の4つが挙げられます。最近では、**知的財産**と**時間**を加えて6つと言われることもあります。

本書では一般的な4つに焦点を当て、それぞれの経営資源は何から生じるものなのかを少し踏み込んで読み解いていきます。

●ヒト

企業の人材を指します。経営者や社員などが含まれます。彼らは企業の最も重要なステークホルダーといえ、価値を生み出すための基盤です。

●モノ

企業が製造または販売する商品・サービスを指します。

46

1-5 企業経営の本質を解き明かす8つの軸②

消費財や生産財などが含まれます。商品を作るためには、部品や原材料を供給する取引先が必要です。現代社会では、分業が進んでおり、国内外で商品を作るための体制が整っています。

装置産業では、大規模な投資が必要で、そのためには多くの部品や材料が必要となります。これらは供給網を通じて得られます。また、商品を顧客に届けるためには物流などの販売網が必要です。これらの各ステップには、ステークホルダーが関与しています。つまり、モノを生み出すためにはステークホルダーの存在が不可欠です。

●カネ

企業経営には、資金が必要です。この資金は、創業者や経営者の自己資金、個人投資家や機関投資家からの投資、または金融機関からの融資など、さまざまな形で提供されます。これらの資金提供者もステークホルダーです。

また、企業が利益を上げ、それを資金とする場合、その利益は顧客からの支払いによって生じます。これもまた、ステークホルダーから提供されるものです。このように、さまざまな場面でステークホルダーは登場します。

●情報

企業経営は、絶えず変化する経済、社会、自然環境に対応する必要があります。これらの環境変化に適応することで、企業は存続し、成長します。

企業は、それぞれの業界で事業を展開し、社会と密接に関わっています。それゆえ、経済の動きや自然災害など、さまざまな要素が経営に影響を及ぼします。これらの多角的な情報を速やかに、そして正確に把握することが求められます。

これらの情報は、メディア/報道機関から提供されるニュース、公共機関や民間調査会社が行う調査結果や分析などを通じて得られます。メディア/報道機関、公共機関なども企業のステークホルダーであり、極めて重要な存在です。

これらの4つの要素を深く掘り下げてみると、すべてがステークホルダーにつながっていることが明らかになります。つまり、経営資源とはステークホルダーそのものであり、ステークホルダーがいなければ、企業は価値を生み出すことができず、経営は成り立たないのです。

1-5　企業経営の本質を解き明かす8つの軸②

経営資源とは

ヒト
・経営者
・社員（スタッフ）

モノ
・製造に携わる取引先
　＝原材料、部品調達先など供給網
・販売に携わる取引先
　＝物流を含む販売網

カネ
・資金調達
　＝株主（投資家）、金融機関
・売上高
　＝顧客による購入

情報
・マクロ&ミクロの経済動向
　＝報道機関（メディア）
・社会動向（各種調査結果）
　＝公共機関、民間調査会社

▶ 企業価値とは信頼の総和

　最後は、**8**の**企業価値**です。筆者が起業して間もない頃、あるセミナーに参加したことがあります。確か2008年頃のことです。ネット風評対策企業の講演を目当てにセミナーに参加したのですが、この時、もう1人の講演者として登壇したのが、建設機械大手である（株）小松製作所の坂根正弘会長（当時）でした。坂根会長は、小松製作所をV字回復させた立役者として、たびたびメディアで取り上げられていました。著書も売れ、講演に招へいされることも多かった時期です。

　坂根会長が講演の中で語った言葉に、筆者は衝撃を受けました。聞いた瞬間に腹落ちしたことを今でも鮮明に記憶しています。二度と忘れない言葉として、筆者の脳裏にしっかりと刻まれました。その言葉とは、下記の通りです。

> 企業価値とはステークホルダーの信頼の総和である。

1-5 企業経営の本質を解き明かす8つの軸②

　苦境からV字回復を遂げた坂根会長の言葉は、深い納得感を持って受け入れることができました。坂根会長の基本的な価値観は、ステークホルダー資本主義そのものだったと思われます。

企業価値とは

　言葉だけでなく、日々の営みの中ですべてのステークホルダーと正面から向き合い、価値を共に生み出す仲間として大切にし、信頼と共感で結ばれた関係を続けていくことは決定的に重要です。企業価値は、ステークホルダーとの信頼と共感の総計とも言えます。MVV、経営戦略、そして企業価値は連携しています。これを考慮に入れて整理すると、下記の図のようになります。

企業価値を創造する3段階

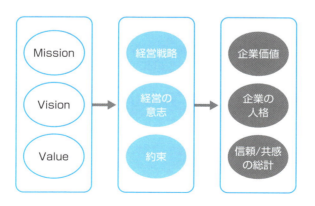

▶ ブランディングの中心にステークホルダーを据える

　経営戦略は、ステークホルダーに対する**約束**です。これは、すべてのステークホルダー、つまり社員、顧客、取引先、株主、金融機関、地域社会（住民、行政）に対して、「私たちはこのような価値（利益や体験）を提供します」という約束を示すものです。

　そして、この約束はステークホルダーからの期待を醸成します。その期待に応えることで信頼を得ることができ、その期待を超えることで共感を得て、さらには一体感が生まれます。この信頼と共感が集まることで、「企業の人格」が形成されます。

　ステークホルダーの環境は常に変化していますが、企業が一貫して価値を提供し続けることで、「選ばれ続ける」状態を維持することができます。私たちは、企業経営の原点に立ち返るべき時代を生きています。経営とは何かを深く理解することで、ステークホルダーがどれほど重要な存在であるかが明らかになります。

　ブランディングは、企業が永続的に存在するための原動力です。ステークホルダーをブランディングの中心に据えることで、企業は持続可能な社会を実現するための役割を果たすことができます。

システム開発を成果報酬型にする理由①

　システム開発は、企業にとって先行投資。無駄な投資となることも少なくありません。特に中小企業の経営者にとっては賭けに近い感覚があります。

　にわかには信じ難いことですが、システム開発を成果報酬型のみで請け負う会社があります。おそらく日本で唯一、ビジネスモデルとして成果報酬型システム開発を掲げているのが、株式会社VERVE（東京都渋谷区、代表取締役 久保田一氏）です。同社は、毎回顧客の事情に合わせ報酬を設定します。事業投資と同じ考え方で、事業の立ち上げにおいてシステム以外にもコストがかかることを念頭に、システムが占める割合なども考慮し、リスク分担の割合に応じて利益を分配しています。

　顧客とはパートナーのような関係を築くことができ、顧客にとっては社内の内製化された1つの開発チームのような感覚で仕事が進みます。これぞ、ステークホルダーと価値を共創している好例と言えます。

第2章

ブランディングの本質を明らかにする

　第1章では企業ブランディングに取り組む企業がどんな存在なのか、そして企業経営にとってステークホルダーがどれほど重要な存在なのかを8つの軸で解き明かしました。

　第2章では、ブランドの語源を明かしつつ、企業ブランディングとは何であり、どんなことをするのかを解説します。大多数のビジネスパーソンはカタカナ・ビジネス用語を日常的に使用しています。その代表格の1つとも言えるマーケティングに関しても、情報に焦点を当ててブランディングとの関わりからその本質を解説します。

2-1 ブランドの本質

第1章では、多様なステークホルダーから長期間選ばれ続けている企業が、社会からどのように認識されているかを確認しました。第2章では、企業ブランディングの本質について、探求します。

▶ 企業社会で「市民権」を得たブランドとブランディング

近年、**ブランド**や**ブランディング**は、企業の間で一般的な用語となりました。

大企業は、広告代理店やブランド構築の専門家と協力し、広告やデザイン、広報などの分野でブランディングに取り組んでいます。これは全社的なプロジェクトとして行われ、時代の変化に対応するためのリ・ブランディング＊も行われています。スタートアップや中小企業でも、さまざまな場面で日常的に使われています。

新型コロナウイルスの影響で、企業間の面談はオンラインが主流となり、経営者マッチングサービスも増えています。営業活動もオンラインが当たり前となり、日常風景として定着しています。このような状況でも、ブランディングは頻繁に話題に上がっています。

▶ さまざま意味で使われるブランディング

ちなみに、Googleアラートに「ブランディング」をキーワードとして登録すると、毎日、インターネット上のニュースや企業のプレスリリース情報がメールで送られてきます。下記に、その一部を挙げてみます。

❶採用ブランディング　　　　❹リ・ブランディング
❷インナーブランディング　　❺サステナブル・ブランディング
❸インターナルブランディング　❻パーパス・ブランディング

これらの用語は、さまざまな場面で使用されます。しかし、これらの各用語を日本語で明確に説明できるビジネスパーソンは少ないかもしれません。

＊**リ・ブランディング**　既存の商品・サービスや企業自体のブランドを、時代の変化や顧客に合わせて再構築すること。

2-1 ブランドの本質

　ブランディングについて詳しく説明している情報もありますが、大部分の情報は説明がなく、デザインや広報と同じように使われています。これらの言葉に置き換えても意味は通じます。

　中小企業や中堅企業、スタートアップの経営者やビジネスパーソンが日常的に使っているブランディングの意味も多様です。話を聞いてみると、「知名度を上げること」「自社のWebサイトなどをデザインすること」「ロゴやスローガンを作ること」などの意味で使われていることが少なくありません。

　企業ブランドについても同様です。印象、つまりイメージとブランドは異なるものです。しかし、多くの場合、イメージと同じ、またはそれに近い意味で使われています。

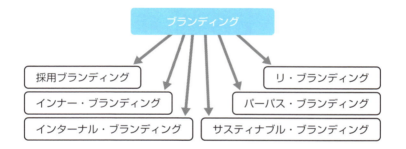

さまざまなブランディング

▶ ブランディングの現在地

　現在、ビジネスの現場では、英語やカタカナ用語を使いこなすことが求められています。これら「カタカナ・ビジネス用語」の使用が過剰であると感じられます。これらの用語が経営者や担当者を混乱させ、迷走させる原因となっていると考えられます。

　このような状況の中、ブランディングを成功させるには、現場の担当者が日本語で理解し、日々の業務として取り組むことが重要です。例えば、外部のブランディング専門家と協力したり、ブランディングを委託したりする場合、経営者や担当者が理解していなければ、どのような成果が得られるでしょうか。

2-1 ブランドの本質

　共通の理解がないままプロジェクトを進める事業者にも注意が必要です。「ブランドとは何か？」「ブランディングとは何か？」という基本的な質問を避けては、成果は得られません。時間と費用だけが無駄になります。

　ブランドやブランディング以外にも、下記のようなビジネス用語が頻繁に使われています。

❶マーケティング　　　　❽リード
❷PR　　　　　　　　　❾ナーチャリング
❸プロモーション　　　　❿リファーラル
❹アピール　　　　　　　⓫エンゲージメント
❺オウンドメディア　　　⓬SDGs
❻パーパス　　　　　　　⓭CSR
❼カスタマー・ジャーニー　⓮リスクマネジメント

　これらの用語は、欧米文化を追求することが格好良いとされ、先端を走っていると感じさせるため、または遅れを取りたくないという焦りから使われていると思われます。その理由はさまざまでしょう。

▶ 共通認識あってこその成果

　専門家はその分野に深い知識を持っていますが、ビジネスの現場にはそう多くはいません。多くの人がカタカナ・ビジネス用語を使っていますが、その意味を深く理解しているわけではないかもしれません。自分が理解していると思っても、それが他人と一致しているかどうかは確認しないまま話を進めてしまいます。これでは効率的な仕事の進行は難しいでしょう。

　2018年に筆者が講師を務めたセミナーで、オウンドメディアを説明できる人は1人もいませんでした。また、当社のスタッフが「PRとプロモーションとアピールの違い」について質問したところ、ほとんどの人が答えられませんでした。

　これらの事例から、カタカナ・ビジネス用語を使うだけでなく、その意味を共有することが重要であることがわかります。基本的な理解を共有しないままでは、期待する成果を得ることは難しいでしょう。

2-1　ブランドの本質

　筆者が第1章で強調したように、基本的な理解を徹底することが成果を上げるための鍵となります。

氾濫するカタカナ・ビジネス用語

マーケティング ブランディング

エンゲージメント リスクマネジメント サステナビリティ

PR プロモーション アピール

カスタマー・ジャーニー リード ナーチャリング リファーラル

カタカナ・ビジネス用語 ローマ字の略語

オウンドメディア トリプルメディア

CSR SDGs

日本語で意味を説明し、それぞれの違いを述べられるか？

ブランドの語源

　ブランドは、古代ノルド語のブランドル（Brandr）を語源とし、「焼き印」を意味します。古代のヨーロッパの酪農家が自分の家畜と他の家畜を識別するために焼き印したのが始まりです。

　これは、日本の家紋に似ています。家紋があれば、その家が一目でわかります。同じように、有名企業のロゴを見れば、その企業や商品・サービスがすぐにわかります。この視点から見ると、ブランディングはロゴ（とそれに関連するメッセージ）を作ることとも言えます。

　ブランドの語源が「焼き印」であることを考えると、ブランディングとは何かを理解する手がかりになります。ブランディングは、ブランドを築き上げ、維持し続ける行為です。

2-1　ブランドの本質

　本書では、**企業ブランディング**について考察します。企業経営の観点からブランディングの本質を捉えると、どのような結論に至るのか、もう1つの語源と共に次節で説明します。

ブランドの語源

システム開発を成果報酬型にする理由②

　VERVE社長の久保田さんは、なぜ成果報酬型でシステム開発を請け負うことにしたのか。そこにはエンジニアを正しく評価したい、という強い思いがあったからでした。

　久保田さん自身がシステムエンジニアとして働いていました。システム開発は、納品して請求した時点で完了とみなされますが、その価値は実際に使われて、はじめて生まれるものです。業界の仕組みとしても、成果を正しく評価できない環境であり、エンジニアのモチベーションの低下につながるとの課題意識を久保田さんは持っていました。何よりもエンジニアを大切に思い、「社員ファースト」を掲げ、事業を営んでいます。採用時にも独自のこだわりを持ち、技術や履歴書よりも、会社の考え方や価値観に合った感覚を最優先にしています。社員の夢を応援したい、という久保田さんの思いも重なり、同社は直近10年間で自主退職者がいません。6-4節で解説する「本来の型」を堅守している会社と言えます。

2-2
ブランドを構成する2つの価値

第2章 ブランディングの本質を明らかにする

ブランドには一般的に2つの要素があるとされています。それらは、「機能的な側面」と「情緒的な側面」です。これは企業にも同じく適用されます。つまり、企業ブランドもまた、これらの2つの要素を持っているということです。

▶ 機能的な価値と情緒的な価値の2つの価値

企業ブランドは、「機能的な側面」と「情緒的な側面」の2つの要素から成り立っています。現代社会は、「感情、感性、共感」が重視される時代です。これからの企業経営では、これらの要素が最も重要となり、評価の基準となると考えられます。

著作家の山口周氏は著書『世界のエリートはなぜ「美意識」を鍛えるのか？』（2017年、光文社刊）の中で示唆に富んだことを述べています。

事業の競争環境は、機能の差別化から情緒の差別化へと移行しているとしています。論理的思考と理性から導き出す「正解」自体がコモディティ化*し、レッドオーシャン*になっているため、今競争に勝ち抜くためには理性だけでなく、感性が必要だと主張しています。

欧州のラグジュアリーブランド*は、「情緒的な側面」を強調することで現在の地位を築き上げています。機能面だけでなく、情緒面や感性に訴える情報を重視しています。

企業価値と企業ブランド

企業価値　≒　企業ブランド

機能的価値　　情緒的価値

---

*コモディティ化　市場参入時に、高付加価値を持っていた商品やサービスが、他社などが参入したことで市場価値が低下し、一般的な商品になること。「同質化・均一化」と訳される。

*レッドオーシャン　競争相手が市場に非常に多く、ライバル企業が血で血を洗うような、激しい戦いをしている状態のこと。

*ラグジュアリーブランド　高価格帯のアイテムを展開する歴史ある高級ブランドのこと。

2-2　ブランドを構成する2つの価値

　企業ブランドとは、基本的に**企業価値**と同義と考えても問題ありません。つまり、企業価値もまた機能的な価値と情緒的な価値の2つの要素から成り立っていると言えます。機能面と情緒面の両方で高評価を得て、選ばれ続けている企業の価値を企業ブランドと呼び、その違いを強調しています。

▶ 社会心理学と経営理論を照らし合わせる

　第1章で解説した通り、企業価値は、ステークホルダーからの信頼と共感の総計として定義されます。法人は人間の集団であり、その行動は社会心理学の原則に従います。

　人間の行動を研究する「社会心理学」と、企業の行動を研究する「経営理論」は、分析方法や表現方法が異なるかもしれませんが、多くの共通点があります。これは、「企業＝法人＝人間の集団」であるため、自然なことです。

　20世紀初頭から、米国ではマーケティングやPRの分野で社会心理学が活用されてきました。これは、消費行動を行うのは人間であり、人間の意識、判断、行動は情報によって影響を受けるからです。具体的には、ステークホルダーから信頼を得るためには、社会心理学が示す2つの要素、**能力**と**動機**を満たす必要があります。

　企業とステークホルダーの間には、情報の非対称性※が存在します。これは、一方が他方よりも多くの情報を持っている状態を指します。このため、行動を起こさないと、情報が少なく、相手のことを理解するのは難しいです。

　そして、信頼を得るためには、自分が相手の関心を満たす「能力」が必要です。これは、相手が抱える問題を解決できる能力を持っているかどうかも意味します。この能力がなければ、信頼は得られません。さらに、「動機」も重要です。これは、相手をだますことなく、隠し事をせず、常に誠実であることを意味します。この動機がなければ、信頼は得られません。

　したがって、信頼を得るためには、能力と動機の両方が必要です。能力があっても誠実さがなければ、また、誠実さがあっても能力がなければ、信頼は得られません。

※**情報の非対称性**　ある経済主体と他の経済主体の間で保有する情報の格差があること。

2-2 ブランドを構成する2つの価値

信頼構築における2つの要素

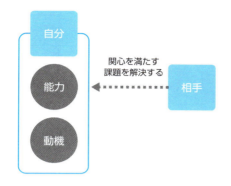

情報の非対称性を解消する

　実際の事例を挙げて解説します。2005年11月に、耐震強度偽装事件が発生します。東京、千葉、神奈川の3つの都県で、20棟のマンションと1棟のホテルの耐震構造計算書に偽装があったことが明らかになりました。

　失敗学会＊によると、この事件の原因は一級建築士がコスト削減と迅速な設計業務の評判を得るために、鉄筋量を減らす偽装を行ったことです。この建築士は、住民や利用者の安全よりも自己利益を優先しました。その結果、彼の信頼は失われ、2008年に実刑判決が下されました。

　次に、架空の話です。ある町には誠実で腕の良い大工がいました。しかし、その町で大規模な開発プロジェクトが始まった時、大手建設会社が受注しました。この大工は仕事に対する動機は十分でしたが、大規模プロジェクトを受注する能力がなかったため、選ばれませんでした。

　信頼されるかどうか、選ばれるかどうかは、能力と動機の両方が必要です。これは、耐震強度偽装事件と大工の話から学べる教訓です。

　重要なポイントは、「情報の非対称性」を解消できるかどうかです。つまり、相手が自分をどのように見ているか、どのような人物と理解しているかが大切です。

　具体的には、自社が問題を解決できる能力を持つ企業と相手に認識されているかどうかが重要です。

＊**失敗学会**　広く社会一般に対して失敗原因の解明および防止に関する事業を行う特定非営利活動法人。理事会長は、畑村洋太郎氏。

2-2 ブランドを構成する2つの価値

たとえ自分が十分な能力を持っていても、それが相手に伝わっていなければ、信頼されず、選ばれません。

また、動機についても同様です。相手が「この企業は私をだますことはない。誠実で、嘘をつかないし、何も隠さない」と理解しているかどうかが問われます。相手が自分を誤解しているか、または自分がどのような人物かまだよく分からないために信頼できないと判断している可能性もあります。

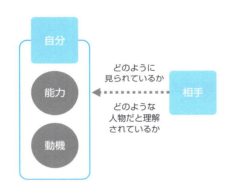

2つの要素と2段階の条件

信頼は、2つのステップで構築されます。まず第1段階では、能力と動機の両方を持つことが求められます。次に第2段階では、その能力と動機が相手に理解され、伝わることが重要です。具体的には、問題を解決する能力を持ち、誠実に対応する姿勢を示すことが必要です。これらが相手に伝わることで、信頼が生まれます。

情報は、人の意識や判断、行動に影響を与えます。信頼するかどうかは個々の判断であり、信頼することで選択が生まれます。つまり、情報は選択の鍵となるのです。

個人の場合、「能力」は学力や体力、実務能力、資格取得、仕事の成果などを指します。一方、「動機」は人柄、人格、価値観などを表します。また企業や組織の場合、「能力」は開発力、組織力、財務力などを指し、これらは数値で表現できます。「動機」は、企業や組織のMVV、組織文化、組織風土などを指します。

2-2 ブランドを構成する2つの価値

　ブランドや企業価値が機能面と情緒面の両方を持つ理由は、人間心理を考えると明らかです。

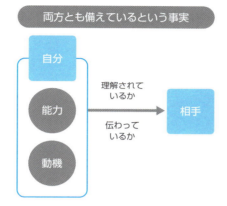

◤ 組織の信頼性は業績と透明性が確保する

　ある著名な外国人経営者が10年ほど前、下記のように述べています。

> 組織の信頼性とはどうやって確保されるのか。それは業績と透明性である。

2-2 ブランドを構成する2つの価値

業績は、財務情報や決算書を通じて評価されます。これらの数値は、組織の実力を示すもので、金融機関や投資家はこれらの数値を見て組織を評価します。上場企業は毎年、アニュアルレポートを発行し、最近では非財務情報も数字として示す統合報告書を発行する企業も増えています。

透明性は、情報公開や情報開示の程度を示します。つまり、組織が何があっても嘘をつかず、隠し事をせず、迅速かつ正確に説明責任を果たしているかどうかを示します。

これらの「業績」と「透明性」は、社会心理学で言うところの「能力」と「動機」に対応します。組織の信頼性を確保するためには、これらの両方が必要であると言えます。この考え方は、社会心理学の理論と一致しています。この経営者はもともと社会心理学の知識を持っていたのかもしれません。

組織の信頼性とは

業績	・財務情報（決算書）・非財務情報	透明性	・情報公開・情報開示・説明責任

▶ 哲学者が唱える経済的な価値と倫理的な価値

新型コロナウイルスが世界中に広がる中、金融資本主義や株主至上主義の見直しを求める声が高まるようになりました。この状況の中で、ドイツの若き哲学者、マルクス・ガブリエル*氏が注目されています。

ガブリエル氏は、「倫理的な価値と経済的な価値は相反せず、両立可能である」と主張し、経済的な価値だけを重視する考え方に警告を発しています。ガブリエル氏のユニークで意義深い提唱の1つは、すべての企業に「哲学課」を設置することです。経理課が存在するのと同じように、哲学課も存在すべきで、哲学者がその役割を果たすべきだと述べています。

このガブリエル氏の提案は、一見滑稽に思えるかもしれませんが、彼の著書『つながり過ぎた世界の先に』（2021年、PHP研究所刊）は、日本でも注目を集めています。

***マルクス・ガブリエル** Markus Gabriel。1980年、ドイツのラインラント＝プファルツ州生まれ。哲学者、作家、ボン大学教授。

本書を読むことで、経済、政治、歴史、社会に対する彼の鋭い洞察に触れ、本質的な気づきを得ることができます。筆者自身も、読み始めてすぐにその内容に引き込まれ、すぐに読み終えてしまったほどです。

最後に、表現は異なりますが、「機能的な価値＝能力＝業績＝経済的な価値」と「情緒的な価値＝動機＝透明性＝倫理的な価値」がつながっていることがわかります。これらすべてが一貫していると筆者は考えています。

経済的価値と倫理的価値

Column ソニック・ブランディング①
非言語領域としての「音」の可能性

企業の魅力を「見える化」することが、ブランディングには欠かせません。本文では「見える化」の中でも言語化をことさらに強調しています。
ただ、一般的に知られていることとして、言語よりも非言語（＝ノンバーバル）によるコミュニケーションが相手に大きな影響を与えます。対人関係でも発する言葉以上に、表情、仕草、声質、会話の速度、外見、さらには空間などが影響するというのです。

視覚と聴覚は、言語が伴う場合もありますが、人間の五感はすべて非言語領域です。右脳、感性、情緒とも重なります。ブランディングの成否にも重大な影響を及ぼします。

ソニック・ブランディング・デザイナーの原彰男さん（株式会社RAW 代表取締役）と出会ったのは、2024年6月のことです。原さんはブランディングにおける「音」の重要性を熱っぽく語ってくれました。「ソニック・ブランディング」と言われる領域です。企業ブランディングにおいて音、音楽が重視される時代が到来しています。

2-3
企業経営に通底する2つの側面

　企業価値は、2つの価値で構成されています。社会心理学と照らし合わせてみると、「機能的な価値＝能力＝業績＝経済的な価値」と「情緒的な価値＝動機＝透明性＝倫理的な価値」とつながりがあることを前節で説明しました。表現の違いこそあれ、本質が通底していることが明らかになったわけです。本節ではさらに考察を進め、企業経営全般に2つの側面があることを解き明かします。

▶ 社会関係資本と無形資本（無形資産）の重要性

　前節で登場したガブリエル氏は、自分の考えを「倫理資本主義」と呼び、それを「社会資本主義」とも表現しています。これは英語で、ソーシャル・キャピタリズムと言います。

　ソーシャル・キャピタルは、日本語では「社会関係資本」と訳されることが多く、世界のビジネス学界で注目されています。ソーシャル・キャピタルの考え方では、信頼、規範、ネットワークの重要性が強調されています。

　企業の成長に関する最新理論を研究する入山章栄氏は、著書『世界標準の経営理論』（2019年、ダイヤモンド社刊）でソーシャル・キャピタルを取り上げ、世界で最も注目される経営理論の1つだと断言しています。

　また、キャピタル（資本）に関連して、企業価値評価における経済的指標でも、**無形資本**や**無形資産**＊が注目されています。これは「目に見えない資本（資産）」とも言われます。無形資本は、インテレクチュアル・キャピタル（知的資本）とも呼ばれ、人的資本、組織資本、関係資本から成り立っています。社会関係資本もこの観点から位置づけられています。

　米国企業の株式時価総額の約90％が無形資産に由来するという試算もあります（2024年4月4日付『日本経済新聞』）。米アップル社の有形資産は、全体の数％に過ぎないと言われています。これを「経済的な価値＝有形資産」と「倫理的な価値＝無形資産」という視点で見ると、その本質が見えてきます。

＊**無形資産**　権利やノウハウといった形を持たない資産のこと。

無形資本とは

SNS時代のレピュテーション・リスク

　レピュテーションは、ブランドと密接に関連する用語で、「評判」や「名声」を意味します。企業の評判は、コーポレート・レピュテーションと呼ばれます。

　2010年前後、ビジネスの現場では、レピュテーション・リスクやレピュテーション・マネジメントなどの言葉が注目されました。その頃、SNSが社会に広まり、真実かどうか確認できない情報や推測に基づく情報が急速に広がり、多くの社会問題を引き起こしました。現在もこの現象は続いています。

　企業のマーケティングやブランディングでは、レピュテーションが大きな影響を及ぼすため、無視することはできません。風評被害と共に、レピュテーション・リスク（風評リスク）という言葉が報道でよく使われました。

　筆者は10数年間、日本広報学会のメンバーとして活動してきました。2010年には、同学会でレピュテーション研究部会を立ち上げ、数人の仲間と一緒に2年間、レピュテーションについての研究を行いました。その研究で得た知識と理解は、本書にも反映させています。

2-3 企業経営に通底する2つの側面

▶ 評判を形成する5つの要素

米国の有名な研究者、チャールズ・J・フォンブラン*氏は、企業の評判とその価値についての研究を行っています。フォンブラン氏の研究によれば、企業の評判を向上させるためには、下記の5つの要素が必要です。

❶目立つこと（顕示性）
❷際立つこと（独自性）
❸誠実であること（真実性）
❹隠さないこと/オープンであること（透明性）
❺ぶれないこと（一貫性）

また、フォンブラン氏の共著書『コーポレート・レピュテーション』（2005年、東洋経済新報社刊）では、「強力なレピュテーションは企業が情緒的なアピールを開拓したときに生まれる」として、情緒的な側面の情報を発信することの大切さを説いています。そのためには、企業が説得力のある、誠実で、本物の、信頼性のある方法でステークホルダーに自分たちを「表現」することが必要だとしています。

評判とは、企業が関わるすべての人々、つまりステークホルダーに対する評価のことを指します。そして、「表現」とは、企業が自分たちのアイデンティティ（何者であるか）、活動（何をしているか）、そして価値観（何を支持しているか）を積極的に伝えることを意味します。

▶ 評判も能力と動機の2つに分類できる

企業が評判を形成するために必要な5つの要素は、前に述べた能力と動機の2つのカテゴリーに分けることができます。

●能力

企業が「目立つこと（顕示性）」は、情報を効果的に発信し、トレンドを把握する能力を示します。また、企業が「際立つこと（独自性）」は、コアコンピタンス*を持っていることを示します。

＊**チャールズ・J・フォンブラン** Charles J. Fombrun。ニューヨーク大学スターン・ビジネススクール名誉教授。
＊**コアコンピタンス** 他社とは異なる独自の強みのこと。

これは、他社が真似できないような特別な技術力や商品開発力を持つことを意味します。

●動機

企業が「誠実であること（真実性）」「隠さないこと（透明性）」「ぶれないこと（一貫性）」は、企業の姿勢、組織文化、組織風土を示します。

企業が信頼を得るためには、自分たちがどのような能力を持ち、どのような動機で事業を行っているのかを相手に伝え、理解してもらうことが大切です。これは、直接のコミュニケーションやメディアを通じて**見える化***することで達成できます。

これらの要素が相手にしっかりと伝わり、深く理解されることで、企業は信頼を得て選ばれます。そして、その結果として評判が上がり、レピュテーションが高まります。つまり、ブランディングの成功はレピュテーションに直接影響を与えるのです。

評判を形成する5つの要素の2つの側面

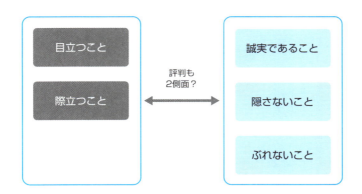

***見える化** 企業活動において進捗や成果、状態などを客観的に認識可能な状態にすること。本書では、「言葉にして、媒体にすること」を指す。

2-3 企業経営に通底する2つの側面

▶ 左脳と右脳の働きを知る

　ブランド力を強化するためには、前述したように**機能的な側面**と**情緒的な側面**の情報を伝えることが大切です。これらの情報は、私たちの脳が情報を処理する方法と密接に関連しています。

　機能的な側面の情報は、企業や商品・サービスが提供する具体的な利点のことです。これは、私たちの**左脳**が処理する論理的な情報に対応しています。この情報を繰り返し伝えることで、ステークホルダーは企業や商品・サービスを認識し、理解することができます。これは広告に最適で、企業や商品・サービスを選択するための第一歩です。

　ですから情報を伝えなければ、ステークホルダーは企業や商品・サービスの存在を知らず、選択肢にすら上がらないでしょう。

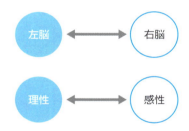

ブランドの2つの側面

▶ 情緒的な側面の情報が「選ぶ理由」を生み出す

　ただし、ステークホルダーに情報を伝えても、企業や商品・サービスが選ばれなければ、その労力（時間とお金）は無駄になってしまいます。これは、まるでブラックホールに吸い込まれ、何も残らないような状況を生み出します。

　そこで、企業や商品・サービスが選ばれるには、ステークホルダーに「選ぶ理由」を提供する必要があります。そのためには、感性や情緒を刺激する情報が大切です。

2-3　企業経営に通底する2つの側面

　これは**右脳**で判断する情報であり、さまざまな種類の情緒的な情報を提供することで、「選ぶ理由」を見つけることができます。

　現代の生活者は、機能面の情報だけではなかなか選択を下せません。特に現代社会では、多くの分野で商品やサービスがコモディティ化しているため、機能面での差別化は難しくなっています。そのため、情緒面で他者との違いを示すことが求められています。これは、企業の評判を形成する上でも重要な要素であると言えます。

　企業を選ぶ、または選ばないという判断においても、同じことが言えます。多くの選択肢がある中で、企業が選ばれるためには、機能面の情報だけでは不十分です。ステークホルダーが企業を認知し、理解した上で、情緒的な情報が加わることで、より選ばれやすくなるのです。

▶ ステークホルダーに芽生える意識

　企業のステークホルダーは、その関係性により、下記のように分類できます。それぞれのステークホルダーが企業に対して特定の感情を持つ理由は、「～だから」という形で表現されます。

●求職者（学生/中途採用）
「～だから、この企業に何としても就職したい」

●社員/スタッフ
「～だから、これからも今の企業でずっと働きたい」

●顧客/利用者
「～だから、現在利用しているサービスから切り替えよう」
「～だから、この商品を購入したい」

●取引先やパートナー
「～だから、この企業とどうしても取引したい、提携したい」

2-3 企業経営に通底する2つの側面

●投資家
「〜だから、この企業に投資したい」

これらのステークホルダーから信頼を得ることで、企業に対する共感が生まれ、彼らは選ぶという決定を迷わずに下すことができます。この選択の背後には、左脳の理性による認知/理解、そして右脳の情緒/感性による信頼と共感が働いています。

企業経営のさまざまな側面を照らすことで、情緒的な情報が浮かび上がり、それらの情報に触れることで「選ぶ理由」が生まれます。企業のブランド力を向上させるためには、機能と情緒の両方の情報が必要なのです。

ソニック・ブランディング②
無意識に働きかけるブランディングとは

　筆者の小学校低学年における音楽の成績は、5段階評価で「2」。歌っても、音程はいつも確実に外れます。音に対する感性がかなり乏しいことは、60年近い人生で十分過ぎるほど自覚しています。

　そんな筆者にとって、ソニック・ブランディングを手掛ける原彰男さんとの出会いは意義深いものでした。ブランディングの新たな地平線を見せてくれたからです。原さんと最初に会ったのは、東京・渋谷区にあるホテルのラウンジ。天井高が約8メートル、全面が窓の開放的な空間。BGMも心地よく、隣席の会話はほとんど聞こえません。音楽を含む全体の空間が快適なので、いつも賑わっています。無意識に働きかける五感ブランディングを体感できたのです。

　世界で最も著名な映画監督の1人と言えば、米国のスティーヴン・スピルバーグ氏でしょう。彼は「物語に命を与えるのは音だ」と述べています。
企業らしさを表す「音」が、ブランディングの主流を担う日はそう遠くないかもしれません。

70

2-4
企業ブランディング

企業の価値は、機能的な価値と情緒的な価値の2つの要素から成り立っています。これらの要素が優れている企業は、その価値が「企業ブランド」として認識されます。つまり、商品ブランドと同じように、企業ブランドもこれら2つの要素で形成されているということです。

▶ ブランディングとは自社の魅力を相手の心に「焼き印」すること

企業ブランディングとは、企業が自社のブランドを構築し、向上させる取り組みのことを指します。これは永続的なプロセスで、終わりはありません。

では、企業ブランディングとは何を意味し、何をすることなのでしょうか。本書では大胆な解釈、独自の視座から解説します。

> 企業ブランディングとは、自社の魅力を相手の心に焼き印すること。

ブランドという言葉は、前に述べたように家畜に「焼き印」をつけるという意味から来ています。この焼き印をつける行為は、火や熱がなければできません。ブランドは、ノルド語の「Brandr」から派生したものです。「burn」（燃える）が語源とも言われています。これらの言葉は、「焼き印」を連想させます。企業が主体となり、積極的に取り組むことで、この「焼き印」をつけることが可能になります。

その中でも最も重要な取り組みの1つが**情報発信**です。情報を継続的に伝えることで、企業が持つ魅力が相手の心に刻まれます。ブランディングを理解するためには、下記の2つの問いに答えることが大切です。

1 誰の心に「焼き印」をつけるのか？
2 何を「焼き印」するのか？

2-4 企業ブランディング

　これらの問いに答えることで、ブランディングの全体像が明確になり、具体的な取り組みが可能になります。それぞれの問いについて、詳しく説明します。

ブランドの語源

1 誰の心に「焼き印」をつけるのか？

　企業ブランディングの最も重要な目標は、すべてのステークホルダーから深い共感を得ること、つまり心に「焼き印」をつけることです。経営者や社員、顧客、取引先、パートナー、株主、金融機関、地域社会（住民、行政）など、誰も見逃さず、見過ごさず、見失わず、すべての人々から深い共感を得ましょう。これが真のブランディングの目指すところです。

企業ブランディングとは

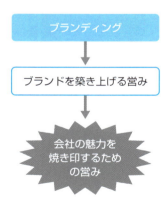

2-4 企業ブランディング

また、他人を無視したり、軽視したりする行動は避けるべきです。成功している企業の経営陣は、しばしば自己満足に陥りがちです。この態度は経営陣から社員へと広がり、企業の良心を侵食し、ステークホルダーを軽視する危険性を持っています。

築き上げた信頼や企業価値は、不祥事や事故が起こったり、危機に直面した際の不誠実な対応により、簡単に失われます。信頼関係は壊れ、すべての関係が崩壊します。

▶ 大切なのはステークホルダーと正面から向き合う姿勢

ある弱小サッカーチームの例を考えてみましょう。筆者はサッカーに明るいわけではありませんが、わかりやすい事例として話を進めます。

このチームはJFLで最下位を争うほどの実力しかありませんが、監督と選手たちはサッカーを愛し、日々練習に励んでいます。彼らの目標は、Jリーグへの昇格です。

その情熱に触れた地元のファンは徐々に増え、献身的なスタッフも集まってきます。地元企業の経営者がスポンサーとなり、スタッフの努力も実り、企業スポンサーが増えてきます。その結果、チケットの売り上げも右肩上がりに伸びてきます。多くの人々の熱意が集まり、数年間の努力の末、ついにチームはJ3に昇格します。

しかし、昇格により環境は一変します。チームの人気は急上昇し、地元以外のファンも増えます。大手企業が大口スポンサーとして参加し、監督や選手たちは浮き足立ちます。スタッフに対する態度が厳しくなり、地元との交流が減り、長年支えてきた小規模スポンサーとの関係も希薄になります。

かつてのファン、スタッフ、スポンサーが心に深く刻んでいたチームへの共感は、時間と共に薄れ、冷めていきます。これは、チームが崩壊の道を歩み始めている兆候です。しかし、自己満足に浸っているため、その兆候に気づくことができません。

その後、人気選手のスキャンダルやチーム運営の不正行為が次々と明るみに出ます。すでにチームへの愛着が薄れていたステークホルダーたちは、一斉にチームから離れていきます。誰もチームを守ろうとはしません。スタッフの退職が相次ぎ、地元のファンはSNSで不満を爆発させます。さらに、スポンサーも次々と撤退します。

2-4 企業ブランディング

　このチームがこれからどのような道を進むのかは、予想することができます。ステークホルダーと向き合う姿勢を失ってはなりません。そうした落とし穴にはまらないように、注意深く行動することが重要です。

　ブランディングは常に進化し続けるものです。永続的な成長を目指す企業にとって、その努力は終わりがないのです。

ブランドのもう1つの語源は「burn」

　企業ブランディングとは、自社の魅力をステークホルダーの心に深く刻むことです。この魅力は、自社の機能的な価値（実力）と情緒的な価値（人柄）の両方から成り立ちます。これらの要素を伝え続けることで、ステークホルダーの心に深い共感や一体感を生み出します。

　ブランディングの成功には、自社の魅力が必要不可欠です。なぜなら、前述したようにブランドの語源には「burn」（燃える）という意味も含まれているからです。つまり、**情熱**がなければ、深い共感を生み出すことはできません。ブランディングの始まりや起点には、創業者や経営者の情熱が必要です。

　例えば、欧州のラグジュアリーブランドが世界中で愛され、評価され、高い価値を維持できている理由の1つは、情熱がブランドを構成する重要な要素であるということです。

ブランドのもう1つの語源

情熱が魅力を生み出し、情熱が焼き印を刻む

　創業者や経営者の情熱は、事業に大きな影響を与えます。MVVは、ステークホルダーへの誓いであり、その根底には情熱が必要です。情熱がなければ、この誓いは簡単に破られてしまうでしょう。変化する環境に立ち向かい、事業を推進するための原動力は情熱です。情熱は魅力を生み出し、その魅力を磨き上げるエネルギー源でもあります。

　筆者は、ただの精神論を語りたいわけではありません。筆者が愛読するビジネス書の1つに『ビジョナリー・カンパニー 2 飛躍の法則』（ジム・コリンズ著、2001年、日経BP社刊）があります。同書は日本でもベストセラーとなり、多くの人が読んでいます。

　ビジネス書は、一部の人々には空論や仮説と見なされがちですが、実際には大量のデータ分析から得られた洞察が詰まっています。同書はその好例で、非常に示唆に富んでいます。ぜひ一度読んでみてください。

　その中でも「針鼠の概念」は特に重要です。これは、「情熱を持って取り組めるもの」「世界一になれる部分」「経済的原動力になるもの」の3つの要素を理解し、それらが重なる部分を見つけることを強調しています。この考え方はブランディングにも通じており、機能と情緒の両面が組み合わさっています。

名経営者たちが重視する情熱

　誰もが知る著名な名経営者たちも情熱が経営にどれほど大切かを述べています。参考までに紹介します。

> 偉大な製品は、情熱的な人々からしか生まれない（スティーブ・ジョブズ）

> 世の中の多くの人は、少々うまい事いかなくなると途中で諦めてしまう。本当に物事を成し遂げる為には、成功するまで諦めない事である。やっていくうちに、世の中の情熱が有利に展開していくことだってあるのだから（松下幸之助）

2-4 企業ブランディング

> 強い思い、情熱とは、寝ても覚めても、24時間、そのことを考えている状態。自分自身の成功への情熱と呼べるほどの強い思いが、成功への鍵（稲盛和夫）

改めて企業ブランディングとは何かを整理しましょう。

> 企業ブランディングとは、自社の魅力を相手の心に焼き印すること。

経営者たちの情熱によって生み出され、磨かれた魅力、つまり「機能＝実力」と「情緒＝人柄」をありとあらゆるステークホルダーの心に焼き印することが企業ブランディングの王道なのです。

元社員もステークホルダー

近年、「アルムナイ」という制度が日本の企業社会でも注目を浴びています。アルムナイとは「卒業生」「同窓生」を意味します。企業にとっては、退職者がアルムナイです。

従来、日本では退職者は裏切り者扱いが一般的。その元社員を重要な戦力として再雇用したり、外部スタッフなどとして業務を委託したりする企業が現れています。人材の流動化が進むことで、転職する人は必然的に増えます。自分自身のキャリアを考えて、会社に対してはポジティブな感情を抱いたままで新たな会社に転職するのです。会社もそれこそ「卒業」という意識で喜んで送り出します。

大企業で起きているそんな現象を『日経ビジネス』（日経BP社）のオンライン記事（2023年6月23日付）が詳しく報じています。

元社員もステークホルダーだ、ということです。ニュースルームに元社員が登場し、当時の体験を熱っぽく語る。そんなことが当たり前になる時代は、もう目の前まで到来しているのかもしれません。

2-5
ブランディングと
マーケティングの関係

前節では、ブランドの語源が家畜につける「焼き印」で、「burn（燃やす）」という意味もあることを説明しました。企業ブランディングとは、まさにその企業の魅力をステークホルダーの心に深く刻み込むことを指します。焼き印をつけるためには、経営者が自分の事業に対して情熱を持っていることが不可欠です。この情熱が、企業の成長の基盤となります。

▶ 企業経営に欠かせないもう1つの現在進行形「マーケティング」

企業が成長し続けるためには、**ブランディング**と**マーケティング**の両方が重要です。これらは車の両輪のように、連動して企業を前進させます。

現場で働いている人々は、自分の役割がブランディングだけで、マーケティングは他の人に任せたいと考えるかもしれません。しかし、これら2つは密接に関連しており、一方だけを行うことは企業の成長を制限する可能性があります。

マーケティングについては多くの解釈があり、多くの専門書が書かれています。一部の人々はそれを「売れる仕組み作り」と表現し、より詳細な説明を提供する人たちもいます。どの解釈も価値があります。

筆者はどうかと言えば、単純にマーケティングとは「マーケット（市場）」の現在進行形（＝ing）なので、「市場に関わるすべての行為」と理解しています。

市場には、商品市場、労働市場、金融市場など、さまざまな種類があります。それぞれの市場には、買い手と売り手の両方が存在します。これらの市場はさらに細分化されることもあります。

▶ ブランディングとマーケティングの関係

　ブランディングと対比させて、マーケティングとは何か、どんな役割があるかを解説しましょう。マーケティングは、新しい関係を築くための活動です。具体的には、未来のステークホルダーとの新しいつながりを求め、商品市場、労働市場、金融市場などで情報を発信し続け、コミュニケーションを行います。

　一方、ブランディングは、すでにつながった人々（個人や法人）との関係を強化し、深め、維持するための活動で、既存のステークホルダーとのつながりを長期間続けることです。

　つまり、マーケティングは新しいつながりを作る役割を果たし、ブランディングはそのつながりを強化し、深め、維持する役割を果たします。

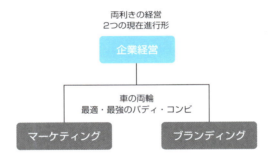

ブランディングとマーケティングの関係

▶ 情報発信を構成する4つの要素

　情報発信は、現在と未来のステークホルダーの意識、判断、行動に影響を与え、変化を促進します。ブランディングとマーケティングは、情報を伝える対象とその内容を明確に区別します。これにより、情報発信の本質が明らかになります。

　情報発信は、下記の4つの要素に分解できます。

❶ **目的**……………何のために伝えるのか？
❷ **（主体と）対象**……（誰が）誰に伝えるのか？
❸ **情報の内容**…………何を伝えるのか？
❹ **手段**……………どうやって表すのか、どうやって伝えるのか？

　対象については、すでに説明しました。手段については第5章で詳しく説明します。ここでは、ブランディングとマーケティングを比較しながら、目的と情報の内容を確認しましょう。まず、情報発信の目的を明らかにします。

情報発信を構成する4つの要素

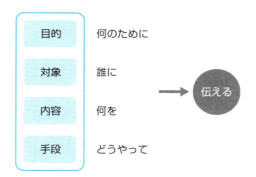

▶ オンラインによる多種多様な発信方法

　現状を見ると、情報発信の目的が明確でない企業が少なくありません。ここでは、どのような手段で発信しているのかを見ていきましょう。

　多くの企業では、さまざまな部署や担当者が日々情報を発信しています。これらの情報はオンラインとオフラインの両方で、多様な方法を使って発信されています。

　オンラインでの情報発信について見てみましょう。企業は伝統的にメールマガジンや企業サイトを通じて情報を発信してきました。近年では、LP*やオウンドメディアも登場しています。

＊LP　Landing Pageの略。検索結果やWeb広告、SNS、メルマガなどから運営者が意図的に流入させる商品・サービスの魅力を掲載した説得型のWebページのこと。

SNSでは、Facebook、Twitter、Instagramなどが情報発信の手段として利用されています。また、YouTubeのような動画配信ツールを使って公式チャンネルを開設する企業も増えています。最近では、TikTokも若者を対象にした採用活動で利用されるようになっています。

また、専門の配信サービスを利用してプレスリリースを発信する企業も増えています。さらに、SNSやポータルサイト、ニュースサイトに広告を出したり、採用サイトに有料で情報を掲載したりする企業も少なくありません。

展示会、説明会などでさまざまな方法を組み合わせる

次に、オフラインでの情報発信について見てみましょう。

コロナ禍前では、各業界やサービスごとに特化した展示会が毎週のように開催されていました。企業は自社のブースを設け、営業資料、パンフレット、モニター映像などを用いて情報を伝達していました。

口頭による情報伝達も行われ、多くの企業が積極的に情報を発信していました。これは東京ビッグサイトや幕張メッセなどの大規模施設だけでなく、全国の主要都市でも日常的に行われていました。新卒採用や中途採用のための説明会も同様です。また、業種によってはチラシやポスティング、ダイレクトメールを行う企業もまだ多く存在します。訪問営業もコロナ前は一般的でした。

大企業では、社内報や顧客向け広報誌、株主向け通信、ファクトブック*、アニュアルレポートなどの印刷媒体による情報発信も以前から一般的に行われています。

マーケティングとは認知獲得のための情報発信

情報発信の方法と手段を詳細に確認してきましたが、それぞれの情報発信が何の目的で行われているかを深掘りします。目的が明確でなければ、期待する成果を得ることは難しく、成果を測定する方法もありません。

マーケティングにおける情報発信の第1の目的は「認知を得るため」です。しかし、認知を得た後、すぐに選ばれるわけではありません。まだ選択肢の1つに過ぎず、ここから相手の状況に合わせて、さまざまな手段を使って情報を発信し続けます。

ただし、企業が情報を発信する目的は、自社の存在を知ってもらうことだけではありません。それはスタートラインに過ぎません。

---

*ファクトブック　企業の事業内容、歴史や業績を伝えるために数値データや事実をもとに情報をまとめた資料のこと。「報道関係者向け基礎資料」とも呼ばれる。

2-5　ブランディングとマーケティングの関係

　大切なのは、その情報がどのような成果を生み出すのか、つまり、商品やサービスが購入されたり、求職者が応募してくれたりするかです。

　例えば、自社の商品やサービスについて大量の情報を発信し、多くの人々に認知してもらったとします。しかし、その人々が実際に商品を購入したり、サービスを利用したりしなければ、その情報発信は意味をなしません。同様に、多くの学生やビジネスパーソンに自社の存在を知ってもらったとしても、彼らが実際に応募してこなければ、その情報発信は意味をなしません。つまり、情報発信の真の目的は「選ばれる」ことです。企業が情報を発信する理由は、自社の商品やサービス、あるいは雇用の機会で自社を選んでもらうためです。

　不適切な行動をとることで認知度を上げることはできます。例えば、重大な不祥事を起こすと、確かにメディアの注目を浴び、一時的に認知度が上がるかもしれません。しかし、そのような行動をとった企業を選ぶ人はほとんどいません。認知度が上がるだけでは意味がありません。

　情報発信の際には、相手が自社を選ぶという意思決定を尊重し、そのための情報を提供することが大切です。これが、情報発信の第2の目的「選ばれるため」です。

４つの要素で見るマーケティング

目的	知らせるため/新しくつながるため
対象	知らない人/未来の利害関係者
内容	企業の実力/機能中心・表舞台
手段	LP・オウンドメディア

2-5 ブランディングとマーケティングの関係

▶ ブランディングとは選ばれ続けるための情報発信

　情報発信の目的は、「認知を得るため」「選ばれるため」の2つです。しかし、一度選ばれたからといって、それが永遠に続くわけではありません。商品市場、労働市場、金融市場、そして社会全体は、激しい競争の中で常に変化しています。

　社員の離職率が高いままであったり、一度購入した商品やサービスが簡単に変更されたりすることは、現代社会ではよくあることです。取引先やパートナーとの関係も、つながりが弱ければすぐに解消される可能性があります。また、担当者が変わると、契約が終了することもあります。

　投機目的の株主は、自分の利益だけを考えて行動します。マイナス要因があれば、すぐに撤退するでしょう。また、資本比率が高まれば、他のステークホルダーに不利益を被らせる要求が増える可能性もあります。

　これらの事態を避けるためには、新入社員や中途社員が「この企業でずっと働き続けたい」と思える理由を作り出すことが大切です。また、顧客が「何があってもずっと愛用したい」と思える理由を提供することも必要です。弱いつながりは、いつか終わりを迎えることが多いです。つながりを強く、深く、太くするために、情報発信を続けることが大事です。

　情報は、主に**機能的な側面**と**情緒的な側面**の2つから成り立っており、認知されて、つながりを強くするためには、下記の点に考慮します。

●機能的な側面

　企業や商品・サービスなどの具体的な特徴や強みを伝えるための情報です。企業名や商品名、サービス名、財務状況、組織力、開発力、性能などが含まれます。これらの情報を発信することで、ステークホルダーは企業や商品・サービスを認知し、理解します。

●情緒的な側面

　企業の「人間性」を伝えるための情報です。経営者の思考や価値観、目指すもの、社員の体験談やエピソード、開発秘話や苦労話、失敗談などが含まれます。これらの情報を発信することで、ステークホルダーとのつながりを深め、強化します。

さらに、最近では顧客自身の体験も重要な情報となっています。これはCX*、UX*、VOC*などと呼ばれ、ブランディングを牽引する情報となっています。

つまり、ブランディングとは、企業の魅力を最大限に引き出すことであり、機能的な側面と情緒的な側面の両方の情報をうまく組み合わせ、ステークホルダーに伝える活動なのです。

そして、これらの情報発信は、マーケティングの基盤があってこそ可能となり、ブランディングへとつながっていきます。

４つの要素で見るブランディング

目的	選ばれるため/選ばれ続けるため
対象	知っている人/現在の利害関係者
内容	企業の人柄/情緒中心・舞台裏
手段	ニュースルーム

▶ 現在と未来、それぞれのステークホルダーが対象

第1章ではステークホルダーについて詳しく説明しましたが、情報を発信する前に、改めてマーケティングとブランディングが誰を対象にしているのかを再確認しましょう。

マーケティングは未来のステークホルダー、ブランディングは現在のステークホルダーを対象にしています。これらの対象を理解するために、下記にそれぞれを列挙します。

---

*CX　Customer Experienceの略。商品やサービスの機能や性能、価格だけでなく、購入するまでの過程や使用する過程、購入後のフォローアップなどの過程における情緒的な価値を訴求する経営戦略。「顧客体験」と訳される。

*UX　User Experienceの略。ユーザーが商品やサービスの使用で得られる体験のこと。「利用者体験」と訳される。

*VOC　Voice of Customerの略。商品・サービスに対する経験や期待に関する消費者の声を表す言葉。「顧客の声」と訳される。

2-5 ブランディングとマーケティングの関係

●ブランディングの対象（現在のステークホルダー）

❶経営者/社員

❷顧客（個人、法人）

❸取引/提携先

❹株主/金融機関

❺地域社会（住民、行政）

❻報道機関…など

●マーケティングの対象（未来のステークホルダー）

❶後継者（ヘッドハンティング、事業承継）

❷新卒（大学生など）/中途の求職者

❸生活者（個人）/市場（法人）＝自社の新規顧客対象者

❹業界（供給網/販売網などの新規取引先候補者）

❺投資家（個人投資家、機関投資家、金融市場）…など

▶ 両利きの経営

ブランディングとマーケティングが密接に関連していることは、「両利きの経営」というイノベーション研究の理論で説明できます。この理論は、**知の深化**と**知の探索**という2つの要素に焦点を当てています。

●知の深化

自分自身や自社がすでに持っている特定の知識を深く掘り下げて磨き上げる行為です。これはブランディングと関連しており、既存のつながりを深めることと関連します。

●知の探索

自分自身や自社が持つ認識の範囲を超えて新たな知識を求める行為です。これはマーケティングと類似しており、新しいつながりを探求することを意味します。

イノベーションは、時代に合った新しい価値を生み出す力です。新しい技術や優れたアイデアを生み出す企業は、この「両利きの経営」を実践していると言えます。つまり、ブランディングとマーケティングの両方をバランス良く行うことが、企業が存続し続けるために重要であるということです。

なお、この理論について詳しく知りたい場合は、『両利きの経営』（チャールズ・A・オライリーほか著、2019年、東洋経済新報社刊）および『同 増補改訂版』（チャールズ・A・オライリーほか著、2022年、東洋経済新報社刊）をご参照ください。

▶ 企業ブランディングの目的

企業ブランディングを改めて定義すると、自社の魅力をすべてのステークホルダーに伝え、深い共感を生み出すことを指します。これは経営者の情熱がなければ達成できません。そして、機能と情緒の両方の情報を伝え続けることで、ステークホルダーの心に「私たちは仲間、パートナーだ」という一体感が生まれます。このような状態になれば、どんな困難に直面しても、ステークホルダーは一緒に困難を乗り越えることができます。そして、自社を選び続けてくれます。

また、一度きりの取り組みではなく、継続的な努力が必要です。これは「ローマは一日にして成らず」や「千里の道も一歩から」の言葉が示すように、時間と努力を必要とするプロセスです。企業が存続を目指す限り、このプロセスは終わりません。つまり、ブランディングには終わりがないということです。

要するに、企業ブランディングの目的は「選ばれ続ける」ためであり、企業が存続するために実践するのです。

2-6
欧州ラグジュアリーブランドに学ぶ

　ルイヴィトン、シャネル、カルティエなど、欧州のラグジュアリーブランドは誰もが知っています。これらのブランドは、商品よりも企業自体を表現しています。これらの企業がラグジュアリーブランドとして認識され、その地位を長期間維持できる理由を先行研究を通じて解明します。

▶ 感性価値とはすなわち情緒的な価値

　ラグジュアリーブランドのカルティエは、1847年にルイ=フランソワ・カルティエ*によってフランスで創業されました。そして1853年には、パリに宝飾店を開店しました。

　一方、ルイ・ヴィトンは1854年に創業し、創業者のルイ・ヴィトン*がパリに世界初の「旅行用トランクの専門店」を開店しました。これらのブランドは、創業者の名前を冠した歴史的なブランドです。

　ラグジュアリーブランドについての研究を通じて、ブランドやブランディングについての理解を深めることができます。早稲田大学ビジネススクールの長沢伸也教授は、企業ブランド研究の第一人者として知られています。長沢教授は、欧州のラグジュアリーブランドだけでなく、日本の老舗企業も研究対象としています。

　長沢教授の著書『カルティエ 最強のブランド創造経営』（長沢伸也編著/杉本香七著、2021年、東洋経済新報社刊）から、その深遠なる知識を学ぶことができます。副題は「巨大ラグジュアリー複合企業「リシュモン」に学ぶ感性価値の高め方」で、その中の「感性価値」は、情緒的な価値のことを指します。長沢教授自身も、ビジネス雑誌のインタビューで「情緒的な価値」と表現しています。

＊ルイ=フランソワ・カルティエ　Louis-Francois Cartier。1819年生まれ。フランスの実業家、宝石商、時計職人。1904年逝去。
＊ルイ・ヴィトン　Louis Vuitton。1821年生まれ。フランスの実業家、ファッションデザイナー。1892年逝去。

ブランドの4要素

　長沢教授によれば、ブランドの4つの要素は**歴史**、**土地**、**人物**、**技術**でこれらは価値を生み出す経営資源として位置づけられています。

　一方、経営資源は一般的にヒト、モノ、カネ、情報の4つの要素とされています。企業は社会や自然環境からこれらの経営資源を預かり、事業を運営しています。起業の初期段階では、創業者の情熱だけが事業を支えることが多いのです。

　企業は経営資源を預かる立場から、上場企業であれ非上場企業であれ、情報を公開し、その内容をきちんと説明する責任があります。この情報開示と説明責任は、CSRの最も重要な部分です。ただし、一時的な流行に乗じて表面的な取り組みだけを行うのではなく、しっかりとした基盤の上で経営を行うことが求められます。

　企業が経営資源を預かり、事業を運営する過程で、その歴史が紡がれていきます。時代の変化に影響を受けつつも、社会の変化に適応して経営を続けます。どの地域や土地で事業を行うかは、企業のMVVに反映され、商品・サービスそのものにも強く影響を与えます。時間が経つにつれて、歴史と土地はブランドの要素として確立されていきます。

　企業が確固たる歴史を持ち、創業地に深く根を張り、地域を大切にすること自体が価値を持っています。自然環境や歴史を背景に、地域の人々がステークホルダー（従業員、顧客、取引先）として関わり続けることで、事業は継続されています。その土地で育まれ、歴史を刻んできたことが、企業の正当性を証明しています。

ブランドの4要素

価値を生み出す経営資源

歴史	土地	人物	技術

2-6 欧州ラグジュアリーブランドに学ぶ

▶ 情熱とこだわり

　企業が成功するためには、経営者だけでなく、技術者や事業推進者のような社員の存在が重要です。彼らは新しいアイデアや技術を開発し、市場を開拓することで企業の成長を支えます。これらの活動は、企業のMVVを具現化するもので、企業の持続的な成長につながります。

　イノベーション、つまり新しいアイデアや商品・サービスを生み出すためには、顧客に利益をもたらす方法を徹底的に追求することが必要です。しかし、イノベーションは簡単には生まれません。それは、MVVに基づいた情熱と、細部にまでこだわる姿勢が必要となるからです。事業責任者や技術者は、このプロセスをリードし、時には経営者を巻き込むことで、企業全体を前進させます。

　拙著『選ばれるブランディング・選ばれないブランディング 企業ブランド力向上の鍵を握る「舞台裏」』（2024年、セルバ出版刊）では、長沢教授の示唆に富んだ言葉をご紹介しました。本書でもカルティエを擁する欧州の代表的なラグジュアリー企業の1つ、リシュモン＊についての長沢教授の見解を拙著から引用します（括弧内が引用）。

> 　「リシュモングループ傘下の企業では創業者、職人、技術者、デザイナーという人物たちが情熱とこだわりを持って起業したり、卓越した製品を作ったり、洗練されたデザインを表現したりしています。
> 　製品そのもの機能的な価値を伝えるだけでなく、彼らのような人物たちの目に見えない情熱やこだわり、つまり彼らの人的魅力をも伝えることで情緒的な価値を形成し」ています。

＊**リシュモン**　Compagnie Financiere Richemont SA。スイスのジュネーヴを拠点とする世界最大級の多業種複合企業グループ。カルティエ、パネライ、IWC、ピアジェなどのジュエリーや時計、ファッションブランドの運営元会社を傘下に保有する。

情熱とこだわり

歴史	正しさ、偽りのなさ
土地	正しさ、偽りのなさ
人物	情熱、こだわり
技術	際立つ、正しさ

文化
らしさ
魅力

▶ ブランドの歴史と起源に関わりが深い人物に光を当てる

さらに拙著の引用を続けます。

　長沢教授は「創業者以外にもブランド哲学を理解して、その世界観をプロダクトや店舗などの空間で表象化することができ、顧客に『らしさ』として受け入れられるようなものを作ることができる人物がいるということは、ブランドの特徴が確立している証でも」ある、とその重要性を説いています。カルティエは、ブランドの歴史と起源に関わりが深い人物（デザイナー）に光を当てることでブランドの価値を高めてきました。

　その1人が1933年から70年までクリエイティブ・デザイナーを務めた女性、ジャンヌ・トゥーサンだと言います。カルティエは2018年に公開された映画『オーシャン8』（ワーナーブラザーズ配給）の公式ジュエリーパートナーとして全面協力をしたそうです。ストーリーは、女性たち8人で構成される窃盗団が1億5000万ドルのダイヤモンド・ネックレス『トゥーサン』を盗み出すというものです。

　「伝統あるジュエリーメゾンであるカルティエのクリエイションを最初に率いた女性である彼女の名前を冠して、世界中に知らしめることで敬意を評しつつ、幅広い層に対して改めてカルティエの存在を知らしめることとなった」と、人物に光を当てることの価値を長沢教授は評価しています。

欧州ラグジュアリーブランドは、このように歴史、土地、人物、技術を融合させ、体験と思いを伝え続け、語り継いできたからこそ企業ブランドを確立できたのです。

日本企業がブランドを確立できない理由

欧州のラグジュアリーブランドと日本の老舗企業は、どちらも地元の伝統に基づいた商品を作り、長い歴史を持っています。しかし、「価値＝価格」の観点から見ると、大きな違いがあります。

長沢教授は、上記のご著書出版直後、『東洋経済ONLINE』（2021年6月23日付）のインタビューで、「日本にも創業の思いや高い技術、卓越した職人など物語を持つ企業は多数あるのに、それをブランド価値にまで高めきれていない」と述べています。

日本企業が「ブランド価値にまで高めきれていない」理由は、自社の歴史、土地、人物、技術についての情報発信力や継続的な伝達力が不足しているからです。つまり、機能面でも情緒面でも十分に印象づけることができていないのです。

これについて筆者は、価値を**見える化**できていないことが大きな問題であると捉えています。つまり、価値が「潜在的」なままなのです。一般的に老舗企業、さらには日本人全体が情報発信力が弱く、「見える化」が苦手であると筆者は感じています。これは日本人特有の性格や価値観、または文化に起因していると考えられます。

その主な要因は、2つあります。1つは「以心伝心」という美徳、もう1つは「謙虚さ」です。

現代の国内外の社会では、「以心伝心」だけで意思を伝えることは現実的ではありません。個々の人間関係でも、心の中の思いや価値観を言葉に出さなければ他人には理解されず、人柄や経験を知らなければ、その人を評価することはできません。信頼や共感も得られません。

「謙虚さ」は長い間、日本人の美徳とされてきました。しかし、謙虚さがブランドの確立を妨げているという指摘もあります。控えめに伝えることは、企業が自己肯定感が低いと見られ、自社の価値が認められない可能性があります。

▶ 同調圧力と認知不協和の解消

さらに、謙虚さの背後には同調圧力があると筆者は見ています。つまり、謙虚さが同調圧力によって歪められている可能性があります。同じ業界で1社だけが目立つことを許さない「空気」が、この問題に影響を与えていると考えられるのです。

2023年から2024年の春にかけて、筆者は酒造業界に近い人たちに「ワインなどと比較して、なぜ日本酒には突出した高額商品がないのか」を尋ねてみました。

彼らの答えは、「新しい酒蔵が高価なお酒を造ると、他の酒蔵から批判される。だから、お互いに牽制し合うような空気があり、みんながお互いの価格をチェックしている」というものでした。この意見は一部の人々からのものなので、偏りがあることはもちろん理解しています。しかし、この答えを聞いて、妙に納得しました。

筆者は一時期、「日本人がどのように空気を読むか」について興味を持っていました。そのため、関連する本を読んだり、ニュースを追ったりしていました。その経験があるからこそ、この答えに納得したのです。

この状況は、「認知不協和の解消」と言えるかもしれません。認知不協和とは、自分の間違いを認めたくないという心理状態のことを指します。この状態が生じると、人は自分を正当化するための情報を無意識に集めます。

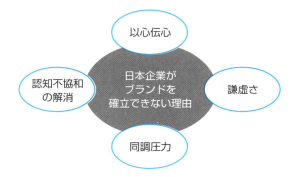

なぜ日本企業はブランドを確立できないのか？

2-6　欧州ラグジュアリーブランドに学ぶ

　酒造業界では、各社が同じ価格帯の商品を作っていることを常に確認していま
す。つまり、認知不協和が生じないように、お互いを監視しているのです。多くの
業界では、古くからの慣習が強く残っています。

　「業界の常識は社会の非常識」ということがよくあります。そのような慣習が企
業の不祥事を引き起こすことがあり、それが報道で取り上げられることも少なくあ
りません。第6章では、近年発生した不祥事を具体的な例として紹介し、その背景
を解説します。

▶ 今がブランディングの第1歩を踏み出す絶好の機会

　多くの日本企業、特に中小企業やスタートアップは、自社の歴史、土地、人物、
技術といった情緒的な価値を伝えきれていません。これらの要素は、企業ブラン
ドを形成する重要な要素ですが、多くの企業はこれを見落としています。その結果、
ブランド力が十分に発揮されていないのです。

　しかし、これは逆にチャンスでもあります。競合他社も同じように情緒的な価
値を伝えていないため、これを活用することで自社を差別化することが可能です。
つまり、ブランディングの第一歩として、自社の情緒的な価値を見つけ出し、それ
を伝えることが大切です。

　経営者は、自社をどのように成長させ、永続的に維持するかを常に考えています。
その答えの1つが、自社の情緒的な価値を見つけ出し、それを伝えることです。欧
州のラグジュアリーブランドから学び、自社の歴史、土地、人物、技術を整理し、
再評価することが大事なのです。

　次の第3章では、魅力の本質と、企業が発信する2種類の情報（機能面と情緒
面）について詳しく説明します。機能面は表舞台、情緒面は舞台裏と呼んでいます。
そして、第4章で、ブランディングにおいて舞台裏がどれほど重要なのかを明らか
にします。

第 **3** 章

ブランディングを
始める前に

　第 1 章と第 2 章では、企業ブランディングの意味を明らか
にしました。第 3 章では、生活者を対象とした 3 つの調査結
果を詳しく見ていきます。

　ブランディングを成功させるためには、どのような情報がス
テークホルダーに信頼され、また、どのような情報が彼らを惹
きつけるのかを理解することが大切です。第 3 章の後半では、
企業ブランディングの成功において最も重要な要素である「舞
台裏」について詳しく説明します。

3-1
生活者は情報をどう選ぶのか①

情報は、私たちの意識や判断、行動に影響を与え、それらを変える力があります。ステークホルダーがどのように情報を選び、どの情報を信頼するかを解説していきます。本節では、生活者向けの3つの調査から「メディア定点調査」を特に取り上げています。この調査は、生活者の視点から情報を分析するためのものです。

▶ 生活者を知る

第3章の前半では、メディア環境研究所（博報堂 DY メディアパートナーズ）、経済広報センター、企業広報戦略研究所（電通PRコンサルティング）による調査結果を詳しく見ていきます。これらの調査はすべて**生活者**を対象にしています。生活者とは、以前は「消費者」と呼ばれていた人々のことです。

生活者とは、社会の中でさまざまな役割を果たす人々のことを指します。例えば、私たちは日々食料や生活必需品を消費する消費者です。また、18歳以上の人々は選挙権を持つ有権者でもあります。そして、企業や組織に所属して働く人々は組織人とも言えます。これらすべての役割を持つ人々を生活者と呼びます。

しかし、生活者としての立場は、その人が組織人であるか、個人であるかによって、情報の選び方が変わるかもしれません。組織人は、所属する組織の文化の影響を受けて判断をします。これは、社会心理学における個人心理学と集団心理学の違いと同じです。大部分は似ているかもしれませんが、微妙な違いが存在します。

▶ 生活者と組織人

ここではあえて生活者と組織人を対比させます。自社における現在と未来のステークホルダーがそれぞれがどんな立場なのか、その立場によってどう判断するのかを確認しましょう。

なお、あなたがBtoC、またはBtoBのどちらのブランディングの責任者であるかによって、ステークホルダーの立場は異なります。

3-1 生活者は情報をどう選ぶのか①

●BtoCのブランディング責任者の場合

❶純粋な生活者は、自社の社員、就職活動中の学生、転職希望者、そして新規顧客候補。

❷商品を納入するメーカーや物流事業者は、組織人。

❸株主は、個人投資家であれば生活者、機関投資家であれば組織人と考える。

❹顧問弁護士や顧問税理士は、個人事業主であれば生活者、法人化された事務所であれば組織人となる。

●BtoBのブランディング責任者の場合

❶純粋な生活者は、自社の社員（社員候補）や個人投資家、個人経営の士業の人たち。

❷それ以外のすべてのステークホルダーは、組織人となる。彼らは組織人として情報を選び、判断し、行動する。彼らの意識、判断、行動は組織内の立場（役職）や組織文化（風土）によって変わる。

なお、これから提示する調査結果には、対象によっては前述のようなバイアス*があることをご理解ください。

▶ メディア定点調査で生活者のメディアとの関わり方を知る

博報堂DYメディアパートーナーズのシンクタンクであるメディア環境研究所は、2006年から毎年メディアに関する詳細な調査を行っています。これらの調査は、メディア接触時間やメディアイメージ、メディア意識・態度など、多様な観点からメディアの使用状況を分析しています。

調査は主に東京都で行われ、15歳から69歳までの男女が対象となっています。調査結果は、メディア環境研究所のWebサイトで公開され、2006年から2024年までのデータが閲覧可能です。

2020年まで、これらの調査結果は『広告ビジネスに関わる人のメディアガイド2020』（博報堂DYメディアパートナーズ著、2020年、宣伝会議刊）などの書籍にまとめられ、毎年5月頃に出版されていました。この書籍は、広告/宣伝担当者や広報担当者、PR業界の人々にとって有益な情報源でした。

＊**バイアス** 偏りや偏見、先入観を意味し、認識の歪みや思考の偏りなどの心理現象のこと。

3-1 生活者は情報をどう選ぶのか①

メディア定点調査①

NEWS

Hakuhodo DY
media partners

メディア
環境
研究所

2024年6月4日
株式会社博報堂DYメディアパートナーズ
メディア環境研究所

～博報堂DYメディアパートナーズ「メディア定点調査2024」時系列分析より～

- メディア総接触時間は432.7分。「携帯電話／スマートフォン」のシェアが前年比約3％増、「テレビ」が約2％減。
- スマートフォンでのテレビ番組視聴の増加など、コンテンツ×視聴デバイスの組み合わせの多様化が加速。
- スマートフォンからのチケット購入や店舗予約が増えた人は6割超に。生活行動のモバイルシフトも進んでいる。

株式会社博報堂DYメディアパートナーズ メディア環境研究所（本社：東京都港区、所長：田代奈美）は、生活者のメディア接触の現状を捉える「メディア定点調査」を2006年から毎年1月末～2月頭にかけて実施しています。メディア接触時間や生活者のメディア意識など時系列分析から見えてきたメディア環境の変化をご報告します。

①メディア総接触時間は432.7分。「携帯電話／スマートフォン」のシェアが前年比約3％増、「テレビ」が約2％減。

メディア総接触時間は432.7分（1日あたり／週平均）。コロナ禍による急増分は調整されつつあるが、依然としてコロナ前より高い水準で推移している。増減幅が10分以上となったのは、「携帯電話／スマートフォン」（161.7分 昨年から10.1分増）と、「テレビ」（122.5分 同12.9分減）。「ラジオ」（23.0分 同5.0分減）、「新聞」（9.2分 同4.6分減）、「雑誌」（9.5分 同0.8分減）は微減、「タブレット」（37.9分 同2.4分増）は微増した。情報接触におけるモバイルシフト（メディア総接触時間における「携帯電話／スマートフォン」のシェアの増加傾向）は依然として続いている。

②スマートフォンでのテレビ番組視聴の増加など、コンテンツ×視聴デバイスの組み合わせの多様化が加速。

スマートフォンでのテレビ番組視聴が3割台に増加。また、テレビ受像機での無料動画視聴も過半数を超えた。テレビ番組をテレビ以外のデバイスで見たり、ネットの無料動画をテレビ受像機で見るなど、コンテンツ×視聴デバイスの組み合わせの多様化が加速している。民放公式テレビポータルTVerの利用率（53.8％ 同14.3ポイント増）や、テレビ受像機のインターネット接続率（63.5％ 同8.6ポイント増）の伸びも、多様化を加速する大きな要因となっている。

③スマートフォンからのチケット購入や店舗予約が増えた人は6割超に。生活行動のモバイルシフトも進んでいる。

「チケットの購入はスマートフォンのアプリで行うことが増えた」（64.6％ コロナ禍前の2019年に比べて31.0ポイント増）、「店舗の予約はスマートフォンのアプリで行うことが増えた」（61.5％ 同27.6ポイント増）が6割超に。コロナ禍明けで旅行や外食等の機会が増えたことも伸長の要因と思われるが、コロナ禍前の水準と比べても大きく伸長している。情報接触だけではなく、購買や予約などの生活行動におけるモバイルシフトが、幅広い年齢層で進行していることがうかがえる。

メディア定点調査の主要データはメディア環境研究所のWEBサイトで自由にグラフ生成、ダウンロード可能です。
https://mekanken.com/projects/media-survey/

■ 調査設計 ■

調査地区：	東京都
標本抽出方法：	RDD（Random Digit Dialing）
調査方法：	郵送調査法
調査対象者：	15～69歳の男女
標本構成：	643サンプル
	2023年住民基本台帳に基づき性年代でウエイトバックを実施
調査期間：	2024年1月26日～2月9日
調査機関：	株式会社ビデオリサーチ

■ お問い合わせ先 ■

株式会社博報堂DYメディアパートナーズ 広報室 　　　三矢・戸田 　03-6441-9347
mp.webmaster@hakuhodody-media.co.jp
メディア環境研究所 野田・小林・林 info@mekanken.com

[出所] 博報堂DYメディアパートナーズ メディア環境研究所「メディア定点調査2024」（https://mekanken.com/data/6382/）

メディア定点調査②

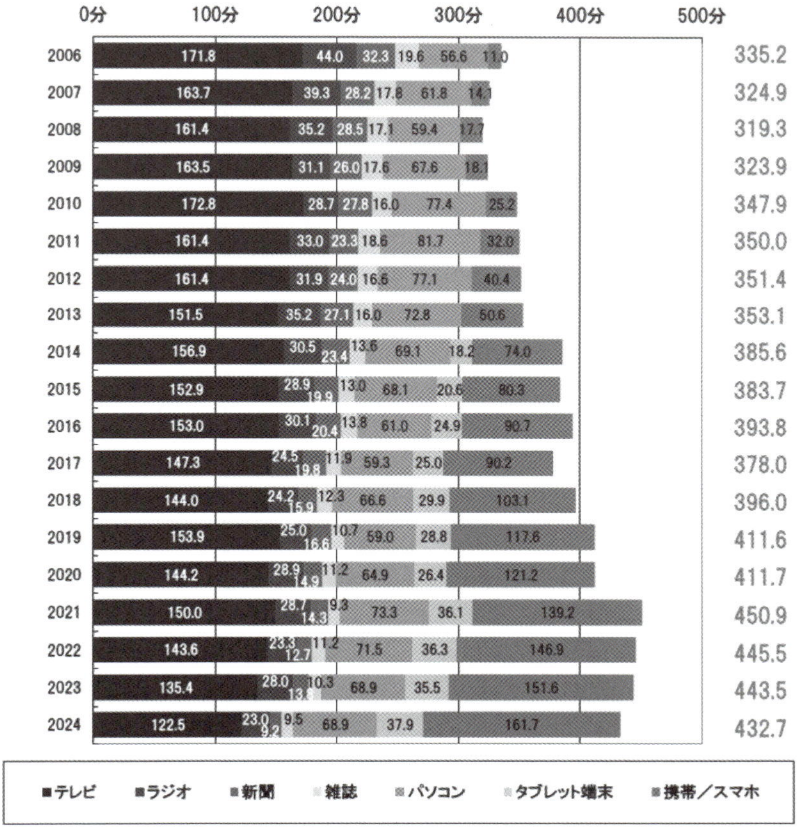

※メディア総接触時間は、各メディアの接触時間の合計値　各メディアの接触時間は不明を除く有効回答から算出
※2014年より「パソコンからのインターネット」を「パソコン」に、「携帯電話（スマートフォン含む）からのインターネット」を「携帯電話・スマートフォン」に表記を変更
※タブレット端末は、2014年より調査

［出所］博報堂DYメディアパートナーズ メディア環境研究所「メディア定点調査2024」メディア総接触時間の時系列推移（1日あたり・週平均）（https://www.hakuhodody-media.co.jp/newsrelease/report/20240604_35044.html）

2021年以降、この書籍シリーズの出版は停止されています。その理由は明らかではありませんが、コロナ禍の影響があるかもしれません。ただし、2020年までに出版された書籍は今でも有用で、現場で活用できる分析が含まれています。

3-1 生活者は情報をどう選ぶのか①

正確さよりも共感優先で世論形成

メディア環境研究所が実施した「メディア定点調査2018」の調査結果を同研究員が分析した『広告ビジネスに関わる人のメディアガイド2018』(博報堂DYメディアパートナーズ著、2018年、宣伝会議刊)は、最新のデータ分析ではありませんが、あえて本書で紹介します。

そこで浮き彫りになったのは、生活者を取り巻く情報環境が混沌としていることです。代表的な現状を2つ挙げてみます

● フェイクニュース

インターネットを中心に、虚偽のニュースが全世界を駆け巡っています。これは2017年の調査当時から現在に至るまで続いており、日本国内でも同様の事態が発生しています。

● ポストトゥルース

「脱真実」と訳され、真実の客観的報道よりも個人の感想や虚偽の情報が一気に広がる現象を指します。

これらの現象は、正確さよりも、真実かどうか分からないが共感優先で世論が形成されてしまう状況を生み出しています。

『広告ビジネスに関わる人のメディアガイド2018』

3-1　生活者は情報をどう選ぶのか①

生活者の情報戦略における3つのポイント

　情報端末は急速にモバイル化し、SNSも新しいツールが次々と生まれ、形を変えながらもサービスは続いています。この変化により、個人が自分で情報を発信したり、受け取った情報を簡単に拡散したりすることが可能になりました。

　インターネットの普及に伴い、情報量は年々増加しています。その結果、私たちの周囲の情報環境は混沌とした状態になっています。この混沌とした環境下で、生活者がどのように情報戦略を立てるかを同書は明らかにしました。その戦略は、下記の3つのポイントに集約されます。

1　自分なりの確かさで雑音を排除する
2　確かさを確保するために4つの情報源を用いる
3　4つの情報源を自分なりに組み合わせる

　これらのポイントについて、次に詳しく説明します。

1 自分なりの確かさで雑音を排除する

　情報が多すぎると、自分が信頼できないと思う情報は、雑音として排除してしまいます。これは、情報の出元や内容が疑わしい場合や、自分にとって関係ないと思われる情報に対しても同様です。また、情報があまりにも多くてどれを選べばいいかわからない場合も情報を排除します。

2 確かさを確保するために4つの情報源を用いる

　自分が信頼できる情報を得るためには、下記の4つの**情報源**を活用します。

●公からの発表

　テレビや新聞などのメディアが報道するニュースや記事、国や官公庁の発表、企業の公式Webサイトの情報などが含まれます。これらは公的な情報源であり、信頼性が高いとされています。

3-1 生活者は情報をどう選ぶのか①

●みんなの意見

SNSで共有される情報や口コミ、商品レビューサイトやブログなどから得られる情報です。これらは広範な視点を提供し、多くの人々の意見を反映しています。

●当事者の見解

実際に特定の経験をした人々から得られる情報です。例えば、特定の企業で働いた人、特定の商品やサービスを購入した人、特定の取引を行った人、特定の企業に投資した人などからの情報がこれに該当します。これらの情報は、生活者や組織人としての視点を提供します。

●専門家の知識

専門家が提供する詳細で専門的な情報です。これらの情報は、特定のテーマについての深い理解を提供します。

▶ 3 4つの情報源を自分なりに組み合わせる

生活者は情報を選び取る際に、4つの異なる情報源を組み合わせて信頼性を確保します。自分にとって必要な情報については、その情報の良し悪しや、その情報の全体像を徹底的に調査します。メディアから提供される情報を無批判に受け入れることはありません。情報をあらゆる視点から徹底的に調査する傾向があり、この傾向は現在も変わっていないと考えられます。

次の3-2節の前半では、本節で取り上げた『広告ビジネスに関わる人のメディアガイド2018』の分析を深く掘り下げます。これにより、より洞察に満ちた情報に触れる機会が増えます。

また後半では、2番目の調査テーマである「生活者の"企業観"に関する調査」も確認し、2つのテーマ間で共通している点や一致している点を明示します。

3-1 生活者は情報をどう選ぶのか①

生活者の情報戦略における3つのポイント

1. 自分なりの確かさで雑音は排除

2. 確かさを確保するための4つの情報源

   ❶公からの発表
   ❷みんなの意見
   ❸当事者の見解
   ❹専門家の知識

3. 4つの情報源を自分なりに組み合わせる

トヨタイムズ①
等身大の姿を見せる『トヨタイムズ』

　トヨタ自動車は、企業サイトの中で「グローバルニュースルーム」と銘打ち、舞台裏を熱心に伝えています。筆者がメールアラート登録をしたのが約5年前、2019年8月22日のことです。

　それ以来、平日は毎日、トヨタ自動車からのメールを受信しています。1日2～4通の記事が欠かさず配信されてくるのです。不祥事や事故など、マイナス面の情報も包み隠さず、しかも迅速に配信し続ける振る舞いを見てきました。

　実は『トヨタイムズ』をニュースルームの一環として展開しています。相当なテレビCMを出稿していますので、ほとんどの人が名前は聞いたことがあるでしょう。『トヨタイムズ』では着飾ることなく、等身大の姿を表しています。本文では子会社、グループ会社に対する苦言を述べていますが、トヨタ自動車の本体は間違いなくブランディングの王道を愚直に歩んでいます。

　「トヨタらしさ」とは何かを垣間見ることができます。一見の価値あり、です。一度アクセスしてみてください。

3-2
生活者は情報をどう選ぶのか②

「メディア定点調査」の分析結果によると、生活者は4つの情報源を自分で組み合わせて、情報の信頼性を確保しています。3-2節では、この洞察をさらに深めるとともに、「生活者の企業に対する見方」についての調査も確認します。そして、これら2つの調査結果の共通点や一致点を明らかにします。

▶ 生活者に対するコミュニケーション

生活者は、3-2節で述べたように公からの発表、みんなの意見、当事者の見解、専門家の知識の4つの情報源を組み合わせて、信頼性を判断します。これらの情報源は、生活者の2つの欲求に基づいています。それらは**俯瞰で広く見たい**と**詳細に深く知りたい**です。

❶ 俯瞰で広く見たい

この欲求は、生活者が「俯瞰で広く見たい」「全体像を把握したい」という願望を表しています。この欲求を満たすためには、2つの情報源が考慮されます。

●客観的な情報

国や企業などからの最新かつ正式な「公からの発表」を選びます。これは機能的な側面の情報です。

●主観的な情報

「みんなの意見」を選びます。これは世間一般の平均的な考えを知ることで、情緒的な側面の情報となります。

❷ 詳細に深く知りたい

この欲求は、生活者が詳細な情報を求めていることを示しています。この欲求を満たすためには、下記の2つの情報源が考慮されます。

3-2 生活者は情報をどう選ぶのか②

●客観的な情報

「専門家の知識」を選びます。これは専門性の高い知識や専門家の判断を含み、機能的な側面の情報です。

●主観的な情報

「当事者の見解」を選びます。これは実際の体験談や本音を含み、情緒的な側面の情報です。

これらの情報源は、2つの欲求を横軸に、そして客観と主観を縦軸に分けて分類されます。

これにより、生活者の欲求が明確になり、その欲求に対するアプローチ方法が見えてきます。それは、生活者に対する**見える化**です。つまり、生活者に情報を隠さずに見せることです。具体的には、「俯瞰で広く見たい」という欲求に対しては「群れで見せる」アプローチを行い、「詳細に深く知りたい」という欲求に対しては「常にさらす」アプローチを行います。これらのアプローチについては、それぞれ詳しく解説します。

生活者の2つの欲求

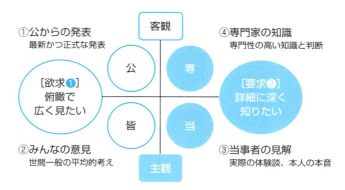

[出所]『広告ビジネスに関わる人のメディアガイド2018』(博報堂DYメディアパートナーズ著、2018年、宣伝会議刊)をもとに筆者作成(一部改変)

3-2　生活者は情報をどう選ぶのか②

▶「群れで見せる」アプローチ

　フェスティバルやライブイベントの人々の活気は、「俯瞰で広く見たい」という人々の欲求から生まれます。音楽を楽しむ共有空間を通じて、この欲求が満たされます。コロナ禍でイベントがほとんど開催されなかった時期もありましたが、2017年の調査時点では活気に満ちており、現在もその活気は回復しています。

　テレビやミュージックビデオで流行するダンスを個人やグループで楽しむ行為は、衰えることがありません。人々はダンスを踊り、その様子をスマートフォンで撮影し、動画を共有します。これは、「俯瞰で広く見たい」と思う生活者に対して、**群れで見せる**というアプローチが効果的であることを示しています。

▶「常にさらす」アプローチ

　「詳細に深く知りたい」という欲求に対応する方法は、**常にさらす**ことです。例えば、商品の開発過程を公開することで、企業の決意や開発者の自信と情熱を伝えます。クラウドファンディングで開発資金を募る際には、資金調達の過程と挑戦する姿を公開し、同時にSNSも利用します。すると、支援者からのメッセージがSNSに投稿され、ポジティブな雰囲気を作り出します。そこから共感が生まれ、コミュニティが形成されます。

▶情緒的な側面の情報が鍵を握る

　生活者の欲求を満たすための2つのアプローチ、「群れで見せる」と「常にさらす」は、生活者に対する**見える化**が重要な役割を果たしています（第4章で詳述します）。

　それぞれのアプローチで何を見える化したいのかを改めて比較してみましょう。筆者は、どちらのアプローチも情緒的な情報が重要だと考えています。

・**群れで見せる**

　ライブやイベントなどの空間を共有したり、スマホで撮影したダンス動画を共有したりします。

・常にさらす

開発過程を公開し、企業の覚悟や開発者の思いを共有したり、応援や賛同のメッセージをSNSで共有したりします。

これらの調査結果から、選ばれるため、つまりブランディングするためには、情緒的な情報が鍵となることが明らかになりました。第2章で、社会心理学の知識や経営学者の研究から、ブランディングには機能と情緒という2つの情報が欠かせないことを明らかにしました。「メディア定点調査」からも同じことが読み取れます。ブランディングの本質とは何か、その輪郭がはっきりと見えてきました。

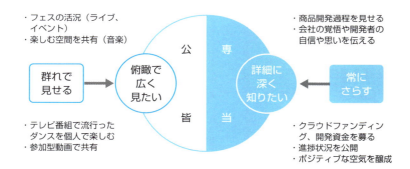

[出所]『広告ビジネスに関わる人のメディアガイド2018』(博報堂DYメディアパートナーズ著、2018年、宣伝会議刊)をもとに筆者作成(一部改変)

「生活者の"企業観"に関する調査」から見えること

生活者を対象とした調査結果を引き続き確認しましょう。2番目は、経済広報センターによる「生活者の"企業観"に関する調査」の結果から考察します。

同センターは、1978年設立の一般社団法人で、日本経済団体連合会(経団連)の関係団体です。同センターのWebサイトによると「国内外における変化に対応すべく、常にアンテナを高く張り、メッセージの受信と発信に努めています。

3-2　生活者は情報をどう選ぶのか②

　社会における企業の役割に関する理解の促進、あるいは政府の経済政策に関する提言など、経済界として訴えていくべきメッセージは常に存在して」いるとしています。さらに「社会との対話を基調として、経済界のメッセージを発信し続けています」と謳っています。

　2024年2月に公表された「第27回 生活者の"企業観"に関する調査」では、調査対象は全国の社会広聴会員（2,738人）の中から、インターネットで回答可能なεネット社会広聴会員（2,340人）が選ばれました。有効回答数は983人（有効回答率は42.0%）、調査期間は、2023年10月26日〜11月6日です。関心のある人は、経済広報センターのWebサイトを訪れてみてください。過去数年分のデータがダウンロードできます。

▶ 企業を評価する際の情報発信者の信用度

　この調査では、「企業評価の際の情報発信者の信用度」に着目しましょう。つまり、どのような情報が生活者に信頼されるか、そしてその情報が誰から発信されるかを見ています。調査結果は、下記の通りです。

■1位 企業からの発信

　企業のWebサイト、各種刊行物、SNSなどが該当します。この情報を信用すると回答した人は、80%でした。

■2位 メディアからの発信

　ニュースや記事などが該当します。信用すると回答した人は、79%でした。

　過去の調査結果と比較すると、2023年の第26回では「メディアからの発信」が80%で、2ポイント差の1位、2022年の第25回では「メディアからの発信」と「企業からの発信」が同じ79%で1位でした。このように長い間、「メディアからの発信」が1位だったのですが、2024年の調査では、10年以上ぶりに2位になっています。これは、企業の不祥事が増えると企業の信用度が下がり、メディアが不適切な報道を行うとメディアの信用度が下がるためです。

　「メディアからの発信」は、ずっと生活者に信頼されてきました。

3-2 生活者は情報をどう選ぶのか②

　これは生活者が公からの発表を含む4つの情報源から情報の信頼性を確かめるとの分析とも一致しています。正式な取材に基づくニュースは、信頼できる情報源の1つなのです。

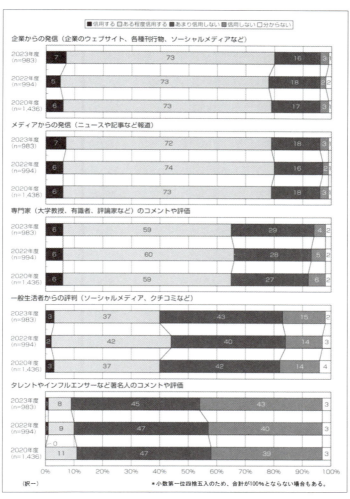

[出所] 一般財団法人 経済広報センター「第27回 生活者の"企業観"に関する調査」図11 企業評価の際の情報発信者の信用度（年度別）（https://www.kkc.or.jp/release/?mode=show&id=186）

3-2　生活者は情報をどう選ぶのか②

企業自らが発信する情報を生活者は信用している

　次に「企業からの発信」について詳しく見てみましょう。企業のWebサイト、つまり**コーポレートサイト**についてです。

　日本の企業では、2020年頃からコーポレートサイトに**ニュースルーム**＊を設ける企業が増えています。ニュースルームは現在、ブランディングの中心地と言えます。

　さらに、各種出版物の代表例として、アニュアルレポートがあります。上場企業では、ほぼ毎年これを発行することが義務付けられています。近年では、統合報告書という形で発行されています。10数年前までは、CSR報告書や環境報告書として別々に発行されていましたが、2013年に国際統合報告評議会が指針を発表したことで、統合報告書が国内外で普及しました。

　企業は、ファクトブックや小冊子など、自社発行の印刷媒体をさまざまな対象や場面に合わせて用意しています。また、SNSもそれぞれの用途や目的に応じて複数運用しています。

　大企業や上場企業は、自社の言葉で自社の能力や人柄を伝え続けています。これは、生活者が企業が自ら発信する情報を信用するからです。そのため、企業自身が情報を伝えることが重要なのです。

確かさを確保するための4つの情報源とも符合一致

　さらに「企業評価の際の情報発信者の信用度」について詳しく見てみましょう。

■3位 専門家のコメントや評価

　専門家は、大学教授や評論家などが該当します。この情報を信用すると回答した人は、65％でした。ちなみに前年比で1ポイント減少しています。

■4位 一般生活者からの評判

　SNSや口コミなどが該当します。この情報を信用すると回答した人は、40％でした。これは前年比で4ポイント減少しています。

＊**ニュースルーム**　ステークホルダー向けに公式情報をまとめたWebサイトのこと。

3-2 生活者は情報をどう選ぶのか②

　この情報を読むと、『広告ビジネスに関わる人のメディアガイド2018』の分析と一致していることがわかります。生活者が情報を選ぶための4つの主要な情報源を再確認しつつ、対比させましょう。下記の通りです。

❶公からの発表（企業からの発信、メディアからの発信）
❷みんなの意見（一般生活者からの評判）
❸当事者の見解（企業からの発信）
❹専門家の知識（専門家のコメントや評価）

　これらの情報源と「企業評価の際の情報発信者の信用度」を比較することで、生活者がどのような情報を選び、どの情報を信用するかが明らかになりました。
　次の3-3節では、3つ目の調査結果から生活者が企業のどのような事実や活動に魅力を感じるかを解析します。

トヨタイムズ②
職人、匠たちが織り成す「クルマづくり」の物語

　『トヨタイムズ』には、現場の最前線で働く社員たちの息遣いが、聞こえてくるかのような記事があふれています。中でも筆者が強烈に心惹かれたのが、「日本のクルマづくりを支える職人たち」の特集です。
　本書の執筆時（2024年8月）、自動車業界を匠の技能で支える18人の「職人」と「匠」に光を当てています。クルマづくりの現場では今もなお多数の「手仕事」が生かされていると言います。
　特集では、木工職人に始まり、鋳造職人、鍛造職人、板金・溶接職人、プレス金型職人、塗装職人と続きます。以降は「匠」が登場します。「レストアの匠」「切削工具の匠」「設備保全の匠」「ひずみゲージの匠」「溶接の匠」と実に多彩な顔ぶれがそろっています。
　記事は職人へのインタビュー、現場（舞台裏）の写真や動画とともに仕事内容を解説しています。いずれも臨場感に満ち、7000字を超える圧巻の内容です。舞台裏こそ魅力の宝庫だと確信を抱かせてくれます。

3-3 企業の魅力を解剖する

　企業ブランディングとは、自社の魅力をステークホルダーに伝え、深い共感を得ることを指します。本節では、生活者を対象とした「魅力度ブランディング調査」から、企業のどのような活動と事実に魅力を感じるのかについて詳しく説明します。

▶ 魅力度ブランディングモデル

　電通PRコンサルティングが運営する企業広報戦略研究所は、企業の魅力を解析するための「魅力度ブランディングモデル」を2016年に提唱しました。

　このモデルは、「生活者が企業のどのような活動や事実（ファクト）に魅力を感じ、その魅力がどのように伝わっているのかを解析することを目的[*]」に生活者1万人を対象とした調査を毎年実施しています。

　調査の理由として、同研究所は「ファクトに基づく情報発信・情報拡散が企業ブランドに与える影響が強まっており、ますます重要になって[*]」いることから、「企業のどのような活動　ファクトに、生活者や投資家が"魅力"を感じるのかを検証し対策を講じる必要が生じ」たとしています。そのために開発したのが、魅力度ブランディングモデルだというわけです。

　魅力度ブランディングモデルでは、企業の魅力を**人的魅力**、**財務的魅力**、**商品的魅力**の3つに分けています。これら3つの要素が合わさって企業の魅力を形成します。

　さらに、それぞれ○魅力について6つの領域、12の項目を設定し、合計で18の領域、36の項目の活動と事実（ファクト）を設定しています。

　調査は、全国の20〜69歳の男女1万人（各業種500人、全20業種・各業種10社・全200社）を対象に、インターネットを使用して行われます。企業の魅力は、「3つの要素×6つの領域」で評価されます。

---

[*]生活者〜目的　　　　　　企業広報戦略研究所のWebサイトより転載。
[*]ファクト〜重要になって　企業広報戦略研究所のWebサイトより転載。なお、原文ではファクトは「FACT」と記載されている。

3-3 企業の魅力を解剖する

魅力度ブランディングモデル

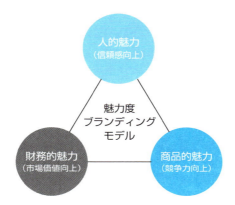

[出所] 株式会社 電通PRコンサルティング 企業広報戦略研究所「ブランディング」C.S.I.の研究テーマ（https://www.dentsuprc.co.jp/csi/theme/attractiveness_branding/）

企業の魅力（3要素×6領域）

人的魅力
1. リーダーシップ（経営者の魅力、成長戦略提示、業界牽引力）
2. 職人の拘り（品質、イノベーション）
3. 職場風土（人事制度・社風・職場環境）
4. アイデンティティ（法人としてのビジョン・理念・文化）
5. 誠実さ・信用
6. 社会共生（文化・地域）

財務的魅力
1. 成長戦略
2. 安定性／（中・長期的な）収益性
3. リスク＆コンプライアンス
4. 投資＆財務戦略
5. 市場対話／適時開示力（決算情報・重要事項）
6. ソーシャルイシュー対応力（CSR・環境・CSVなど）

商品的魅力
1. ソリューション力（課題解決《例》○○に効く。○○倍の効果。など）
2. コストパフォーマンス
3. リコメンド・時流性（売れている感、話題 など）
4. 共感（世界観、コミュニティ など）
5. 安全性、アフターサービス力、クレーム対応
6. 独創性・革新性

[出所] 株式会社 電通PRコンサルティング 企業広報戦略研究所「ブランディング」企業の魅力 3要素×6領域（https://www.dentsuprc.co.jp/csi/theme/attractiveness_branding/）

3-3 企業の魅力を解剖する

▶ 人的魅力が第1位から第4位まで占める

　2023年11月に発表された「第8回 魅力度ブランディング調査」の結果を簡単にまとめてみましょう。この調査では、人的魅力が最も高い評価を受け、全体の37.7%を占めました。次に商品的魅力が33.8%、最後に財務的魅力が28.4%でした。この傾向は微減・微増はあるものの、過去8年間で変わっていません。

　また、全36項目の中で最も評価が高かったトップ5の項目は、下記の通りです。

■1位 ビジョンを掲げ、業界をけん引している（人的魅力）

　48.8%の人が魅力を感じると回答しています。8年連続で1位です。

■2位 チャレンジスピリットにあふれたリーダー・経営者がいる（人的魅力）

　47.3%の人が魅力を感じると回答しています。

■3位 こだわりをもった社員が品質向上にチャレンジしている（人的魅力）

　41.8%の人が魅力を感じると回答しています。

■4位 イノベーションにこだわる経営をしている（人的魅力）

　40.3%の人が魅力を感じると回答しています。

■5位 熱心なファンが多い商品・サービスを提供している（商品的魅力）

　38.2%の人が魅力を感じると回答しています。これまで4年連続で4位でしたが、今回は5位になりました。

▶ 調査のバイアスを踏まえて結果を読み解く

　調査対象となった200社は、それぞれが20の業種を代表する10社で、大企業や有名企業ばかりです。

調査対象企業一覧

業界	企業
情報通信コミュニケーション	日本電信電話（NTT）
	ソフトバンクグループ
	KDDI（au）
	NTTドコモ
	Zホールディングス（Yahoo！、LINE）
	マイクロソフト
	トレンドマイクロ
	Meta（Facebook, Instagram）
	Google
	Twitter
金融・証券	三菱UFJフィナンシャル・グループ
	三井住友フィナンシャルグループ
	みずほフィナンシャルグループ
	ゆうちょ銀行
	ビザ・ワールドワイド（VISA）
	マスターカード
	アメリカン・エキスプレス
	ジェーシービー（JCB）
	野村（野村證券）
	大和証券グループ本社（大和証券）
損保・生保・商社	日本生命保険
	第一生命
	かんぽ生命保険
	東京海上
	MS&ADインシュアランスグループ
	SOMPO（損保ジャパン、日本興亜）
	三菱商事
	伊藤忠商事
	三井物産
	住友商事
電機	日立製作所
	ソニーグループ
	パナソニック
	東芝
	富士通
	三菱電機
	Apple
	シャープ
	IBM
	日本電気（NEC）
精密機械・部品	キヤノン
	ダイソン
	ダイキン工業
	セイコーエプソン
	オムロン
	島津製作所
	オリンパス
	京セラ
	ニデック（日本電産）
	村田製作所

業界	企業
流通・小売	イオン
	セブン＆アイ（セブン-イレブン、イトーヨーカ堂）
	ファーストリテイリング（ユニクロ）
	ヤマダ（ヤマダデンキ）
	大創産業（ダイソー）
	良品計画
	マツキヨココカラ＆カンパニー（マツモトキヨシ）
	ファミリーマート
	ローソン
	ニトリ
外食	吉野家（吉野家、はなまるうどん）
	くら寿司
	スターバックス コーヒー
	プレナス（ほっともっと、やよい軒）
	マクドナルド
	すかいらーく（ガスト、バーミヤン、ジョナサン、しゃぶ葉、夢庵）
	ゼンショー（すき家、なか卯、ビッグボーイ、ココス）
	コロワイド（かっぱ寿司、牛角、フレッシュネスバーガー、大戸屋）
	FOOD & LIFE COMPANIES（スシロー、京樽、海鮮三崎港）
	トリドール（丸亀製麺・コナズ珈琲）
鉄道	東日本旅客鉄道（JR東日本）
	東海旅客鉄道（JR東海）
	西日本旅客鉄道（JR西日本）
	近畿日本鉄道（近鉄）
	東急電鉄（東急）
	阪急電鉄・阪神電気鉄道（阪急阪神）
	西日本鉄道（西鉄）
	小田急電鉄（小田急）
	大阪市高速電気軌道（大阪メトロ）
	東京地下鉄（東京メトロ）
航空・物流	日本航空（JAL）
	全日本空輸（ANA）
	日本郵船
	JTB
	エイチ・アイ・エス（H.I.S）
	日本通運
	SG（佐川急便）
	ヤマト（ヤマト運輸）
	日本郵便
	商船三井
国産自動車・二輪車	トヨタ自動車
	本田技研工業（Honda）
	日産自動車
	マツダ
	スズキ
	SUBARU
	三菱自動車工業
	ダイハツ工業
	ヤマハ発動機（YAMAHA）
	カワサキモータース（KAWASAKI）

業界	企業
輸入EV・自動車・自動車部品・自動車関連	テスラ
	フォルクスワーゲングループ（フォルクスワーゲン、アウディ）
	BYD
	ルノー・日産・三菱
	現代・起亜自動車グループ（ヒョンデ）
	メルセデス・ベンツ
	ビー・エム・ダブリュー（BMW, MINI）
	ボルボ・カー（ボルボ）
	デンソー
	アイシン
飲料	キリン
	アサヒグループ
	サントリー
	コカ・コーラ
	宝（宝酒造）
	伊藤園
	森永乳業
	ヤクルト
	ネスレ
	サッポロ
食品	味の素
	キユーピー
	ロッテ
	明治
	森永製菓
	江崎グリコ
	日清食品
	ハウス食品グループ本社
	ミツカン
	カルビー
医薬品	武田薬品工業
	アステラス製薬
	大塚（大塚製薬）
	エーザイ
	大正製薬
	第一三共
	塩野義製薬
	ツムラ
	ジョンソン・エンド・ジョンソン（J&J）
	中外製薬
繊維・化学・日用品	富士フイルム
	帝人（TEIJIN）
	三菱ケミカル
	ユニ・チャーム
	東レ
	花王
	資生堂
	住友化学
	ライオン
	P&G

［出所］株式会社電通PRコンサルティング 企業広報戦略研究所「生活者1万人を対象とした「第8回　魅力度ブランディング調査」結果 企業の魅力に強く関係するイシューは、「賃上げ」といった生活負担イシュー（課題）と、「産休・育休」「労働環境」「外国人労働者問題」などの人的資本イシュー（課題）」第8回 魅力度ブランディング調査 概要/調査対象企業一覧（https://www.dentsuprc.co.jp/releasestopics/news_releases/20231106.html）

　そのため、多くの人々が実際にその商品やサービスを購入した経験があり、また社員や店員と接する機会があります。これらの企業については、日常的に身近な人との会話やメディアを通じて情報を得ています。

　しかし、これからブランディングを始める中小企業やスタートアップとは、大きな違いがあります。知名度、企業規模、実際の接触頻度、ステークホルダーの数など、その差は明らかです。

3-3 企業の魅力を解剖する

そのため、これから紹介する調査結果をそのまま適用することはできません。なお、調査結果にはバイアスがあるため、それを考慮に入れて解釈する必要があります。

ニュースや記事などで報道されるまでの舞台裏

「企業の魅力をどのようなところで見聞きしたか」という質問に対して、1位は「リアル」で49.5%でした。**リアル**とは、商品やサービスを直接購入したり試したりすること、または社員や店員を通じて、または身近な人との会話などを指します。リアルの場合、見聞きしている人はもちろんいますが、中小企業の場合、その数は少ないことを認識しておくべきです。

2位は「メディアの番組・記事」（29.1%）、3位は「メディアの広告」（23.1%）です。メディアが重要な役割を果たしています。具体的には、テレビ番組やテレビCMが主な情報源となっています（第7回の調査を参照）。

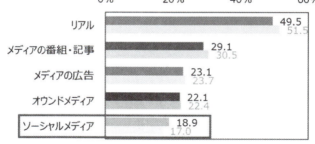

企業の魅力を感じた情報源の年度比較（カテゴリ別）

［出所］株式会社電通PRコンサルティング 企業広報戦略研究所「生活者1万人を対象とした「第8回 魅力度ブランディング調査」結果 企業の魅力に強く関係するイシューは、「賃上げ」といった生活負担イシュー（課題）と、「産休・育休」「労働環境」「外国人労働者問題」などの人的資本イシュー（課題）」第8回 魅力度ブランディング調査結果 〜魅力を感じた情報源〜 /図表4 企業の魅力を感じた情報源の年度比較（カテゴリ別）（https://www.dentsuprc.co.jp/releasestopics/news_releases/20231106.html）

しかし、ブランディングを始める中小企業やスタートアップにとって、メディアを通じて自社の魅力を伝える機会は非常に少ないです。その理由は、報道機関との関係がまだ築けていないからです。大企業には広報部がありますが、中小企業やスタートアップでは専任の広報担当者がいることは稀です。

大企業は新しい取り組みをするたびにプレスリリースを発行し、記者クラブに送ったり、100人以上の記者に直接メールを送ったりします。また、報道対応のために数十人のスタッフを擁していることも珍しくありません。

ニュースや記事が報道されるまでの過程はあまり知られていませんが、実際には、広報担当者は日々、地道な活動を続けています。重要な案件がある時には記者発表会を開いたり、経営陣と記者が交流する懇親会を定期的に開いたり、編集部を頻繁に訪問したりします。

ブランディング担当には報道関係者との関係構築も欠かせない

中小企業やスタートアップが、これから記者と良好な関係を築くためには、一貫した取り組みが必要です。これは新規のビジネスや取引先を開拓するのと同じで、その成功は見えない努力によるものです。このような関係があるからこそ、ニュースや記事といった報道が可能になります。

近年、プレスリリースを一斉に配信するサービスが増えています。しかし、記者の顔や連絡先を知らないままで配信するだけでは、記事になることはありません。適切な人員を配置し、大企業の担当者たちと同じように、密接なコミュニケーションを続けることが大切です。

3-1節で紹介した調査結果によると、企業を評価する際、生活者の約8割が「メディアからの発信」を信頼しています。情報の信頼性を確保するための1つの情報源は、「公からの発表」でした。これには、テレビや新聞などのメディアで発表されるニュースや記事が含まれます。

広報とPRは同じ意味を持ち、ステークホルダーとの良好な関係を築くことを目指しています。そして、そのステークホルダーの一部は、報道関係者です。報道関係者との良好な関係は、ブランドを築くために重要な業務です。自社の魅力を伝えるためには、これが欠かせません。

3-3　企業の魅力を解剖する

▶ 自社の魅力を自ら伝え続けることで焼き印する

同じく「企業の魅力をどのようなところで見聞きしたか」という質問に対する回答では、4位が「オウンドメディア」で22.1%、5位は「ソーシャルメディア（SNS）」で18.9%でした。これらは企業が自社で運営するメディア、つまり情報の発信手段を指します。

オウンドメディアとは、企業が自分で所有・運営する情報発信手段のことです。ただし、必ずしもWebサイトだけを指すわけではありません。調査結果によると、企業のWebサイトだけでなく、書籍やパンフレットなどの印刷物、さらには株主総会やイベントなどの実際の場所も含まれます。また、ニュースルームもオウンドメディアの一部と考えられます。一方、企業の公式アカウントは、なぜかオウンドメディアに分類されず、SNSの一部として位置づけられています。

この結果は「企業からの発信」および「公からの発表」「当事者の見解」などと一致します。つまり、企業が自分の魅力を伝え続けることが、深い共感を得るために必要であると言えます。

▶ 知見やスキルを備えた人材が決定的に不足

生活者、つまり企業のステークホルダーは、企業の魅力を下記の3つを通じて感じています。

❶ リアルな体験
❷ オウンドメディア
❸ （マス）メディア

改めて、人的魅力でトップ5入りをした4項目を記載します。

■ 1位 ビジョンを掲げ、業界をけん引している
■ 2位 チャレンジスピリットにあふれたリーダー・経営者がいる
■ 3位 こだわりをもった社員が品質向上にチャレンジしている
■ 4位 イノベーションにこだわる経営をしている

3-3 企業の魅力を解剖する

そして、調査で名前を挙げられているのは大企業ばかりです。このことから人的魅力は、メディア（番組、記事、広告）による影響も大きいと言えます。

生活者は、さまざまな情報源を組み合わせて、自分なりの信頼性を確保しています。企業の魅力も、もちろん組み合わせて考えています。

中小企業やスタートアップの場合は、マスメディアだけでなく、公式SNSを含むオウンドメディアへの取り組みも大切ですが、十分ではないかもしれません。これは、知識やスキルを持った人材が不足しているからです。

大企業はプレスリリースだけでなく、社内報や広報誌などを印刷媒体とWebで発行しています。この点で、中小企業やスタートアップはオウンドメディアでも大企業に比べて大きな差が開いています。

▶ リアルだけでは限界、ニュースルーム開設へ

中小企業やスタートアップであっても社員やスタッフの立場であれば、日々の業務を通じて、組織の人的魅力を感じています。特に50人以下の小規模な企業では、経営者や創業メンバーと直接コミュニケーションを取る機会が多く、その結果、事業への情熱やイノベーションへのこだわりを感じることができます。

また、社員が活気に満ち、商品やサービスの開発に情熱を持って取り組んでいる様子は、組織の魅力を一層引き立てます。社員同士が互いに刺激し合い、成長を促す環境は、心理的安全性*が保たれていると言えます。このような組織では、経営者や社員が顧客や取引先、株主と直接対話することで、人的魅力が伝わるでしょう。

しかし、社員数が50人を超え、100人に近づくと、組織の状況は徐々に変わります。社員だけでなく、他のステークホルダーに対しても直接的なコミュニケーションだけでは組織の魅力を十分に伝えることが難しくなります。このような段階になると、人的魅力を伝えるためのオウンドメディアの活用が必要となります。

同調査の分類では、企業のWebサイトは、商品やサービスの情報、企業情報、採用情報の3つのカテゴリーに分けられます。ただし、これからの時代には、ニュースルームの設置が避けられないでしょう。なぜなら、ニュースルームは、組織の人的魅力を伝えるための最適なオウンドメディアとなるからです。

＊**心理的安全性** 企業や組織の中で自分の考えや気持ちを誰に対してでも安心して発言できる状態のこと。

3-3 企業の魅力を解剖する

▶「熱心なファンが多い商品・サービスを提供している」を読み解く

　私たちは、個人レベルでの「リアルの限界」についても考えなければいけません。たとえ自社の担当者が魅力を感じていても、その影響力は個人レベルに限られます。大規模な顧客や取引先などの場合、担当者同士の良好な関係だけでは、企業全体の関係を維持することは難しいのです。

　契約の継続は、上司の意思決定にも影響を受けます。そのため、オウンドメディアやニュースルームを通じて、企業全体の魅力を伝えることが求められます。また、賀詞交換会や展示会などのイベントを主催し、企業の魅力を直接伝えることも重要です。

　さらに商品的魅力の「熱心なファンが多い商品・サービスを提供している」という項目について考えてみましょう。主に顧客を対象とした項目ですが、取引先や株主、地域社会（住民、行政）の人々など、他のステークホルダーにも適用されます。

　熱心なファンが多いという事実がある場合、その情報をどのようにステークホルダーに伝えるかが大切です。例えば、ファン感謝祭を開催して、ロイヤルカスタマー*に体験談を披露してもらうことで、参加者はその魅力を追体験し、共感を生むことができます。これにより、生活者の間で企業の魅力が広がります。

▶あらゆる手段を駆使して自社の魅力を伝え続ける

　大企業、特に外資系やIT系の企業は、「顧客事例」や「導入事例」という形でインタビュー記事を公開しています。これらの記事は、顧客企業の代表者や担当者の直接の声を伝えることで、その企業や商品・サービスの魅力が表現されています。これらの情報は、自社のWebサイトだけでなく、印刷媒体でも広めています。

　一方、中小企業やスタートアップでは、顧客が感じた魅力が顧客窓口担当者だけに伝わり、他の部署やステークホルダーには十分に伝わっていないことが多いです。

　しかし、顧客の体験を共有する場は、感謝祭などのイベントだけに限定する必要はありません。ニュースルームで顧客体験のインタビュー記事を共有したり、予算が許すなら印刷媒体にまとめて配布することも可能です。リアルな場所、マスメディア、自社メディア、SNSなど、さまざまな手段を使って魅力を伝え続けることが重要です。

＊**ロイヤルカスタマー**　自社の商品やサービスを継続的に購入してくれて、さらに企業に貢献するアクションを起こしてくれる顧客のこと。

3-3 企業の魅力を解剖する

第2章では、社会心理学や経営理論、脳科学などから企業ブランディングの本質を解き明かしました。そして、3-1節、3-2節では、3つの調査結果をもとに企業ブランディングを解析しました。これらの結果は、社会心理学などが示す企業ブランディングの本質と一致しています。

第3章 ブランディングを始める前に

日本のモノづくり開発秘話①
舞台裏の宝庫『ニッポンはじめて物語』

　開発秘話だけを集めた書籍が2024年4月に出版されました。ラジオ番組のレギュラーコーナーがきっかけで生まれたのが、『ニッポンはじめて物語 世界初・日本初のヒット商品を生んだ開発者の熱き魂』(北辻利寿著、東京ニュース通信社刊)です。

　世界に先駆けて日本が発明した商品、もともとのルーツは海外だが日本で飛躍的な進歩を遂げた商品。それら70に及ぶ「はじめの一歩」を開発魂と細やかさに焦点を当て紹介しています。同書には「はじめて物語」という珠玉のストーリーの数々があふれています。

　胃カメラ、自動改札機、点字ブロック、ビニール傘、レトルトカレーなどは世界に誇れる日本が生まれの商品です。日本が進化させた商品は戦前であれば、口紅、ピアノ、洋式トイレ。戦後では、コインランドリー、セロテープ、プラネタリウムが挙げられます。

　筆者が本書で掲げた「舞台裏」が凝縮された必読の1冊です。情熱やこだわりの一端に触れてみてください。

3-4
企業が発信する2種類の公式情報

　生活者がどのように情報を選び、どの情報源を信頼し、企業のどのような事実や活動に魅力を感じるかについて、3-3節までで詳しく説明しました。これらの情報をもとに、本節では企業の情報発信にスポットライトを当てます。具体的には、企業がブランディングを成功させるためにどのような情報を発信すべきかを簡潔かつ明瞭に解説します。

▶ 魅力を機能面と情緒面に分類する

　企業ブランディングは、自社の魅力を伝え続けることで、その魅力がステークホルダーの心に深く刻まれ、強いつながりを生み出すプロセスです。欧州のラグジュアリーブランドの成功は、このアプローチの有効性を証明しています。

　前述した「魅力度ブランディングモデル」は、企業の魅力を人的魅力、財務的魅力、商品的魅力の3つの領域に分けて考えるモデルです。それぞれの領域は、さらに12の魅力項目に分けられ、合計36項目の魅力があります。

　これらの魅力項目は、**機能面**と**情緒面**の2つのカテゴリーに分類されます。第2章で説明しましたが、「企業価値」は機能的な価値と情緒的な価値で構成され、「企業ブランド」はこれらの情報によって形成されます。

　筆者は、下記のように分類しました。

●機能面の魅力

　機能面の魅力は、**企業の実力**でもあり、下記の17項目になります。

❶独自性の高い経営をしている
❷中長期的な経営計画を立てている
❸将来に向けて、優れた研究開発を行っている
❹収益基盤が安定している

3-4　企業が発信する2種類の公式情報

⑤ビジネスモデルが優れている

⑥リスクへの備えがしっかりしている

⑦新規事業やベンチャーに積極的に投資している

⑧提携や買収などに積極的である

⑨環境に優しい経営をしている

⑩社会の発展や社会課題の解決（SDGs）に貢献している

⑪優れた機能/効果を持つ商品やサービスを提供している

⑫高い技術力/ノウハウに基づく商品やサービスを提供している

⑬商品やサービスを安価に提供している

⑭付加価値の高い商品やサービスを提供している

⑮品質に信頼が置ける商品やサービスを提供している

⑯革新的/先進的な商品やサービスを提供している

⑰オリジナリティ/独創性がある商品やサービスを提供している

● **情緒面の魅力**

　情緒面の魅力は、言い換えるなら**企業の人柄**であり、下記の19項目になります。

❶チャレンジスピリットにあふれたリーダーや経営者がいる

❷ビジョンを掲げ、業界を牽引している

❸イノベーションにこだわる経営をしている

❹こだわりを持った社員が品質向上にチャレンジしている

❺実力主義な職場風土である

❻社員がやりがいを持って活き活きと仕事をしている

❼良い企業理念/ビジョンに基づいた経営をしている

❽まじめで、信頼できる社員がいる

❾まじめで、信頼できるリーダーや経営者がいる

❿文化/芸術/教育/スポーツの活動に熱心に取り組んでいる

⓫地域を大切にし、支える努力をしている

⓬健全で開かれた経営（ガバナンスなど）をしている

⓭経営方針をわかりやすく説明している

3-4　企業が発信する2種類の公式情報

⑭投資家などとのコミュニケーションを大事にしている
⑮メディアや口コミで話題の商品やサービスを提供している
⑯ネット上で評価の高い商品やサービスを提供している
⑰熱心なファンがいる商品やサービスを提供している
⑱開発秘話や背景に共感できる商品やサービスを提供している
⑲アフターサービスや問い合わせ対応がしっかりしている

企業の魅力3要素×36項目

人的魅力
1. チャレンジスピリットにあふれたリーダー・経営者がいる
2. ビジョンを掲げ、業界を牽引している
3. イノベーションにこだわる経営をしている
4. こだわりをもった社員が品質向上にチャレンジしている
5. 実力主義な職場風土である
6. 社員がやりがいを持って活き活きと仕事をしている
7. 良い企業理念・ビジョンにもとづいた経営をしている
8. 独自性の高い経営をしている
9. まじめで、信頼できる社員がいる
10. まじめで、信頼できるリーダー・経営者がいる
11. 文化・芸術・教育・スポーツの活動に熱心に取り組んでいる
12. 地域を大切にし、支える努力をしている

財務的魅力
13. 中・長期的な経営計画を立てている
14. 将来に向けて、優れた研究開発をおこなっている
15. 収益基盤が安定している
16. ビジネスモデルが優れている
17. リスクへの備えがしっかりしている
18. 健全で開かれた経営（ガバナンスなど）をしている
19. 新規事業やベンチャーに積極的に投資している
20. 提携や買収などに積極的である
21. 経営方針をわかりやすく説明している
22. 投資家などとのコミュニケーションを大事にしている
23. 環境にやさしい経営をしている
24. 社会の発展や社会課題の解決（SDGs）に貢献している

商品的魅力
25. 優れた機能・効果を持つ商品・サービスを提供している
26. 高い技術力・ノウハウに基づく商品・サービスを提供している
27. 商品・サービスを安価に提供している
28. 付加価値の高いサービスを提供している
29. メディアや口コミで話題の商品・サービスを提供している
30. ネット上で評価の高い商品・サービスを提供している
31. 熱心なファンが多い商品・サービスを提供している
32. 開発秘話や背景に共感できる商品・サービスを提供している
33. アフターサービスや問い合わせ対応がしっかりしている
34. 品質に信頼がおける商品・サービスを提供している
35. 革新的・先進的な商品・サービスを提供している
36. オリジナリティ・独創性がある商品・サービスを提供している

［出所］株式会社 電通PRコンサルティング 企業広報戦略研究所「ブランディング」企業の魅力 3要素×36項目（https://www.centsuprc.co.jp/csi/theme/attractiveness_branding/）

▶ ブランディングの王道を歩む大谷翔平選手

　企業のブランド力は、その**実力**と**人柄**、つまり機能と情緒のバランスによって決まると言えます。これらはそれぞれ17項目と19項目に分けられ、ほぼ半々の割合を占めています。

　例えば、大谷翔平選手を考えてみましょう。彼はメジャーリーグという世界最高峰の舞台で活躍し、二刀流という特異な技術を持ち、2度のMVP受賞という快挙を成し遂げました。これが彼の「実力」です。

3-4 企業が発信する2種類の公式情報

その一方、彼は舞台裏でも誠実さを見せ、誰に対しても優しく接する「人柄」が多くの人々を魅了しています。このように、実力と人柄を兼ね備えた企業や個人が強いブランド力を持ち、それを高めるためのキーワードが「ブランド」「信頼」「価値」「魅力」です。魅力も他と同様に2つの面、つまり機能と情緒から成り立っています。

▶ 2種類の公式情報

すべての企業は、自分たちの存在を知らせ、選ばれるために日々さまざまな情報を発信しています。これらの情報は大きく分けて2種類あり、ブランドを確立している企業は、これらの情報を発信し続けています。

それぞれの情報は**表舞台**と**舞台裏**の2つのカテゴリーに分けられます。表舞台の情報は「企業の機能的な側面」を反映したもの、舞台裏の情報は「企業の情緒的な側面」を反映したもので、下記の内容を含みます。

●表舞台の情報(機能的な側面)
・企業の基本情報(社名、設立年、所在地、代表者、事業内容、拠点、沿革)
・MVV、事業領域、商品・サービスの詳細、各種業績や実績
・経営戦略や施策、経営陣や社員のプロフィール、組織構成
・顧客、取引先、株主の構成、地域社会(住民、行政)との関わり

●舞台裏の情報(情緒的な側面)
・創業ストーリーや商品・サービスの開発秘話、社員の失敗談や成長物語
・MVVを体現したエピソード、各部門(調達、販売、総務など)の現場レポート
・顧客体験、取引先や株主との対談、地域住民の声

2種類の公式情報

3-4 企業が発信する2種類の公式情報

企業社会全体における情報発信の現状と傾向

　企業のブランディングには、情報発信の現状と傾向を理解することも欠かせません。これは、企業の実力を示す「表舞台」の情報と、企業の人柄を示す「舞台裏」の情報の両方を含みます。ブランディングを成功させるためには、理論とロジックに基づいて行動すべきで、その一環として、自社の情報発信の取り組みを診断することも必要です。

　また、企業全体の情報発信を見ることも大切です。特に、中小企業やスタートアップがどのような情報を発信しているかを確認することが有益です。多くの企業は、商品やサービスの名前、仕様、利点など、「表舞台」の情報を主に発信しています。しかし、インターネット上にはこれらの情報があふれており、リアルな状況も同様です。

　そのため、リード*獲得が企業の重要な目標となり、そのための手段としてLPの制作やSNSの運営を代行する事業者が増えています。しかし、辛辣な表現かもしれませんが、これらの事業者が増え続けることは、企業社会全体に暗雲をもたらしていると筆者は感じています。

表舞台と舞台裏

表舞台	理念、ビジョン、行動指針、沿革 会社概要、事業内容、製品概要 事業計画、事業環境、お知らせ 経営者略歴、会社業績（財務）、実績
舞台裏	創業ストーリー、社長対談、座談会 開発秘話（こだわり）、失敗談、苦労話 社員の成長物語、顧客体験インタビュー 現場レポート、社内外エピソード

＊リード　優良顧客になる可能性のある見込み顧客のこと。

3-4　企業が発信する2種類の公式情報

▶ 採用LPと個人の外見における共通点

　採用や営業の現場では、さまざまな情報が発信されています。採用の場合、企業名や概要、福利厚生制度、実績や業績、募集要項など、一般的に知られている情報が発信されます。

　採用LPでは、社長のメッセージや若手社員のインタビュー記事など、人的な魅力や感情面を強調した情報も見られます。これらは一見、舞台裏の情報のように思えますが、実際にはそうではありません。その理由は後ほど詳述します。

　例えば、代表者（社長）の洗練された装いや、さわやかな笑顔、愛情あふれるメッセージなどが鮮明な写真とともに掲載されています。また、若手社員のインタビュー記事もよくまとまっており、入社を決めた経緯や仕事の醍醐味、働きがいなどが語られています。これらの記事では、社風（組織風土や組織文化など）についても触れられています。

　個々の人にとっても、第一印象は重要です。身だしなみを整えることは、最低限の礼儀と言えます。性格や人柄が良ければ、外見はそれほど重要ではないとは言えません。自分に似合った、性格がにじみ出るような装いが必要です。誰もが、外見で損をすることは望んでいません。

▶ 事実（ファクト）より印象（イメージ）を優先

　ただし、センスがないと自分でどうすればいいかわからないことがあります。そんな時、スタイリストのような専門家が役立ちます。彼らは髪型から服装、靴、アクセサリーまで、全身のコーディネートを手掛けます。その結果、初対面の人にも自信を持って会うことができ、見た目で損することもありません。

　この考え方は、個人だけでなく企業にも適用できます。インターネットが普及した現代では、企業との最初の接点がWebサイトとなることが多いのです。商品や採用情報のLPが最前線となり、そこから企業情報へと誘導します。SNSも接点の1つです。

　しかし、優れたWebデザイナーを雇うことができる企業は少なく、そのため、多くの企業は外部の専門業者にWebサイトの制作を委託します。これにより、見た目で損をしないように整えてもらえます。LPの制作も同様に専門業者に委託します。

第3章　ブランディングを始める前に

125

3-4　企業が発信する2種類の公式情報

なお、ここで注意すべき点があります。これらのWebサイトやLPは、整えられた姿しか見せていません。事実よりも印象を優先しています。つまり、実態とはかけ離れている可能性があります。本来、社員の本音や行動、つまり「舞台裏＝事実」を表現するべきですが、印象を重視して過度に装飾されています。時間的には一瞬、空間的には一面しか表現していません。

▶ 瞬間と一面を切り取るだけでは魅力を焼き印できない

企業の採用LPは、1～2年に1回更新されることが一般的です。大きなリニューアルがあったとしても、次の更新はまた1～2年後となります。これらのLPは、社員の日常の一部を切り取っていますが、それは等身大の姿ではなく、特別な場面での装いです。そのため、社員の本音や日常の姿を見ることは難しいと言えます。

また、企業には若手だけがいるわけではありません。20代だけで構成されている場合もありますが、それは少数派です。それにもかかわらず、若手社員のインタビューが多くを占めることがよくあります。

中途採用を強化している企業のLPも同様です。一瞬のシーンや一面だけを切り取り、装飾しています。事実よりも印象を重視する姿勢は変わりません。新卒も中途も、求職者は生活者であり、個人として判断し、行動します。そのため、一瞬や一面だけでは、企業の魅力を伝えることは難しいのです。

筆者が分類した情緒的魅力の19項目を再確認してみてください。これらの舞台裏の情報と比較すると、採用LPの情報量が圧倒的に不足していることがわかります。採用LP以外のページにも、舞台裏と言える情報はほとんど掲載されていません。

失礼な物言いになりますが、この程度の情報で相手の心に魅力を刻み込むことができると思っているなら、それは相手を見下しているとしか思えません。それは、相手が誰なのかを見ることをやめてしまったような行動です。

▶ 採用も営業も表舞台の情報があふれている

営業活動では、新規顧客獲得だけでなく、既存顧客との関係維持も重要です。そのためには、商品・サービスの特徴（表舞台）を伝える情報発信が必要です。しかし、特徴だけで競争優位性を確保するのは難しいため、商品・サービスの背後にあるストーリーなどの舞台裏を伝えることも大切です。

3-4 企業が発信する2種類の公式情報

筆者自身も、大手ネット銀行の顧客として、その重要性を感じています。7～8年前に口座を開設しましたが、その後に受け取る情報は商品の特徴やキャンペーン情報ばかりで、その裏側の情報はほとんどありません。そのため、新たなサービスを利用しようとは思わず、ただ便利な決済手段として使い続けているだけです。もし他の銀行から魅力ある提案があれば、すぐに乗り換える可能性もあります。

また、SNSを活用したマーケティングも増えています。特に、新型コロナウイルスの影響で、採用活動にSNSを活用する企業が増えているようです。その中でも、TikTokがそのトレンドを牽引しているようです。

▶ 「バズった」としても一過性で成果につながらない

SNSは、ユーモラスで楽しい動画や、親しみやすいアバターやキャラクターによる動画を多く見ることができます。これらのコンテンツは主に専門のSNS運用代行事業者によって作成されています。コロナ禍以降、オンラインでの経営者マッチングや交流会が増え、筆者自身もこれらの事業者との接触が増えています。

SNSは、企業と生活者との最初の接点として非常に有効です。社員がSNSに登場し、楽しい雰囲気を醸し出すと、その企業の文化に対して好感を持つ人が増えます。新卒などの若手がその雰囲気に惹かれて入社を決めるケースもあります。また、アバターやキャラクターの使用は新鮮さを提供し、成功事例も存在します。

しかし、SNS運用には課題もあります。一過性のトレンドに追従しなければならず、新しいネタを常に投稿し続ける必要があります。また、「バズっただけ」「フォロワーが増えただけ」で企業の成長につながらないこともあります。運用を外部に委託している場合は、予算の継続が問題になることもあります。

運用事業者自身も悩みを抱えています。SNSは新しい手法であるため、社長が過剰な期待を持つことがあります。期待した成果が上がらないと、社長の機嫌が悪くなり、成果が正当に評価されないこともあります。

SNSのコンテンツは、文字でも動画でも、短いものが主流です。たくさんの内容を用意しても、それぞれが短いため、一瞬の出来事や一面的な情報しか伝えられません。採用LPと同じように、情報量が圧倒的に不足しており、企業の魅力が十分に伝わらないことがあります。

3-4 企業が発信する2種類の公式情報

社会全体における情報発信の現状と傾向

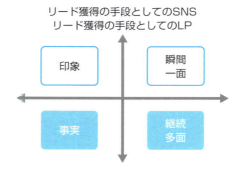

▶ 舞台裏の情報が大幅に不足

　一部の人々は、限られた情報だけで商品やサービスを購入したり、企業に入社したりします。しかし、そのような行動が長続きする可能性は低いです。なぜなら、一度だけの購入や、3年で退職するという結果が多く、実態が人々の印象と大きく異なるからです。少し触れただけで、情報提供者のすべてを理解することは難しいです。また、一時的な興奮は長続きせず、深い共感は得られません。

　3-3節の「魅力度ブランディング調査」を思い出してみましょう。企業の魅力を感じる情報源は、実際には複数の組み合わせでした。それらは「リアルな体験」「メディアの番組や記事」「広告」「オウンドメディア」「ソーシャルメディア（SNS）」など、5つの大きなカテゴリーに分けられます。また、それぞれに6つの項目があり、合計で30項目になります。

　しかし、企業全体の情報発信の実態を見ると、表舞台の情報発信に偏っていることがわかります。舞台裏の情報は大幅に不足しています。全魅力36項目のうち、半分以上にあたる19項目がほとんど発信されていないのが現状です。つまり、多くの企業がブランディングに取り組む余地があるということです。だからこそ、これから取り組むべきです。

3-4 企業が発信する2種類の公式情報

舞台裏の情報が圧倒的に不足

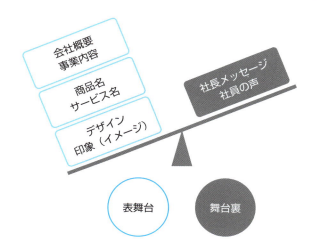

 日本のモノづくり開発秘話②
世界中の人々の命を救う「内視鏡」

　皆さんも毎年定期的に健康診断を受けているでしょう。その診断に欠かせないのが「内視鏡」です。以前は「胃カメラ」と言われていました。内視鏡により、がんの5年生存率は劇的に改善され、早期発見の場合、胃がんも大腸がんも9割以上になったと言います。

　世界初の胃カメラが誕生したのが1952年。東京大学病院の医師の依頼により、オリンパス株式会社（当時、オリンパス光学工業株式会社）が、約3年の歳月をかけて開発しました。開発チームが「極小レンズ」「強い光源」「管の柔らかな材質」など、挑戦を続けた成果でした。

　同社はさらに開発を続け、ファイバースコープ付き胃カメラが生まれ、2002年にはハイビジョン内視鏡システムが誕生しました。現在、同社の内視鏡は消化器分野で何と世界シェア70％に及ぶほどです。医者には「人体の中を直接見たい」という願望がありました。その願望と苦労を結実させたのが、日本の光学技術だったのです。

［出所］『ニッポンはじめて物語 世界初・日本初のヒット商品を生んだ開発者の熱き魂』
（2024年4月、北辻利寿著、東京ニュース通信社刊）

3-5
企業ブランディングの鍵を握る舞台裏

　3-4節で、企業が公開する情報は「表舞台」の情報と「舞台裏」の情報の2つのカテゴリーに分けられることを説明しました。しかし、現在の企業社会では、情報発信は主に「表舞台」の情報に偏っています。これが現実の状況です。

▶ 奮闘する社員たちの失敗談、開発秘話が舞台裏

　現状では、企業の情報発信は主に**表舞台**、つまり表面的な情報や一瞬の出来事に偏っています。その原因を分析すると、企業経営の視点が一方的で偏っているため、視野が狭くなってしまっているためです。企業経営を多角的で多面的に見直すことで、**舞台裏**を発見できます。その舞台裏の魅力を理解したら、それを伝えましょう。

　商品やサービスを例に、舞台裏を解き明かしていきましょう。通常、商品やサービスは新規顧客を獲得する視点だけで捉えられがちです。そのため、性能や効果、価格など、表面的な情報だけが伝えられます。しかし、社員の視点から見ると、全く違った景色が見えてきます。優れた商品や高品質なサービスを作り出すためには、開発に関わった社員たちの失敗や苦労がたくさんあります。それぞれの社員が情熱とこだわりを持ち、挑戦し続けてきたことでしょう。その結果、困難を乗り越えて新商品や新サービスが生まれたのです。

　商品やサービスを作り出す過程には、失敗談と共に、その先にある成功への道のりを描いた開発の秘話が必ずあります。企業の表面だけから、または外部からだけでは決して知ることができない舞台裏が確かに存在しています。

　例えば、開発が完成するまで現場に密着します。その努力の様子を動画で記録し、関わった人々にインタビューを行うことで、舞台裏を**見える化**することができます。

　見える化した情報は、人々の感情を揺さぶるエネルギーを持っています。これは企業の個性や社員の日常の姿を反映しています。これらの情報は、その企業の魅力の中心部分を形成しています。

3-5　企業ブランディングの鍵を握る舞台裏

▶ 顧客体験は他者には見えない、感じられない

　次に、既存の顧客から見た商品やサービスについて考えてみましょう。ここにも、外部からは見えない魅力があふれています。これは**顧客体験**と呼ばれ、企業でも個人でも同じです。

　顧客が体験したことは、その体験者自身にしか理解できません。これは個々の感覚として残るものです。何も行動を起こさなければ、外部からは何も見えず、相手には何も伝わりません。体験者自身がそれを言葉にしなければ、記憶は曖昧なままで、やがて感覚も薄れていきます。

　BtoB企業の多くは、自社のWebサイトに顧客の企業名を掲載しています。しかし、これだけで人々の心を動かすことは難しいと言えます。なぜなら、それはただの情報で、感情やエネルギーを伝えるものではないからです。大手企業が顧客であっても、その商品やサービスの真の価値は伝わりません。

　人々の心を動かし、行動に移すためには、ただの情報提供では不十分です。記事にまとめられた導入事例もありますが、それらはほとんどが担当者のレポートで、感情に訴えるものではありません。これらの情報は表面的で、体験者自身の感情など、舞台裏の情報を伝えるものではありません。

　そこで、顧客体験を**見える化**することが重要です。インタビューや取材を通じて、顧客の心にある、または現場に存在する魅力を引き出すことが必要です。これを文字、写真、または動画として、見える化することで、その魅力を人々の心に深く刻むことができます。

　具体的には、次の3つの質問を顧客に投げかけます。

❶どのような問題や悩みを抱えていましたか？
❷なぜ、私たちの商品やサービスを選んだのですか？
❸商品やサービスを利用した結果、どのような利益や効果がありましたか？

　これらの質問によって顧客の体験や感情を引き出し、見える化することで、人々の心を動かすことができます。この見える化については、第5章で詳しく説明します。

第3章　ブランディングを始める前に

131

3-5　企業ブランディングの鍵を握る舞台裏

▶ 唯一無二の体験を「見える化」して蓄積する

　顧客の体験を深く掘り下げ、問いかけ、そして傾聴※することで、新たな魅力を見つけることができます。顧客体験は、その顧客自身に特有のもので、他にはない独自の体験です。その体験を言葉にすることで、顧客自身の心にも深く刻まれます。

　顧客は、それぞれ異なる環境にあり、異なる事情を抱えています。新規の顧客もいれば、長年にわたり商品やサービスを利用しているロイヤルカスタマー（優良顧客）もいます。ロイヤルカスタマーには、継続する理由があるはずです。その理由を問いかけてみることが重要です。

　顧客には個々の背景や経緯があるからこそ、体験には明らかな違いが生まれます。同じ体験は1つとしてありません。それぞれが唯一無二です。だからこそ、多くの人々にインタビューを行うことで、さまざまな魅力を多く蓄積することができます。

　情報が熱量を帯び、その情報が増えることで、大きな影響を生み出します。このようなコンテンツに触れることで、さまざまな状況や状態にある人々の心は確実に引きつけられます。その体験談は、彼らの心に深く刻まれます。

▶ 舞台裏には前後、左右、上下がある

　商品やサービスの**舞台裏**を理解するためには、6つの視点が必要です。それらは前後、左右、上下という位置関係で表現されます。

・**前**
　　商品やサービスが世に出る前の情報です。社員たちの失敗談や開発の秘話などが含まれます。

・**後ろ**
　　商品やサービスが世に出た後に生まれる情報です。顧客が実際に商品やサービスを使った体験がここに該当します。

※**傾聴**　相手の話に深く耳を傾けて肯定的な関心を示し、内容の真意をはっきりさせながら共感的に理解を示すコミュニケーション技法。

3-5 企業ブランディングの鍵を握る舞台裏

・左右

企業の取引先やビジネスパートナーを指します。具体的には、「左」は部品や原料、装置の調達先、つまり供給網を指します。「右」は、卸売りや小売り、物流、販売代理店、つまり販売網を指します。

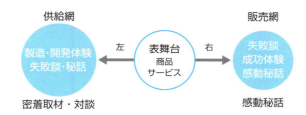

これらの視点から見ると、産業界の分業体制は、世界に広がっています。特に製造業は壮大で複雑な分業構造の上に成り立っています。供給網と販売網が連携して初めて、商品やサービスを提供できるのです。これをバリューチェーン*と言います。

***バリューチェーン** 企業におけるさまざまな活動を価値創造のための一連の流れとして捉える考え方。「価値連鎖」と訳される。1985年に、マイケル・ポーター氏が提唱した。

3-5 企業ブランディングの鍵を握る舞台裏

舞台裏には前後、左右、上下がある

取引先やパートナーの体験談や対談などにより魅力を発見

　顧客は、商品やサービスを購入・利用することで自社の売り上げに貢献しています。彼らは価値創造の最終段階に位置しており、リレーのアンカーのような役割を果たしています。しかし、その最終段階に至るまでには、多くのランナーがバトンをつないでいきます。

　それぞれの取引先も、製造や開発の一部を担っています。失敗談や秘話、美談など、さまざまなエピソードが存在します。販売網でも、成約に至るまでの過程で同様のエピソードが生まれます。現在進行中のプロジェクトがあれば、それぞれの現場に足を運び、密着取材を行うことが大切です。

　顧客体験を明らかにするのと同じように、傾聴力と取材力で**見える化**しましょう。取引先やパートナーの担当者と自社の担当者が対談することで、新たな魅力を発見できるかもしれません。代表者同士の対談、あるいは関係の深い有識者を交えた鼎談＊でも良いでしょう。これにより、埋もれていた魅力が明らかになることでしょう。

　取引先やパートナーたちは、価値を共に生み出す仲間です。同じ目標に向かって努力する戦友のような存在です。そのような関係がしっかりと築けているのであれば、お互いの思いを言葉にすることができます。これにより、見えなかった、気づかなかった、あるいは埋もれていた魅力を発見できるでしょう。

　関わっているプレイヤー（取引先やパートナー）の数だけ、物語があります。細かなエピソードも含まれています。すべてを見える化することが大切です。

＊**鼎談**　3人が向かい合いで話をすること。

業界の動向や課題を人に語らせる

　最後に「上下」に関して解説します。その前に、改めて6つの舞台裏をまとめて提示します。

- **前**……社員が経験した失敗や苦労など、開発の秘話。
- **後**……商品を購入した顧客（個人または法人）の体験。
- **左**……供給網（原料、部品、装置の調達先や物流）。
- **右**…… 販売網（卸売り、小売り、販売代理店、物流）。
- **上**…… 事業領域に関する業界や市場の動向と課題。
- **下**……技術（知的財産など）の基盤と社会的意義。

表舞台の上下に舞台裏

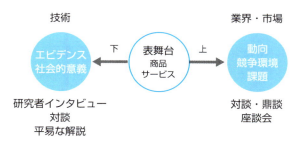

　「上」は、自社の商品が展開されている事業領域を指します。これには、業界構造における自社商品の役割、主要な市場の動向と競争環境、業界全体が直面する課題などが含まれます。これらの情報を数字やデータを使って示すのではなく、インタビューや対談、座談会などを通じて人々に語らせることで明らかにします。

3-5 企業ブランディングの鍵を握る舞台裏

ファブレスの化粧品メーカーの場合

　例えば、工場を持たないファブレス*の形態で、若年層向けの化粧品を製造している企業を考えてみましょう。

　取引先には、自分たちのブランド名で商品を作るOEM*企業があり、小売店ともつながりがあります。これにより、例えば、次のような活動が可能になります。

❶商品企画部責任者へのインタビュー

❷社長とOEM企業代表との対談

❸OEM企業の開発責任者、商品企画部責任者、バイヤー責任者による鼎談

❹商品企画部社員とOEM先企業社員による座談会

❺業界紙『週刊粧業オンライン』編集長へのインタビュー

❻業界団体「日本化粧品工業会」のセミナーやイベントのレポート

❼国内外の化粧品関連の見本市や展示会のレポート

　これらの活動は、それぞれの立場からの発言や対話を通じて新たな魅力を発見できます。特に、対談（2人）や鼎談（3人）、座談会（4人以上）では、参加者の異なる視点から予想外の魅力が浮かび上がることもあります。

　また、業界紙の編集長は業界の専門家であり、業界が直面する課題や将来の展望についての深い洞察を提供できます。

　さらにセミナーや展示会、見本市などが開かれていた場合は、自分で現地に行ってみましょう。写真や動画を撮影したり、講演に参加したり、出展者に話を聞いたりすることで、業界の最新情報をリアルタイムで伝える記事を作成できます。業界に焦点を当てることで、商品の背後にあるストーリーが見えてきます。

　これらのインタビューや対談を通じて、私たちはあらゆる機会を捉え、魅力を見える化します。これにより、自社の魅力を人々の心に深く刻み込むことができます。

＊ファブレス　自社で生産設備（＝ファブ）を持っておらず（＝レス）、外注先に100％委託している製造業の業態およびメーカーのこと。

＊OEM　　　 Original Equipment Manufacturingの略。メーカーが他企業の依頼を受けて製品を代わりに製造すること

3-5　企業ブランディングの鍵を握る舞台裏

▶ 専門家へのインタビューなどで社会的意義を浮き彫りに

「下」は、技術（知的財産など）が社会にどのような影響を与えるかということです。その影響を明らかにするための方法は、主に2つあります。

●研究者へのインタビュー

1つ目は、自社の事業と関連の深い研究者（例えば、大学の教授など）にインタビューを行うことです。その研究分野がどのような歴史を持ち、どのような経緯で発展してきたのか、これまでにどのような社会的な貢献を果たしてきたのか。インタビューを通じて、技術の本質を理解することを目指します。技術に詳しい社長であれば、社長との対談も1つの方法です。もちろん、技術責任者との対談も可能です。

●技術をわかりやすく解説する

2つ目の方法は、技術そのものを一般の人でも理解できるように、わかりやすく説明することです。専門用語ばかりを並べると、多くの人は読むことを避けてしまいます。それではその技術の価値や魅力は伝わりません。平易な言葉を使って、その技術が何であるかだけでなく、どのような意義を持つのかを具体的な例を挙げて説明します。

このように商品やサービスを選ぶ際、その全体像を理解するためには、ただ機能や仕様を見るだけではなく、その商品が持つ6つの側面（前後、左右、上下）を見ることが重要です。これは、商品の「舞台裏」を見ることで、より深い理解と適切な選択が可能になるからです。

▶ 採用における外的キャリア、内的キャリア

次に、採用の世界に目を向けてみましょう。ここでも「舞台裏」を見ることが重要です。具体的には**外的キャリア**だけでなく、**内的キャリア**も考慮する必要があります。

●外的キャリア

職種や職位、技能、実績、年収など、客観的に評価できる要素を指します。

3-5 企業ブランディングの鍵を握る舞台裏

●**内的キャリア**

人柄や価値観など、個々の内面に関する要素を指します。

この視点は、求職者だけでなく、企業側にも適用されます。つまり、求職者が企業を評価する際には、「外的部分」（所在地、沿革、代表者プロフィール、事業内容、雇用環境など）だけでなく、「内的部分」も考慮することが大事です。これにより、より適切な選択が可能になります。この視点は、商品選択と同様に、採用の世界でも重要な役割を果たします。

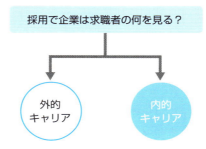

採用における表舞台と舞台裏

就活における表舞台と舞台裏

採月は、企業が人材を選ぶだけでなく、求職者もまた企業を選んでいます。求職者は、企業の「内部」までしっかりと見ています。それは下記のような点です。

❶企業が何を重視し、何を目指しているのか？
❷どのような人々が働いているのか？
❸どのようなことに働きがいを感じているのか？
❹どのような社風（組織文化）があるのか？
❺どのような顧客がいるのか？
❻社会にどのような影響を与えているのか？

3-5 企業ブランディングの鍵を握る舞台裏

これは、就活経験者にとって非常に共感できる内容でしょう。筆者自身も2020年に就職活動を控えた学生たちを対象にしたオンラインセミナーで講師を務めた経験があります。その際、企業経営の舞台裏をリアルに伝えることの重要性を強調しました。

セミナー終了後には、主催者から受講後のアンケートを共有してもらいました。その中に1人の学生からの感想があり、彼は「就活サイトなどに掲載されている表面的な情報だけを見ているわけではない」と述べ、「インターン体験やその他の深い情報など、企業の舞台裏まで確認している」と自身の体験を語っていました。これは、求職者が会社選びにおいて、表面的な情報だけでなく、深層の情報も重視していることを示しています。

▶ 働きたいと思う理由を固定観念や思い込みで決めつけない

企業の魅力をどの程度、見える化できているかを全社的に検証することは非常に大切です。これは自明の理です。

第3章を終える前に、採用LPの問題点についてもう少し詳しく見てみましょう。現状では、本来、事実であるべき情報を装飾してしまい、印象を優先した一面的な情報だけが強調されています。これは短絡的な思考であり、思考停止に陥っていると言えます。

企業の現場では、行動心理学や神経科学、神経経済学などの最新の科学が注目されています。これらを企業の実務に取り入れようという動きがあります。しかし、現場ではステレオタイプが広がり、固定観念や思い込みが蔓延しています。人々が働きたいと思う理由はさまざまで、社長のメッセージや若手社員のインタビューだけでは十分ではありません。

人々はある企業に応募し、選考過程を経て、その企業で働きたいと決断します。その決断に至るまでに必要な情報は1つではありません。多くの理由があり、その組み合わせは人それぞれです。その企業で働くことを真剣に考えれば、関心が尽きることはありません。

先ほど説明した内容と一部重複しますが、いくつか例を挙げてみましょう。

3-5 企業ブランディングの鍵を握る舞台裏

❶経営者がどんな人柄で、日頃からどんな考えで事業を営んでいるのか？
❷経営陣は、ステークホルダーたちとどう向き合っているのか？
❸若手に限らず、どんな人たちがどんな思いで働いているのか？
❹日々、現場ではどんなことが行われ、どんな働き方をしているのか？
❺どんな顧客や取引先と関わっているのか？
❻彼らからどう評価され、どう思われているのか？
❼地域社会（住民、行政）での評判はどうなのか。地域に溶け込んでいるのか？
❽SCGsに対してどんな向き合い方をしているのか？

人を単純に性別や年代で分類することはできません。それぞれの価値観やライフスタイルは多種多様で、何に興味を持ち、どのような言葉や行動に心を惹かれ、共感するかは人それぞれです。特に、まだ深く関わりのない採用の現場では、これらの要素を把握するのは難しいです。

本節で強調したいことは、組織の「舞台裏」が魅力の源泉であり、魅力の宝庫であるということです。企業ブランディングの成功は、**舞台裏の見える化**、つまり組織の日常の取り組みや関わる人々の感情を明らかにすることによって決まるのです。

就活における表舞台と舞台裏

第**4**章

実践編①
ブランディングの
現状診断と魅力の
洗い出し

　第1章では、企業ブランディングの基本的な理論を詳しく
説明しました。第2章では、社会心理学や経営理論を用いて、
ブランディングの核心を探求しました。第3章では、調査結
果を用いて、ブランディングの成功における重要な要素である
「舞台裏の情報」の重要性を強調しました。

　第4章からは、これまでの理論的な知識をもとに具体的な
実践へと移ります。自社のブランディングを始めるためのス
テップとして、まずは現状の診断を行います。そのためのテン
プレートもいくつか提供します。診断結果をもとに自社の魅力
や特徴を洗い出し、それらを一覧表にまとめます。これにより、
ブランディング戦略の策定に役立てることができます。

4-1
情報発信の棚卸し

　魅力を焼き印するためには、表舞台と舞台裏という両面の情報を発信し続けることが決定的に重要です。まず、自社では現在どんな情報を発信しているのかを分析してみましょう。つまり「情報発信の棚卸し」をするのです。

▶ 選ばれる理由は1つではない

　情報は、私たちの意識や行動に影響を与え、変化をもたらします。企業はステークホルダーがいるからこそ成長し、存続できます。ステークホルダーは、個人でも法人でもあります。彼らは何かを選び、行動することでステークホルダーとなります。

　例えば、学生が就職活動を行い、複数の企業に応募します。選考過程を経て、複数の企業から内定を得ます。そして、何かが決め手となり、最終的に就職先を決定します。転職を考える人々も同様の過程を経て、新たな職場を選びます。

　顧客もまた何かしらの理由で、商品やサービスを選びます。それは価格が安かったからかもしれませんし、機能が自分のニーズに合っていたからかもしれません。また、営業担当者や店員の対応が良かったからという理由もあります。

　取引先やビジネスパートナーも同じです。経営者同士が親しいから、またはお互いのビジョンに共感したからという理由で選ばれることもあります。

　しかし、彼らが選択をする際には、1つの理由だけで選んでいるわけではありません。複数の理由が重なり合い、その組み合わせで選択します。最後の決め手は人それぞれです。自分自身の経験を思い出してみれば、このことは理解できるでしょう。

　毎日、インターネット上では大量の情報が流通しています。その中には、企業が発信する情報も少なくありません。すべての企業が、自社のことを知ってもらい、選んでもらうために情報を発信し、共有しています。

　そして、それはインターネットだけでなく、リアルな場でも行われています。説明会や展示会、訪問、ダイレクトメールなど、さまざまな方法で情報が発信されています。これらすべてが、生活者の選択と行動に影響を与えています。

4-1 情報発信の棚卸し

情報発信を3要素に分類し、分析する

　あなたの会社は、採用、新規顧客獲得、提携先開拓、株主候補探索など、さまざまな目的で情報を発信していると思います。また、組織文化の醸成、顧客との関係の深化、安定株主への転換、報道などを目指して、ステークホルダーに対して情報を発信していることもあるでしょう。

　ブランディングは、まず「自社の現状を分析すること」から始まります。情報発信を要素ごとに分解し、それを整理するために、媒体ごとに分析します。

　具体的には、媒体名をもとに**発信対象**、**発信内容**、**発信手段**の3つの要素に分解します。

●発信対象（発信数や発信頻度を含む）

　現在と未来のステークホルダーに大別されます。

　現在のステークホルダーは、経営者を含む社員やスタッフ、顧客、取引先やパートナー、株主、地域社会（住民、行政）、報道関係者の6つです。未来のステークホルダーは、求職者（学生、中途採用）、新規顧客候補、業界（取引先）、パートナー（士業を含む）、投資家、報道関係者の6つです。

　発信の頻度は、例えば週1回や月1回などです。

●発信内容

　印象（イメージ）と事実（ファクト）、表舞台（機能）と舞台裏（情緒）の2つの軸で分類します。

●発信手段

　リアルとオンラインに分けられます。

　リアルは、印刷媒体、イベント、訪問、郵送、その他の5つです。オンラインは、Webサイト、メールマガジン、SNS、動画配信、その他（例えば、LINEやポッドキャストなど）の5つです。

　筆者は、これらの分類作業を**情報発信の棚卸し**と名付けています。

第4章 実践編①ブランディングの現状診断と魅力の洗い出し

143

4-1 情報発信の棚卸し

▶ 発信内容を印象と事実に分類

その次に現在、実行している情報発信をすべてリストアップしてみましょう。最近まで行っていたことや、これから計画していることも含めてください。どんなに小さなことでも大事です。

ただ、情報発信の内容を分類する際には、少し混乱するかもしれません。そこで、次のように**印象（イメージ）**と**事実（ファクト）**の2つの観点から考えてみましょう。

●印象（イメージ）

広告などで作り出される企業のイメージです。例えば、テレビCMは、有名なタレントを起用することで、視聴者に強い印象を与えます。このようなイメージ作りは、企業の認知度を高めるための重要な手段です。

●事実（ファクト）

企業の実際の状況や活動を示す情報です。例えば、自社のWebサイトに社員の写真を掲載することは、事実に基づいた情報発信と言えます。

また、企業の評判を形成する要素として**顕示性**があります。これは、企業がどれだけ目立つか、つまり広告による発信力がどれだけあるかを示します。広告出稿数などが、この顕示性を高める要素となります。

ネット広告においても、これらの観点が重要です。例えば、タレントを起用した広告や、有償・無償の写真素材を使用した広告は、印象に関連します。一方、自社のWebサイトやLPで社員の写真を掲載する場合は、事実に基づいた情報発信となります。

企業の採用ページに社長や社員の写真が掲載されていることは事実ですが、その写真が普段の姿とは異なる装いであったり、本音とは違うことを語っている場合、それは単なる印象であり、事実とは言えません。

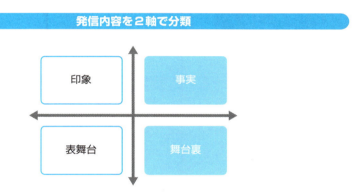

発信内容を2軸で分類

偏りが顕著な発信対象

次に、**表舞台（機能）**と**舞台裏（情緒）**について考えてみましょう。これまでに「魅力度ブランディングモデル」の全36項目を機能と情緒に分類していますが、これは発信内容がどちらに属するかを判断する際の参考になります。

「情報発信の棚卸し」を終えた後、注目すべきは**発信対象**です。発信対象が不特定多数であることはよくある例です。これは、メールマガジンを発信している企業でよく見られます。つまり、誰に向けて発信しているのかが不明確であるということです。

4-1 情報発信の棚卸し

また、目の前にいるステークホルダーへの情報発信が不足していることも珍しくありません。Webサイトを見る人を意識していない企業は残念ながら多く、これが現実です。

表舞台と舞台裏

表舞台
理念、ビジョン、行動指針、沿革
会社概要、事業内容、製品概要
事業計画、事業環境、お知らせ
経営者略歴、会社業績（財務）、実績

舞台裏
創業ストーリー、社長対談、座談会
開発秘話（こだわり）、失敗談、苦労話
社員の成長物語、顧客体験インタビュー
現場レポート、社内外エピソード

2種類の発信対象

大分類	分類					
現在の ステークホルダー	社員/ スタッフ	顧客	取引先/ パートナー	株主	地域社会 （住民/行政）	報道関係者
未来の ステークホルダー	求職者/ 学生/ 中途採用者	市場/ 新規顧客候補	業界/ パートナー	投資家	地域社会 （住民/行政）	報道関係者

▶ 発信内容はマーケティングよりの情報に終始

企業は、未来のステークホルダー（新しい社員、顧客、パートナー）を獲得することに重点を置いています。これは、**リード獲得**という言葉でよく表現され、企業の主要な目標となっており、リード獲得を専門に行う事業者が増えています。

企業は、自社のWebサイトやLP、SNSなどを通じて情報を発信し、新しいつながりを作ることを目指しています。これはマーケティングの一環であり、新しい社員、顧客、パートナーを引きつけるための重要な手段です。マーケティングとブランディングは、企業の成長と革新を支える重要な要素であり、経営の基盤となっています。

4-1　情報発信の棚卸し

　しかし、中小企業やスタートアップは、マーケティングの情報発信に集中しすぎて、ブランディングをおろそかにしている傾向があります。つまり、新しいステークホルダーとのつながりを作るために時間とコストをかけているにもかかわらず、その後のフォローアップが不十分であるということです。これは、「釣った魚に餌をやらない」状態と言えます。つまり、現在のステークホルダーに対する適切なケアがなければ、彼らは離れていく可能性があります。

　また、企業は情報発信において、事実（ファクト）よりも印象（イメージ）を優先し、舞台裏よりも表舞台を優先する傾向があります。つまり、企業は自分たちの良い面だけを見せ、印象操作を行っていると言えます。これは、価値を共に生み出すパートナーになる可能性がある人々に対して、失礼な行為となります。

▶ 情報発信の棚卸しシートを直視する

　ステークホルダーは、価値を共に生み出すパートナーで、彼らは「外部」ではなく、「内部」と見なすことができます。彼らは内部なので、情報を発信するというよりは、情報を共有するという視点が重要です。本書では、未来のステークホルダーに対して情報を発信し、現在のステークホルダーに対しては情報を共有するというアプローチを取ります。

　ブランディングにおいては、**情報の扱い**が成功の鍵となります。そのためには、「情報発信の棚卸しシート」を正確に記入します。そして、経営者や経営陣、リーダーたちとこのシートを共有し、全員が同じ理解を持つことが大切です。

　「情報発信の棚卸しシート」を完成させた後、全体を見渡してみてください。対象の大部分が未来のステークホルダーまたは不特定多数であること、そして内容が印象（イメージ）や表面的な情報に偏っていることが明らかになるでしょう。これがあなたがブランディングに取り組もうとしている理由です。自社で気づいていなかった真実や深層心理が明らかになるでしょう。

　事実（ファクト）とその背後にある感情を伝えていないということは、何を意味するのかをはっきりさせましょう。どのような真実を隠していたのかを明らかにします。

第4章　実践編①ブランディングの現状診断と魅力の洗い出し

147

4-1　情報発信の棚卸し

▼使用するワーク資料

・情報発信の棚卸しシート

情報発信の棚卸しシート

媒体名称	発信対象			発信内容			発信手段	
	対象	発信部数	発行頻度 （日刊・週刊 など）	コンテンツ （各コー ナー）	印象 or 事実	表舞台 or 裏舞台	リアル	オンラ イン
コーポレート サイト								
採用LP								
商品LP								
メールマガジ ン								
公式SNS①								
公式SNS②								

148

ステークホルダーと真剣に向き合う

　企業の中には、自己中心的な思考が見られることがあります。それは、相手を見下す態度や、自分の行動を適当に済ませるという形で現れます。また、反対に自分を卑下し、相手に迎合する傾向もあります。表面上は笑顔を見せていても、内心では不満を抱えていることが多いです。これらは企業にとって明かしたくない**舞台裏**であり、人々が普段見ることのできない部分です。

　重要なのは、企業が現在および未来のステークホルダーと真剣に向き合うことです。第1章で述べたように、MVVは非常に重要です。MVVに情熱が伴っていなければ、どれだけ情報を発信しても、そのメッセージは人々の心に深く刻まれません。

　個人の人生観や良心と同じように、企業にも**良心**が必要です。経営者の情熱が企業の良心と結びついていなければ、新たな仲間は増えません。自社の魅力が相手の心に深く刻まれなければ、仲間という意識は芽生えることはありません。

　また、ビジネスの世界では、利益を中心とした打算的な関係がしばしば見られます。過去に何度も問題となった談合のような事例を思い出すでしょう。これらは、関係者が必要以上に親密になり、不健全な関係を構築した結果です。競争のある環境では、行政や企業、業界間で健全な緊張関係を保つことが大切です。

4-2
自社の成長段階を診断する

　人間が成長するように、企業も同じように成長します。ブランディングの責任者として、自社がどの成長段階にいるのかを理解することが必要です。自社の現状を把握し、それをもとにブランディング戦略を立てることから始めましょう。

▶ 企業の成長段階を診断する

　筆者は、ステークホルダーが自社のことを最初から仲間だと思うことは難しいと理解しています。初期段階では、多くのステークホルダーとの関係が弱いのは普通のことです（ただし、同じ目標を持つ創業メンバーは、例外です）。

　企業は、成長の過程でステークホルダーとの関係も深まります。関係が最初は表面的でも、時間と共に深まることが大切です。つながりを強く、深く、太くすることを意識しましょう。そして、自社がどの成長段階にあるかを理解しましょう。ブランディングは、自社の現状を正確に理解することから始まります。自分を見誤ると、診断を間違えると、結果的に対策も間違います。

　企業は、人間と同じように成長します。それゆえ、人間の成長段階と比較することで、自社の成長段階を診断することができます。次に説明する「欲求5段階説」を使って、自社の成長段階を客観的に理解しましょう。

▶ 人間における5段階の欲求

　心理学に興味がある方なら、アブラハム・H・マズロー* 氏の名前を聞いたことがあるでしょう。マズロー氏の**欲求階層説*** はよく知られています。この理論は**マズローの欲求5段階説**とも呼ばれ、ピラミッド形式で表現されることが多いです（ただし、マズロー自身がピラミッド形式で説明したことはないと一部の研究者は指摘しています）。マズロー氏は、人間の成長や発達段階について詳しく論じています。

---

*アブラハム・H・マズロー	Abraham Harold Maslow。1908年、米国ニューヨーク州生まれ。米国の心理学者、大学教授、作家。人間の心の問題を深く捉える人間主義的な心理学のアプローチを採用し、「自己実現」「至高体系」などの概念を提唱。1970年逝去。
*欲求階層説	人間の欲求は5つの段階に分類され、一番下の欲求がクリアされることで上位の欲求が発現すると考える心理モデル。

4-2　自社の成長段階を診断する

　欲求5段階説の各段階を『Ferret』の記事（2020年8月27日）から引用し、下記に説明します（一部、筆者による編集あり）。

●**第1段階 生理的欲求**

　生きていくために必要な本能的欲求。

●**第2段階 安全欲求**

　安心/安全な暮らしへの欲求。

●**第3段階 社会的欲求**

　集団への帰属、集団からの愛情を求める欲求。

●**第4段階 承認欲求**

　他者から尊敬されたい、認められたという欲求。

●**第5段階 自己実現欲求**

　「あるべき自分」になりたいと願う欲求。

マズローの欲求5段階説

| 自己実現欲求 |
| 承認欲求 |
| 社会的欲求 |
| 安全欲求 |
| 生理的欲求 |

4-2 自社の成長段階を診断する

▶ 吸収体、反射体、発光体

人間の成長を光に例えると、下記のように理解できます。

・吸収体

幼少期を表し、子供たちは親や周囲から愛され、言葉や習慣などの文化を吸収します。この段階では、子供たちは何でも真似て成長します。

・反射体

ティーンエージャーから青年期（20代前半）を表し、学生期間です。この段階では、基本的な知識やスキルを身につけ、他者からの影響を受けながら、一定のレベルに到達しようと努力します。多種多様な体験を通じて、心と体と頭を成熟させていきます。

・発光体

20代後半からを表し、この段階では、人々は能動的かつ主体的な態度と利他的な行動を持って生きます。自己の個性と能力を活かして他者と共に連携・協力して行動できるようになります。健康的自立、精神的自立、経済的自立、社会的自立の基準を獲得し、共生、共助、共感の共立の人生を生きます。自己実現から超自己実現へと向かう人生の目的世界を生き抜く段階です。

この3段階の捉え方は、NPO法人エンチャイルド*のブログ記事から引用した（一部筆者が編集した）もので、欲求5段階説との関連性について考察しています。すべての企業が最初から第1段階から始まるわけではなく、経営者の意識や起業の背景により、初めから上位の段階にある企業も存在します。

▶ 企業における5段階の欲求

欲求5段階説の欲求はすべて必要で、自己実現欲求を持つ人が生理的欲求や安全欲求を持たないわけではありません。ただし、欲求の各段階が占める割合は変化し、これは企業の成長の5段階にも当てはまります。

企業の成長と発展は、人間の欲求を満たすためのステップに似ており、それは最終的にMVVに忠実に経営できるまでの道のりを示しています。

***NPO法人エンチャイルド** フィリピンの貧困層の子供たちの教育を支援している団体。筆者の会社は、10年以上前からこの団体を支援している。［参照］https://enchild.org/

4-2　自社の成長段階を診断する

　ステークホルダーの視点から見れば、企業の成長は私たちの生活を豊かにし、社会全体を向上させる力を持っています。

●**第1段階 生理的欲求**

　企業が生き残るためには、まず売上高を上げることが必要です。この段階では、企業は主に営業活動に重点を置き、ステークホルダーとの関係を深めることにはあまり注力していません。

●**第2段階 安全欲求**

　業績が上がり、経営が安定すると、企業は営業中心から脱却し、より広範な視野を持つことができます。この段階では、社員の職場環境を安全で安心できるものにし、より安全な商品やサービスを提供します。社員や顧客との関係も強化されます。

●**第3段階 社会的欲求**

　企業は社会の一員であり、社会が存続することで初めて企業も存在できます。この段階では、企業は自身が社会的存在であることを認識し、業界の発展やCSR、環境問題などにも意識を向けます。

●**第4段階 承認欲求**

　企業が社員、顧客、取引先、株主、金融機関、地域社会（住民、行政）など、すべてのステークホルダーから尊敬と承認を得ることを目指して経営する段階です。企業は各ステークホルダーと深く関わり、彼らの価値を理解し、価値を共に生み出すパートナーとなることを意識します。この段階の企業は、ステークホルダーから選ばれ続けることを重視します。

●**第5段階 自己実現欲求**

　MVVを中心に据え、ビジョンの実現に向けて経営する段階です。企業はステークホルダーと価値観を共有し、彼らはビジョンを実現するパートナーであるという意識を持ちます。前の4段階をすべて達成した企業だけが迷いなくMVVを中心に経営できます。

4-2 自社の成長段階を診断する

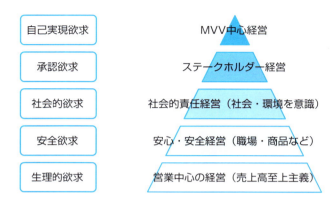

　以上で、企業の成長を段階分けして説明しました。一見、強引に見えるかもしれませんが、感覚的には理解できると思います。自社がどの段階にあるのか、社内で意見交換してみてください。

　ブランディングの責任者として、あなたがリーダーシップを取ることが求められます。経営者、マーケティング責任者、人事担当責任者など、主要メンバーと一緒に、自社の現状をどれほど正確に理解しているかを議論してみてください。これは、ブランディングを始める上で非常に重要なステップです。ステークホルダーとどのように関わっているかは、自社の姿勢を明らかにします。この現実から目を背けてはなりません。

　また、自社の経営者が、企業という組織がどのような姿勢を持っているのかを理解することも必要です。欲求5段階説を参考に、現状を直視しましょう。現状認識を共有することから、ブランディングのプロセスが始まります。

4-3
ステークホルダーとの
関係を診断する①

4-1節でステークホルダーとどう向き合っているのかが明らかになりました。4-2節では自社の成長段階に関する現状認識についても共有できました。本節では、ステークホルダーとの関わり方にも成長段階があることを解き明かします。ここでも欲求段階説などと照合しながら、自社の現状を直視することがどれほど重要なのかを示します。

▶ ステークホルダー側の視点から関係性に注目

これまでは自社を中心に、自社の視点から企業の成長を見てきました。しかし、今回は視点を変えて、ステークホルダーの視点から考えてみましょう。つまり、ステークホルダーがどのように自社と関わっているのか、その関係性に焦点を当ててみます。

まず、**顧客**との関係性を見てみましょう。佐藤尚之氏の著書『明日のコミュニケーション「関与する生活者」に愛される方法』(2011年、アスキー・メディアワークス刊) では、顧客との関係性について深い洞察が示されています。この考え方は、社員、取引先、株主、地域社会 (住民、行政) との関係性にも適用できます。

佐藤氏は、顧客の企業への関わり方や思いをもとに、顧客を4つのカテゴリーに分けました。これは欲求5段階説と同じく、ピラミッド形式で表現されています。上位から示すと、次の4段階です。

- **1** エバンジェリスト (伝道者)
- **2** ロイヤルカスタマー (支援者、優良顧客)
- **3** ファン (応援者)
- **4** パーティシパント (参加者)

4-3 ステークホルダーとの関係を診断する①

　ただし、5段階目が欠けています。そこで、筆者はパーティシパント（参加者）の下、ピラミッドの底辺に「価格選好者」を位置づけました。この概念は、新井和宏氏の著書『持続可能な資本主義 100年後も生き残る会社の「八方よし」の経営哲学』（2019年、ディスカヴァー・トゥエンティワン刊）から取り入れたものです。

　新井氏は、ファン（応援者）経済の重要性を説いています。そして、「ファンの最も反対の態度」として、「価格選好」を位置づけました。これは、価格が安ければ何でも良いという意識や態度を指します。このタイプの顧客は、商品やサービスを提供する企業には興味がなく、価格の安さだけで選んでいます。商品そのものにも関心がありません。他に安い商品があれば、すぐに切り替えます。

　これは、欲求段階説の第1段階「生理的欲求」に該当します。食欲を満たすもの、道具として使えるものなら何でも良いという考え方です。そのため、簡単に切り替えることができます。

佐藤尚之氏が著書で示した顧客分類

エバンジェリスト（伝道者）
- 私的に応援サイト、コミュニティ、ブログ等のコンテンツを製作する。
- 商品や活動を他の人に推奨する。
- 新事業案、改善策などを提案する。
- 競合他社を批判する or 競合他社の商品を避ける。

ロイヤルカスタマー（支援者）
- 商品をリピート、継続購入する。
- 会員を継続する。
- ブログやツイッターが炎上した際、擁護する。
- 企業のSNSやお問い合わせセンターに商品やサービスの改善に関する意見を伝える。
- 株を買う。

ファン（応援者）
- 商品を購入する。
- ブランドのコミュニティに参加、登録、書き込み。
- 商品や企業活動の感想を掲示板、ブログ、SNSに書き込む。
- ブランドが管理する会員システムに登録する。

パーティシパント（参加者）
- 企業のサイトを見て遊ぶ。
- アプリで遊ぶ。動画を見る。
- ブランド発の情報に共感し、軽い気持ちでフォロー、RT、いいね！する。
- 試供品をもらう、使う。
- キャンペーンやイベントに参加する。

マズローの5段階欲求説との共通点

　新井氏と佐藤氏は、生活者の行動を異なる視点から分析しています。新井氏は「ファン」と「価格選好者」の比較から生活者の行動を分析。一方の佐藤氏は、「価格選好者」よりも上位に位置するパーティシパント（参加者）に焦点を当てました。パーティシパントは価格だけでなく、他の要素を重視して商品やサービスを選びます。

　これは、欲求段階説の第2段階「安全欲求」に相当します。つまり、商品やサービスに対して安心感や安全性を求めるということです。また、優れた機能、使いやすさ、コストパフォーマンスなど、機能的な側面を主に評価して選択します。

　さらに、佐藤氏は自身の著書で、SNSの調査結果を示し、エバンジェリスト（伝達者）やロイヤルカスタマー（支援者、優良顧客）の重要性を解説しました。この調査では、「企業・ブランド・商品に関するソーシャルネットワークの利用経験」をピラミッドの階層に当てはめています。

　次に、その詳細を示します。図と一緒にご覧ください。

1 エバンジェリスト（伝道者）

❶共感する企業やブランドに関する私的（非公式）な応援サイトやブログを作った（3.3%）

❷共感する企業やブランドの競合商品を批判する書き込みをした（4.5%）

❸共感する企業やブランドをSNSを通じて他人に薦めた（9.2%）

　❸の「共感する企業やブランドをSNSを通じて他人に薦めた」が、ネットユーザーの約1割を占めています。エバンジェリストは、「おせっかいにも、わざわざ他人に自分が共感した企業や商品を薦めている」のです。

　また、友人や知人からの推奨や共感を読んだ人々の中で、約80%の人々がその推奨や共感に賛同し、そのうち約75%の人々が商品を購入したりサービスを利用したりしています。

　4-2節で示した企業経営の成長5段階をここで振り返ります。最上位は、「ステークホルダーはMVVを中心に集まった仲間」との意識を持った状態です。

4-3　ステークホルダーとの関係を診断する①

　これらの事実から、エバンジェリストは単なる顧客以上の存在であり、企業の成長において重要な役割を果たしていることがわかります。彼らは、企業のMVVを共有する仲間と言えます。もちろん、すべての顧客がエバンジェリストになれるわけではありません。顧客の新陳代謝もあるでしょう。そのため、企業としては、顧客との関係性をより深化させ、顧客がエバンジェリストへと成長できるような環境を整えることが大切です。

2 ロイヤルカスタマー（支援者、優良顧客）
❶共感する会社のSNSやTwitterの炎上を目撃して擁護の書き込みをした（2.9%）
❷企業のSNSやTwitterアカウントに商品やサービス改善に関する意見を伝えた（6.5%）

3 ファン（応援者）
❶SNSやTwitterなどの企業ページに投稿（写真や動画を含む）した（6.7%）
❷SNSやTwitterなどの企業ページを人に教えた（8.7%）
❸共感する企業やブランドが運営するコミュニティサイトに会員登録をした（13.4%）

4 パーティシパント（参加者）
❶mixiの「イイネ！」またはFacebook「いいね」を押したことがある（27.4%）
❷Twitterで企業アカウントをフォローした（15.4%）
❸FaceBook Page（ファンページ）を訪問した（6.1%）

　1-4節で、建設機械の大手企業である小松製作所の坂根正弘会長（当時）の講演内容に触れました。その講演で、筆者は「企業価値とはステークホルダーとの信頼の総和」という解釈に感銘を受けましたが、もう1つ驚いた点があります。
　それは、同社が顧客との関係を7段階に分けていたことです。これはマズロー氏の欲求5段階説よりも2段階多いのです。最下位の層は、小松製作所が存在してもしなくても影響のない存在と見なされています。一方、最上位の層は、同社が必要不可欠な存在と考える顧客層を表しています。

4-3 ステークホルダーとの関係を診断する①

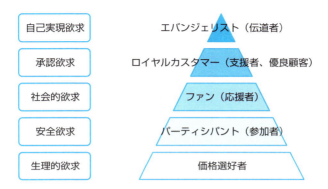

▶ ステークホルダーの成長段階

　顧客は、最初からエバンジェリスト（伝道者）の段階で関係を結ぶこともありますが、一般的にはパーティシパント（参加者）から始まり、ファン（応援者）、ロイヤルカスタマー（支援者、優良顧客）、そしてエバンジェリストへと段階的に成長します。この成長の動機や原動力は、信頼や共感の度合い、そして自社の魅力がどれだけ心に刻まれているかによります。

　ただし、一度の接触や短期間の付き合いだけで一気に成長することは、ほとんどありません。顧客との関係を深め、自社の魅力を心に刻むための秘訣は、地道で丁寧な、そして絶え間ないコミュニケーションです。社員一人ひとりが窓口となり、良好な交流を土台に、「見える化」が鍵となります。

　自社の魅力をどのように発見して、どのように気づくのか。その魅力をどのように見える化し、どうやって心に刻むのか。そして魅力をどのように磨くのか。これらの具体的な方法は、次の第5章で詳しく説明します。

　何もせずに放置してしまうと、顧客はやがて離脱する運命にあります。最初は意識が高く、思いも熱く、エバンジェリストとして関わった顧客でさえも、時間と共に落胆や失望、不満を抱き、離れていくことがあります。つまり、顧客が成長の階段を上がるだけでなく、下がることもあるということを理解することが大事です。

4-3 ステークホルダーとの関係を診断する①

社員の成長5段階における「価格選好者」

　成長5段階をたどるのは、顧客だけではありません。すべてのステークホルダー、つまり社員、取引先、株主、地域社会（住民、行政）も、次の5段階の成長を経験します。ロイヤルカスタマーは顧客のみを指す言葉のため、日本語部分だけですべて記載します。その上で、筆者が提案する5段階を確認してみましょう。最上位から記します。

■1 伝道者
■2 支援者
■3 応援者
■4 参加者
■5 価格選好者

　例えば、社員が給料だけで企業を選んでいる場合、彼らは**価格選好者**の段階にいます。これは、「働かないと生活できないから仕方なく」という動機を持つ人々を指します。彼らは仕事を「ライスワーク」、つまり生計を立てるための手段と見ています。

社員の成長5段階

自己実現欲求	エバンジェリスト（伝道者）
承認欲求	ロイヤルカスタマー（支援者、優良顧客）
社会的欲求	ファン（応援者）
安全欲求	パーティシパント（参加者）
生理的欲求	価格選好者

4-3 ステークホルダーとの関係を診断する①

これらの社員の動機は、欲求5段階説の第1段階「生理的欲求」に該当します。つまり、彼らは基本的な生活必需品、すなわち衣食住のために働いています。マズロー氏の理論によれば、この生理的欲求はすべての人に共通しています。また、安全欲求や社会的欲求、承認欲求など、他の欲求も消えることはありません。

教育、体験、魅力の見える化により動機が成長

すべての人が希望する企業に入社できるわけではありません。しかし、入社初期の**参加者**の段階から、教育や体験、人間関係の深化を通じて、社員は成長し、動機は変化します。企業の魅力を明確に示し、それを情報として繰り返し伝えることで、社員は**応援者**や**支援者**へと成長します。信頼と共感が深まることで、社員はさらに飛躍し、**伝道者**として活躍するようになります。

取引先や提携相手などのパートナーも同じです。ただ利益を追求するだけの「価格選好者」ではなく、信頼関係を築くことが重要です。取引が切れると会社が潰れるかもしれないという恐怖心だけでつながっている会社は、健全なビジネス関係を築くことが難しいです。

例えば、自社が製造業で、サプライチェーンの下流にある小さな取引先があるとします。その取引先は、規模や資金力の差から、不利な条件でも受け入れざるを得ないかもしれません。しかし、これは健全な関係ではありません。本音を隠し、顔色を伺うような関係は、単なる下請け関係に過ぎません。

価値を共に生み出す仲間としての関係を築くためには、自社が取引先に不利な状況を作り出している要因があるなら、それを改善することが必要です。

ブランディングする対象として取引先と向き合う

また、逆に自社が下請けとして働く場合も、その関係性が健全でなければなりません。もし同じような関係であれば、それを解消するか、改善する必要があります。これは「価格選好者」の関係にとどまっているということです。つまり、自社が生き残るために仕方ないからという欲求が動機となって関わっていることになります。顧客との関係が改善できない場合は、早めに現状を変えるために、「参加者」になるべきです。

4-3　ステークホルダーとの関係を診断する①

　ビジネスの現場は、グローバルな視点でステークホルダー資本主義に移行しています。その中で、下請けの立場にある取引先との関係が最も重要な課題の1つとなっています。自社の魅力を焼き印する対象として、どのように向き合うかが問われています。

　川上に位置する企業も、規模の大小に関わらず、その経営姿勢が問われます。自己反省を厳しく行うべきです。川下に位置する顧客企業を価値を共に生み出すパートナーとして、自信を持って表明することが重要です。もちろん、自ら下請けに甘んじることは避けるべきです。

　次の4-4節では、具体的な事例を交えて、ステークホルダーとの関わり方を詳しく説明します。その後、ステークホルダーとの現状の関係を診断します。

魅力があふれるWeb社内報「en soku」を公開

　転職大手エン・ジャパンは、Webで惜しげもなく舞台裏を公開しています。社内報は、社員向けに限定するのが一般的です。しかし、同社のWeb社内報「en soku」(えんそく) は、誰でも閲覧できる状態で公開しています。広報部ではない社員総勢200人超がリポーター。彼らが身近で起こった出来事を取材。毎日誰かが「en soku」に投稿しています。

　社員の日々の体験や息遣いは、ステークホルダーの脳裏に焼き印を確実に刻みます。これら投稿は、さまざまな現象を引き起こします。社長がたびたび「en soku」に登場する。内定者のモチベーションが上がる。退職した社員が復職する。先輩社員をロールモデルとする。記者が社員を取材する。

　今から約3年前、同社の事業責任者とオンラインで対話する機会に恵まれました。「en soku」のことに水を向けたところ、「うちのメンバーはみんな会社のことが大好きだから、成り立つんですよ」との弁。組織文化を「見える化」した好例と言えます。

4-4
ステークホルダーとの関係を診断する②

　本節の前半では、株主とどのように関わるべきかについて考えます。また、後半では、自社とステークホルダーとの関係を詳しく見ていきます。ステークホルダーは誰か、それぞれのステークホルダーと自社との関係はどのようなものかという観点から、自社の現状を1つずつ診断していきましょう。

▶ 半導体製造装置大手のディスコが掲げる「DISCO VALUES」

　実例を挙げましょう。半導体製造装置の大手企業である（株）ディスコは、業界で上流に位置する企業として知られています。

　2018年頃、筆者は共通の知人を通じてディスコの社員と出会い、彼が講師を務める勉強会（同じ考えを持つ人々が集まる非公式の集まり）に参加しました。彼は当時40代後半で、管理職に就いていました。その勉強会で、私は**DISCO VALUES**というディスコの企業理念について学びました。

　ディスコのWebサイトによれば、DISCO VALUESには200以上の項目があり、それらはすべて明文化され、実際の活動に反映できるように体系的にまとめられています。これは、第1章で説明したMVVのことを指しています。そして、ディスコは「経営的判断から日常業務まで、あらゆる活動がDISCO VALUESに沿って行われること」を目指しています。

　彼が語った内容は、筆者を驚かせました。ディスコは、新入社員や中途採用の社員を雇う際に、企業理念への共感を重視しているとのことです。さらに、顧客企業、パートナー企業、取引先に対しても企業理念への理解と共感を求めていると言っていました。

　当時、ディスコは上場以来、収益を増やし続けていました。その現場責任者が語る言葉は、重みがあり、心に深く響きました。それは決して机上の空論ではなく、組織としての強い意志を感じさせるものでした。それは、「伝道者」になろうとする意志、そして相手を「伝道者」に引き上げようとする意志でした。

4-4　ステークホルダーとの関係を診断する②

DISCO VALUES

企業理念

> **| DISCO VALUES**
>
> DISCO VALUESは、企業としての目指すべき方向性や経営の基本的なあり方、一人一人の働き方など、さまざまな観点から「あるべき姿」を明確にした企業理念です。1997年に基本版を構築し、全社共有を開始。以降、社会環境や経営環境に即して項目の追加や見直しをつづけています。
>
> DISCO VALUESには200を超える項目が明文化されており、実際の活動に反映できるよう体系的にまとめられています。その中には、企業の社会的使命を果たしつつ、さまざまなステークホルダーとの良好な関係の構築を目指す、という一般的なCSRの概念についても記載されています。ディスコは、経営的判断から日常業務まで、あらゆる活動がDISCO VALUESに沿って行われることを目指しています。以下にDISCO VALUESの一例を紹介します。
>
> **高度なKiru・Kezuru・Migaku技術によって遠い科学を身近な快適につなぐ**
>
> 「高度なKiru・Kezuru・Migaku技術」は、ディスコのビジネステーマを指します。つまり、ディスコが展開する事業は「切る」「削る」「磨く」という3つの技術の領域から逸脱しないということを表しています。そのビジネステーマを通じて、日々進歩していく科学を人々の暮らしの豊かさや快適に帰結させていくことを、社会的使命（ミッション）としています。あえてローマ字で表記しているのは、それらの分野でディスコの技術が世界標準となり、日本語でそのまま通用するようなレベルを目指すという、強い思いが込められているからです。
>
> **Missionの実現性の向上および価値交換性の向上を成長と定義する**
>
> 企業の成長をどのように定義するかによって、企業経営は大きく変わります。ディスコでは、売上やシェア、規模の拡大などを「成長」とはしていません。ディスコにとっての「成長」とは、一つはディスコの社会的使命であるミッションの実現度が向上し、社会により大きな貢献ができるようになること。もう一つは、お客さま・従業員・サプライヤー・株主などすべてのステークホルダーとの価値交換が充実し、お互いの満足度が高まることです。
>
> **Always the best, Always fun**
>
> 「常にベストを尽くすことと、仕事を楽しむこと」をモットーにしています。お客さまの期待に応えるために、仕事の質を徹底して追究することはプロとして当然のことです。しかしディスコはそれだけではなく、仕事そのものを楽しむことも奨励しています。これらは相反するものではなく、むしろ両立することでより充実した仕事につながるものと考えています。

[出所] 株式会社ディスコ「会社情報」企業理念（https://www.disco.co.jp/jp/corporate/values/index.html）

▶ 株主至上主義からの脱却

　株主にも同じことが言えます。株主は、株価と短期利益に注目する「価格選好者」であることがあります。彼らは四半期ごとの財務業績にしか関心がなく、株価が下がればすぐに売却します。これは、生理的欲求だけで行動するかのようです。

　2008年のリーマンショック前、世界中で株主至上主義が広まっていました。これは、企業が株主だけの利益を追求する姿勢を示すもので、他のステークホルダーを犠牲にしてでも株主を優先する傾向がありました。

例えば、社員の給与を上げず、取引先の利益を削減し、その一方で株主には利益を還元するという行動が見られました。

しかし、本来の経営とは、すべてのステークホルダーに適正な利益を分配することです。適正とは何かを決めるためには、慎重かつ詳細な議論が必要です。これは投資家だけの問題ではなく、企業自身が株主の反応だけを気にする姿勢を改める必要があります。

例えば、鎌倉投信（株）は、2008年に設立され、投資信託の運用・販売を事業としています。同社の特徴の1つは、社会との調和を重視し、持続可能な社会の実現を目指すため、投資先は、「すべてのステークホルダーを大切にする会社」、つまり「いい会社」に限定していることです。

鎌倉投信は、長期保有を前提とした安定株主、つまり「伝道者」の立場を取っています。ベンチャーキャピタルでも同様に、長期保有を方針として投資事業を行う企業が増えてきています。

▶ 六方よしの経営

企業と地域社会（住民、行政）の関係性は、単に税金を納める存在や雇用を生み出す存在という認識だけではなく、地元企業の存在が地方創生に大きな役割を果たしています。地域社会には、社員、顧客、取引先といった個人や法人の「市民」が存在し、それぞれが「参加者」「応援者」「支援者」「伝道者」へと成長することで、地域社会との関わりが深まり、変化していきます。

地方から新しい事業を立ち上げた企業や経営者たちは、地域社会や地域経済の発展に大きな影響を及ぼしています。その一例として、藻谷ゆかり氏の著書『六方よし経営 日本を元気にする新しいビジネスのかたち』（2021年、日経BP社刊）があります。

この本では、売り手、作り手、買い手、世間、地球、未来の六方を考慮した経営が紹介されており、これはステークホルダー資本主義と通底する考え方です。

また、東海大学の河井孝仁教授は、自治体が取り組むシティプロモーションを研究しています。河井教授の著書は、自治体側からの視点を理解することができ、企業ブランディングに応用可能な知見が多く含まれています（詳細は、第5章で説明します）。

4-4　ステークホルダーとの関係を診断する②

六方よしの経営とは

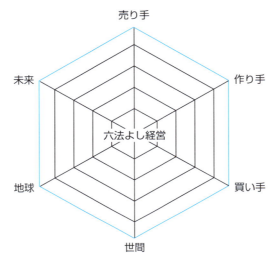

[出所] 藻谷ゆかり氏が提唱

▶ ステークホルダーマップを作成する

　これまでに何度も言ってきましたが、企業を取り巻く環境は常に変化しています。これは社員、顧客、取引先、株主など、企業と関わるすべての人々に影響を与えます。この変化は、企業とこれらのステークホルダーとの関係にも影響を与え、企業の成長と共にステークホルダーの成長も促します。

　企業が価値を生み出し、ステークホルダーと共に成長するためには、ブランディングが大切な役割を果たします。このプロセスを支援するために、「ステークホルダー関係診断表」を作成することをお薦めしますが、その前に、自社とステークホルダーとの関係をマッピングする「ステークホルダーマップ」を作成してください。

　このマップは、自社と関わるすべての関係者を、その関係性に基づいて分類します。これには、最終的な購入者や利用者を明確に特定し、その人々に商品やサービスが届くまでに関与するすべてのプレイヤーをリストアップすることが含まれます。これらのプレイヤーは、商品やサービスの供給過程での役割（川上または川下）に基づいて分類されます。

4-4 ステークホルダーとの関係を診断する②

　また、購入後や利用後にアフターサービスを提供するプレイヤーや弁護士、税理士、会計士、社会保険労務士などの専門家、業務委託先などと契約している企業もステークホルダーとして考慮する必要があります。

▼**使用するワーク資料**
❶ステークホルダーマップ

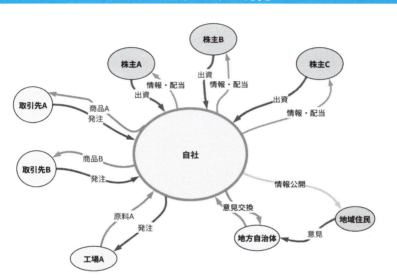

ステークホルダーマップの例①

組織図をもとにステークホルダーを分類する

　「ステークホルダーマップ」の作成は複雑に思えますが、単純で効果的な方法は、社内の各部署を主体とすることです。これにより、各ステークホルダーとの直接的な関わりが明確になります。

　事業を複数展開している企業でも、ステークホルダーと直接関わる部や課を主体とすることで、この後に作成する「ステークホルダー関係診断表」を整理することができます。

4-4 ステークホルダーとの関係を診断する②

　具体的には、窓口となる部課を縦軸に、ステークホルダーを横軸の1列目に配置します。ステークホルダーが多数存在する場合は、縦軸（行）を増やしますが、5行前後に留めることをお薦めします。

　顧客のように大量に存在するステークホルダーは、属性ごとに分類するなどの工夫が必要です。しかし、必ずしも厳密である必要はありません。

　このように整理した後、ブランディングの責任者として、自社の「ステークホルダーマップ」を作成してみてください。作成することで、どのステークホルダーも重要であること、そしてその関わりが企業の成長と存続に不可欠であることを認識できます。

ステークホルダーマップの例②

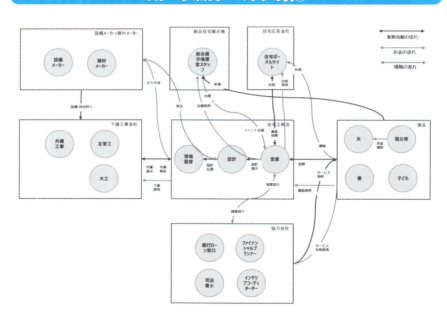

　また、下記の図は、東急（株）のWebサイトに掲載されているステークホルダーマップの例です。お客さま、従業員、取引先、株主・投資家、地域社会に対して、どのようなコミュニケーション手段を取るかがわかりやすくまとめられています。

4-4 ステークホルダーとの関係を診断する②

ステークホルダーマップの例③（東急株式会社）

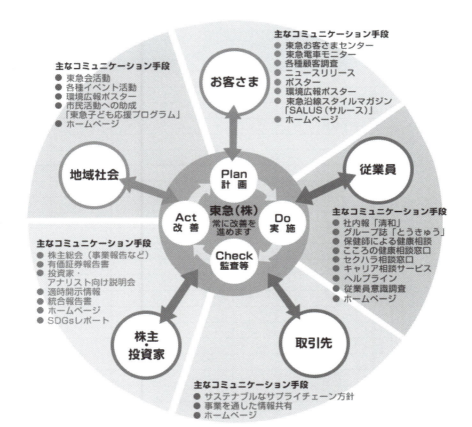

[出所]東急株式会社「ステークホルダーとのコミュニケーション _ サステナビリティ _ サステナブル経営への取り組み」各ステークホルダーとのコミュニケーション手段（https://tokyu.disclosure.site/ja/98/）

▶ ステークホルダーとのコミュニケーション実態を把握する

　次に、「ステークホルダー関係診断表」の作成に進みます。この表では、ステークホルダーとのコミュニケーションの実態を明確に記録します。具体的には、定期的な面談、イベントの開催、情報の共有など、どのようにステークホルダーと接しているかを詳細に書きます。

4-4　ステークホルダーとの関係を診断する②

ステークホルダー関係診断表

部署	ステークホルダー種別	コミュニケーションの実態		成長段階				
		見る・聞く（画像/イベントなど）	情報発信（棚卸しから分類）	価格選好者	参加者	応援者	支援者	伝達者
人事/労務	社員：経営陣							
	社員：管理職							
	社員：中堅社員							
	社員：若手社員							
	アルバイト							
営業/カスタマーサポート	顧客分類1							
	顧客分類2							
	顧客分類3							
	顧客分類4							
	顧客分類5							
購買/販売管理/広告宣伝	取引先分類1							
	取引先分類2							
	取引先分類3							
	取引先分類4							
	取引先分類5							
新規事業企画/法務/財務	パートナー1							
	パートナー2							
	パートナー3							
	弁護士							
	弁理士・公認会計士							
経営企画/財務	株主1（安定株主）							
	株主2（社内）							
	株主3（機関投資家）							
	株主4（個人投資家）							
CSR	地域社会1（本社）							
	地域社会2（支社①）							
	地域社会3（支社②）							
広報	報道関係者1（全国）							
	報道関係者2（地方）							
	報道関係者3（ネット）							

4-4　ステークホルダーとの関係を診断する②

　診断表を作成する目的は、ステークホルダーとのコミュニケーションが適切に行われているかを確認することです。口頭でのコミュニケーションは、一時的に魅力を伝えることができますが、時間が経つとその効果は薄れてしまいます。ステークホルダーが増えると、個々のコミュニケーションだけでは限界があります。人数が増えるほど、ステークホルダーの顔や感情、実態が見えにくくなり、理解が難しくなります。

　担当部署だけが実態を把握し、担当者同士が良好な関係を築くことは最低限の要件です。しかし、これだけではブランディングは難しいです。それぞれのステークホルダーとどのようなコミュニケーションを行っているかを隠さず、曖昧にせず、正直に記入しましょう。

▼ **使用するワーク資料**

・ステークホルダー関係診断表

● ステークホルダー関係診断表を作成する

　コミュニケーションの実態をすべて記入したら、それを経営陣、管理職、ブランディングの責任者といった主要メンバーと共有します。その後、これらのメンバーは3つのグループに分けられ、それぞれが次に示す情報を記入します。

　コミュニケーション実態の右側に、成長の5段階を1列ずつ配置します。例えば、顧客を考えると、「価格選考者」が20%、「参加者」が20%、「応援者」が20%、「支援者」が10%、「伝道者」が10%といった感じで、割合を感覚的に記入します。

　3つのグループに分ける理由は、立場や世代によって理解度に差があるからです。全員が記入した後、それを全員で共有し、なぜそのように診断したのかを説明します。そして、全員で協議を行い、合意点を見つけ出して最終的な表を完成させます。

　ここまで、関係診断については感覚で良いと説明してきましたが、その背景にはステークホルダーと真剣に向き合う意識があります。しかし、本来は感覚よりも、できるだけ正確に診断することが自社にとって有益であることは明らかです。現実を直視するためには、より正確な診断が必要です。

第4章　実践編①ブランディングの現状診断と魅力の洗い出し

4-4 ステークホルダーとの関係を診断する②

▶ NPSを活用する

　さらに、筆者は顧客の心理状態を測るための指標としてNPS*を活用することを提案します。NPSは0点から10点で評価し、顧客の**推奨意欲**を測ります。また、推奨意欲と同じくらい重要なもう1つの指標は、顧客の**継続意欲**です。

　筆者が起業初期に読んだ武田哲男氏の著書『顧客「不満足」度のつかみ方・活かし方 顧客の本音を引き出し、「業績＝顧客の支持率」を達成する』（2009年、PHP研究所刊）では、「顧客不満足度調査」の必要性が強調されていました。この本は、顧客の「不満足度」を重視するという新たな視点を提供し、筆者に大きな影響を与えています。

　武田氏は、顧客の推奨意欲と継続購入（利用）意欲の2つの指標を測るために、これら2つの質問を調査項目に必ず含めることを強調していました。その理由は、調査担当者が結果を先取りして恣意的な質問を作成し、意味のない調査が行われる傾向があったからです。

　武田氏は、上司に都合の良い情報を報告するためだけの調査や、自己の評価を上げるためだけの調査が行われることを危惧していました。NPSも同様に、推奨意欲と継続購入（利用）意欲の2つの指標を測定します。

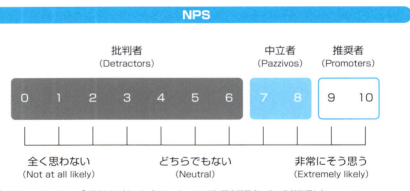

［出所］NTTコム オンライン「NPSとは（ネットプロモータースコア）顧客満足度に変わる新指標」（https://www.nttcoms.com/service/nps/summary/）をもとに筆者作成

＊NPS　Net Promoter Scoreの略。顧客の商品やサービスに対する信頼・愛着を測る指標。

172

4-4　ステークホルダーとの関係を診断する②

　筆者が伝えたいことは、推奨意欲と継続意欲という2つの指標が、顧客だけでなく、すべてのステークホルダーとの関係に適用できるということです。これらの指標は10点満点で評価します。推奨意欲は他人に推奨する意欲の度合い、継続意欲は自分自身が継続する意欲の度合いを測ります。

▶ 各ステークホルダーとの関係診断にNPSを適用する

　NPSを適用して、各ステークホルダーを評価した例を下記に示します。

●社員
・**推奨**……一緒に働くことを友人/知人に推奨するか？
・**継続**……これからも今の会社で働き続けたいか？

●顧客
・**推奨**……商品やサービスの購入/利用を友人/知人に推奨するか？
・**継続**……これから継続して購入/利用するか？

●取引先
・**推奨**……契約することを知人（他社）に推奨するか？
・**継続**……契約をこれからも継続したいか？

●株主
・**推奨**……投資することを知人（他社）に推奨するか？
・**継続**……これからも継続して株主でいたいか？

●地域社会（住民、行政）
・**推奨**……友人/知人に就職や購入/利用を推奨するか？
・**継続**……これからもわが町で事業を継続してほしいか？

第4章　実践編①ブランディングの現状診断と魅力の洗い出し

4-4 ステークホルダーとの関係を診断する②

▶ ブランディングのスタート地点に立つために現実を直視

　ブランディングの責任者にとって、いきなりNPSを導入するのは大変かもしれません。そこで、まずは経営陣や各責任者たちと「ステークホルダー関係診断表」を共有し、現状について共通認識を持つようにしてください。そして、ブランディングに取り組む過程でタイミングを見計らって、試験導入から始めてみましょう。

　まずは、顧客や社員から始めてみることがお薦めです。ステークホルダーとの関係を重視する姿勢を維持し続け、実践していくことが大切です。

　4-3節、4-4節では、自社の現状としてステークホルダーの特定と、その関係性について1つ1つ診断しました。自社とステークホルダーの関わり方の実態を明らかにしたのです。これは非常に重要なことなので、何度も繰り返します。現状をできる限り正確に把握することに努め、現実を直視しましょう。これがブランディングのスタート地点となります。

これぞ舞台裏！
台本なしの一発撮り動画が採用を変える

　北海道を拠点とする株式会社NKインターナショナルが運営するWebメディア「リクライブ」。同サイトは、採用動画や採用広報コンテンツ制作を手掛け、そして北海道の地からブランディングの狼煙を上げています。

　「すべて台本なしの一発撮り動画」を掲げています。これぞ舞台裏を「見える化」する真骨頂とも言えます。採用シーンでは、一面かつ瞬間の情報発信がまん延しています。そのことが採用のミスマッチを引き起こしている一因でもあります。本文では、そのことに警鐘を鳴らしました。「リクライブ」の名物コーナーが「社長がゆく」です。文字通り、社長が自撮り棒とスマートフォンを片手に社内をめぐります。各部署を訪ね、社員を捕まえては自社のことを語り合います。隠し事が一切ない、ありのままの姿を動画で、しかも一発撮りで明かすのです。このスタイルは人間心理に適っています。企業社会の採用を劇的に変える力を秘めていると見ています。

4-5
魅力の見つけ方、
舞台裏の照らし方①

「自社の魅力は何だろう？」「その魅力を伝えるために見える化が必要なのか？」と疑問や不安を感じている経営者がいます、しかし、自分たちが気づかない、見過ごしている日々の活動や息づかいこそが、その企業の魅力の源泉であると認識するべきです。

▶ 表舞台と舞台裏

ブランディングとは、自社の魅力をステークホルダーの心に刻み込むことで、そのためには自社の魅力を理解し、それを明らかにする必要があることを何度もお伝えしてきました。

本節では、伝えるべき魅力、共感を生む魅力を1つ1つ洗い出します。何を舞台裏とするかは、第3章で詳しく説明しましたが、「魅力度ブランディングモデル」で示した36の魅力項目を、表舞台と舞台裏に分類します。筆者が提示した項目についても再掲します。

●表舞台の情報
・企業の基本情報（社名、設立、所在地、代表者、事業内容、拠点、沿革）
・MVV、事業領域、事業、商品やサービスの詳細情報、各種業績、実績
・経営戦略、各種経営施策、経営陣/社員のプロフィール/構成
・顧客、取引先、株主の構成、地域社会（住民、行政）の実態　…など

●舞台裏の情報
・創業ストーリー、商品・サービスなどの開発秘話、苦労話、社員の失敗談、成長物語
・MVVを体現したエピソード、調達、販売、総務など各部門の現場レポート
・顧客体験、取引/株主との対談、地域住民の声　…など

第4章　実践編①ブランディングの現状診断と魅力の洗い出し

4-5 魅力の見つけ方、舞台裏の照らし方①

▶ 舞台裏の代名詞「創業ストーリー」はプロローグ

　企業の魅力は、その**舞台裏**に隠されています。これは企業の魅力の源泉であり、本節と次節ではその見つけ方を説明します。特に、普段目立たない舞台裏の魅力に焦点を当てます。ステークホルダーの体験や共感など、言葉にしないと見えないものがそこにはあり、それらは個々の心の中に深く埋もれています。その照らし方を示します。

　最近では、コロナ禍をきっかけに、創業ストーリーの作成を事業とする企業が増えてきました。創業者である経営者にインタビューを行い、起業の理由や起業までの苦労、起業前後の体験などを記事や動画でまとめます。

創業ストーリーはプロローグ

近年における企業社会の流行

創業ストーリー

人的魅力

物語の始まりに過ぎない

（永続する）企業における
成長・存続のストーリー

・創業者、代表者だけが登場人物な
　のか？
・ストーリー（物語）はそれだけな
　のか？

　これらの創業ストーリーは、企業の舞台裏を象徴しています。インタビュー記事や動画は、Webメディアに掲載されたり、小冊子にまとめられたりします。創業ストーリーは、舞台裏の一部で、経営者が語らなければ誰も知ることはありません。

経営者の魅力、つまりその実力と人柄は、そのまま自社の実力と人柄につながります。特に、企業規模が小さい場合、これらはほぼ同等と考えても間違いありません。表舞台は**実力**を、舞台裏は**人柄**を表しています。インタビュー記事を通じて、MVVの根源にある情熱に触れることもできます。永続的な成長を目指す企業の物語において、創業ストーリーはプロローグに当たります。

▶ キーワードでひもとく舞台裏への光の当て方

企業の成長物語は、創業ストーリーから始まります。しかし、その物語は創業だけで終わるものではありません。企業経営は、多くの登場人物が関わる冒険物語のようなもので、物語が進むにつれて新たな仲間が増え、さまざまな試練を乗り越えていきます。

物語の中で重要なのは、その登場人物たちにスポットライトを当て、彼らが生きている現場や心情を照らすことです。それにより、普段見過ごされがちな経営の細部や舞台裏が明らかになります。

誰に光を当てるのか

4-5 魅力の見つけ方、舞台裏の照らし方①

　しかし、どのようにスポットライトを当て、どのように照らすかを理解しなければ、舞台裏は見つからないでしょう。スポットライトの当て方や照らし方は、第1のキーワードとして、**人物**、**現場**、**細部**の3つ、第2のキーワードとして**過程**、**関係性**の2つがあり、それぞれを掛け算します。

　また、表舞台は**結果**を示し、舞台裏はその**過程**を描きます。ゆえに両者の関係は、点と線、静と動、モノとコトのような関係性になります。したがって、舞台裏は**時間軸**（過程）と**空間軸**（周囲との関係性）の両軸で構成されています。

　まとめると、次の通りです。

・**第1のキーワード群**……人物、現場、細部。
・**第2のキーワード群**……過程、関係性。

　これらのキーワードを組み合わせることで、物事の背後にある「舞台裏」を明らかにすることができます。各部署の担当者が直接ステークホルダーと関わり、ブランディングの責任者が各部署から情報を集めることで、全体像を照らし出します。

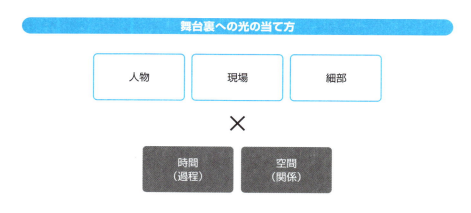

ラグジュアリーブランドの概念

　この考え方は、ラグジュアリーブランドとも関連しています。ブランドの要素とは、下記の4つで、これらはブランドの情緒的な価値を形成するために欠かせません。現代では、機能だけで自社を差別化することは難しくなっています。そのため、自社の舞台裏、つまりその情緒的な側面の情報で差別化を図ることが重要になっています。

❶歴史
❷土地
❸人物
❹技術

　舞台裏は、その企業だけが持つ独自の魅力があふれています。同じ舞台裏を持つ企業は1つとして存在しません。それぞれの企業が持つ舞台裏は他社とは異なり、その組み合わせにより独特の魅力を生み出します。そして、時間の経過と共に、これらの要素が積み重なり、模倣が困難な独自の舞台裏が形成されます。

表舞台と舞台裏の関係

4-5 魅力の見つけ方、舞台裏の照らし方①

▶ 人物に光を当てる

キーワードの**人物**とは、企業のステークホルダー全体を指します。これには経営者、事業責任者、担当者など、企業内の特定の個々の人々が含まれます。「光を当てる」という表現は、これらの人物に焦点を当てることを意味します。これには2つのステップがあります。まず第1に、どの人物に焦点を当てるかを決定します。次に、その人物にインタビューを行います。その魅力を引き出すためです。

インタビューの対象となる人物は、大きくの下記の3つのカテゴリーに分けられます。

1 経営者/社員（スタッフ）
2 顧客
3 取引先やパートナー /株主

もちろん、この大分類で終わらず、さらに分岐します。1つ1つをもう少し深掘りしてみましょう。

▶ **1** 経営者/社員（スタッフ）へのインタビュー

経営者/社員（スタッフ）へのインタビューは、第一に創業者や現在の経営者が対象です。もっと重要なのが社員を対象とする場合です。その際は、役員、中堅社員、新入社員など、立場や世代が異なる多様な人々を対象にします。それぞれが自社をどのように見ているかは異なるため、多角的な視点から企業の魅力を引き出すことができます。

社員が生え抜きか、中途入社かによっても、その感じ方は異なります。可能な限り多様な人材を対象にします。少なくとも下の図のように5つの立場が存在し、それぞれの視点から企業の魅力を明らかにすることができます。

4-5 魅力の見つけ方、舞台裏の照らし方①

働く人の5つの立場

●創業者や現在の経営者から見た企業の魅力

　創業者がすでに他界している場合でも、現在の経営者や創業時を知るスタッフを対象にすることで、創業ストーリーを引き出すことができます。このストーリーは、創業者の生い立ちや、創業の過程といった時間軸が基盤となっています。

　また、現在の取り組みや他者との関係性に焦点を当てることも重要です。これは、空間軸で見る視点です。例えば、経営者がどのようにMVVと向き合い、仕事を進めているかという視点がそれに当たります。

　さらに、経営者と他の人物との関係性も重要です。対談や鼎談を設けることで、新たな視点や化学反応が生まれ、それまで語られていなかった舞台裏が明らかになることがあります。取引先の経営者や長期保有する安定株主、業界の有識者などが対談の相手として考えられます。

●役員や中堅社員から見た企業の魅力

　役員や中堅社員の場合も、同様に時間軸と空間軸の視点から舞台裏を探ります。時間軸では、それぞれがどのような道を歩んできたか、どのような経験を積んできたかという視点が重要です。空間軸では、仕事への取り組みや経営者、同僚、部下への思い、将来の展望などが重要となります。

4-5 魅力の見つけ方、舞台裏の照らし方①

●新入社員から見た企業の魅力

新入社員についても、同様に時間軸と空間軸の視点から舞台裏を探ります。時間軸では、その人の生い立ちや志望動機、入社後の体験、会社への期待、キャリア観、将来の展望などが重要です。空間軸では、経営者や役員との対談、新入社員同士の座談会などが考えられます。

これらの視点から、企業の舞台裏を照らし出すことで、目に見えない財産、無形資産を可視化し、企業ブランドを形成することができます。それぞれの視点から見える舞台裏は、その人の思いや情熱、こだわりを反映しており、それぞれが唯一無二の価値を持っています。これらを見つけ出し、伝えることで、確かな情緒的な価値を創り出すことができます。

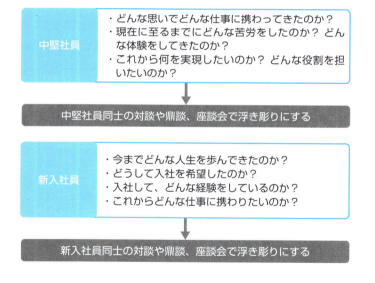

4-5 魅力の見つけ方、舞台裏の照らし方①

2 顧客へのインタビュー

顧客が個人や法人のどちらであっても、最近のトレンドで言うところの顧客体験やユーザーズボイス、VOCは、顧客へのインタビューにより成立します。顧客が経験したことこそ最も重要な舞台裏の1つです。

ITやSaaS企業では、「導入事例」として知られています。例えば、顧客管理システムの世界的な大手である（株）セールスフォース・ジャパンのWebサイトでは、「お客様事例」という名前で200社以上のインタビュー記事が掲載されています。

ただし、重要なのは、関わった人物が登場しない単なる事例紹介では、その魅力は伝わらないということです。人物が登場しなければ、人的な魅力は伝わりません。また、舞台裏を照らしていなければ、その舞台裏が見えてくることはありません。セールスフォース・ジャパンの事例では、必ず人物が登場しています。

●顧客の多様性とその理解

顧客は一人ひとり異なり、その関わり方や自社の対応方法も影響を与えます。顧客の動機によっても、その背後にある状況は変わります。そのため、顧客の魅力を多角的に理解し、価値を明らかにするためには、顧客を細分化することが大事です。商品やサービスの種類によっても、顧客層には違いがあります。それぞれの顧客としっかりと向き合うことが求められます。

また、顧客は「顧客生涯価値」や「売上高規模」によって分類することもできますし、「参加者」「応援者」「支援者」「伝道者」などの関係の深さによっても分類できます。

●顧客の舞台裏を照らす方法

このように多様性を持つ顧客の舞台裏を照らすには、「人物、現場、細部」×「過程、関係性」の5つのキーワードを組み合わせることが良い方法です。舞台裏を照らす一例として、下記の質問が一般的です。

❶顧客がどんな悩みや課題を抱えていたのか？（背景）
❷なぜ選んだのか？　なぜ選び続けているのか？（理由）

4-5　魅力の見つけ方、舞台裏の照らし方①

❸購入や利用した結果、実際にどうだったのか？（体験）

❹さらに期待することや要望

　顧客が法人の場合は、経営者や現場責任者、社員など、組織内の個々の人々に焦点を当てます。また、その企業がどんな事業を営んでいるのかという基本的な情報を紹介することも忘れてはなりません。企業の状態や置かれた状況はさまざまです。下記のように、それぞれの企業ごと異なります。それぞれの企業に対して、照準を定め、光を当てることが大切です。

❶創業年（歴史）

❷本社や支社の所在地（土地）

❸経営者や事業責任者（人物）

❹社員構成（人物）

❺業界/業種/領域（技術）

　顧客の舞台裏は、過程と関係性の観点から照らすことができます。前述した質問の例は、時間軸に当たるので、過程に該当します。空間軸、つまり関係性に当たるものとしては、代表者同士の対談、事業責任者（または担当者）同士の対談、担当部門同士の座談会などがあります。対談や座談会で化学反応が起きれば、これまで気づかなかった魅力が明らかになることが多いです。これはまさに魅力の宝庫と言えます。

　このように、顧客を対象とした舞台裏を1つ1つ丁寧に確認します。すると、かなりの数の舞台裏が存在することがわかります。インタビュー、対談、座談会という方法で照らさなければ、その魅力は埋もれたままになります。せいぜい、狭い範囲の人々の間で消費され、時間が経つと記憶から消えてしまいます。

3 取引先やパートナー /株主へのインタビュー

取引先やパートナー /株主へのインタビューは、自社とのつながりや自社の魅力をより深く理解する手段です。これらの理解を深めることで、企業はより強固な信頼関係を構築することが可能になります。

●取引先とパートナー

取引先やパートナーとの関係性は、企業の業績に直接影響を与えます。取引先とは、商品の製造に関わる原材料や部品を供給する企業、または商品の物流や販売を担当する企業を指します。これらの企業との良好な関係性は、商品・サービスの品質と供給の安定性を保証します。

また、パートナーとは、共同でサービスを提供する企業や、法的な支援を提供する弁護士や税理士事務所などを指します。これらの企業や事務所との関係性は、企業の業務遂行能力を高めます。

●株主

株主との関係性は、企業の資金調達と経営の安定性に影響を与えます。多様な株主は、それぞれが期待を持って、企業に投資を行います。株主の期待や思いは、経営者や社員だけでなく、顧客や取引先にもプラスの影響を与えます。したがって、株主とのコミュニケーションも企業全体の活動に影響を与える重要な要素の1つです。

ステークホルダーとの関係性を深めるためには、企業はそれぞれのステークホルダーとの対話を重視し、それぞれの視点を理解することが必要です。また、企業が永続的な成長を目指すためには、これらの関係性を維持し、強化することが不可欠です。これは、マーケティングとブランディングという2つの要素が絶えず進行する活動であり、企業の永続的な成長を支える基盤となります。

4-6
魅力の見つけ方、
舞台裏の照らし方②

　企業には、見えないところにも魅力がたくさんあります。普段、何気なく行っている日々の業務の中にも、実は素晴らしい価値が隠れています。4-5節の「人物」に続き、本節では残り2つのキーワード「現場」「細部」から企業の魅力を見つけ出し、ステークホルダーに伝えるための方法を説明します。

▶ 「三現主義」を活用した現場視察と魅力の発掘

　第1のキーワード群の2つ目、**現場**の視点から見ると、埋もれがちな舞台裏が明らか になります。経営用語の**三現主義**は、現場、現物、現実の3つの「現」を指します。これは、自分で現場に行き、現物や現実を直接確認し、体験することの重要性を強調しています。データだけや机上の理論だけでは、すべてを理解することはできません。

　ブランディングの責任者は、どこにどんな魅力があるのかを見つけるために、可能な限りすべての現場に足を運ぶべきです。そうしなければ、その魅力は見えてきません。それぞれの現場に注目してみましょう。

　下記に、いくつかの現場の例を挙げてみます。

❶研究、技術開発（研究所）
❷事業/商品やサービス開発（新事業、新商品、新サービス）
❸製造（工場）
❹能力開発/組織開発（人材育成、キャリア形成）
❺市場開拓、販路開拓（サプライチェーン）
❻営業最前線（セミナー、展示会、店舗）
❼CSR/SDGsの取り組み

個々の人ではなく、チームや部署全体を対象にし、その働いている場所や空間そのものにも注目します。個人という視点ではなく、チームや部署全体という視点で見ることが重要です。

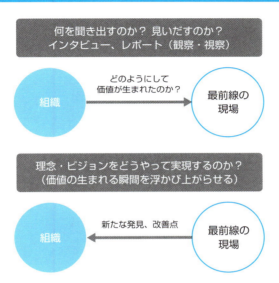

舞台裏の照らし方①

●食品や飲食業界の現場

　食品や飲食業界では、生産者に注目します。農業や漁業の現場に直接行き、自分の目で確認し、耳で聞き、肌で感じることが大切です。どのような思いで、どのような方法で食材となる農産物を生産しているのか、生産現場そのものに注目します。

　「時間軸」では、生産過程に注目し、その過程での技術に光を当てます。「空間軸」では、農産地の自然環境やそこで暮らす人々に注目します。農業や漁業は地域によって異なります。その土地で長い歴史を紡いできたからこそ、今があります。時間軸と空間軸の2つの視点から見ることで、文化も垣間見ることができます。

4-6　魅力の見つけ方、舞台裏の照らし方②

　飲食店では、厨房という主戦場に注目します。

　レシピの開発現場や調理現場、それぞれの過程に注目します。その現場では、シェフを中心にさまざまな関係性が存在しています。

●製造業の現場

　製造業では、現場は工場そのものです。工場での各工程や、各ラインで働く職人一人ひとりの姿は、間違いなく魅力にあふれています。大手企業は、バーチャル工場見学としてサイトで公開しています。工場見学が人気なのは、舞台裏に触れることができるからです。

　トヨタ自動車の『トヨタイムズ』は、多くの人が知っています。テレビCMも頻繁に流れているので、その名前を聞いたことがある人は多いでしょう。しかし、実際にサイトを訪れた人は案外少ないかもしれません。

　『トヨタイムズ』では、木工職人、鋳造職人、鍛造職人、板金/溶接職人、プレス金型職人、塗装職人など、「クルマづくり」に携わる多くの職人たちと、彼らが働く現場に注目した記事を掲載しています。「時間軸」と「空間軸」を織り交ぜた、深みのある記事が並んでいます。これは、ものづくりの現場、つまり舞台裏に光を当てた好例です。トヨタ自動車の魅力があふれています。

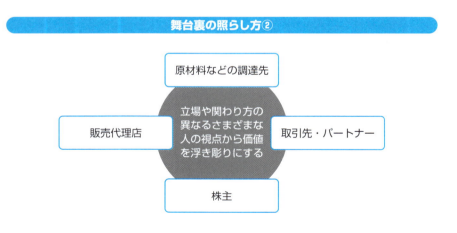

4-6　魅力の見つけ方、舞台裏の照らし方②

●能力開発や組織開発の現場

能力開発や組織開発の現場では、さまざまな研修に注目します。研修責任者にインタビューを行い、その目的や期待、思いを聞き出します。研修当日には現場に足を運んでレポートします。参加者にもインタビューを行います。

ここでも「時間軸」と「空間軸」を織り交ぜることで、深みを感じる魅力が見つかることでしょう。研修の企画段階から研修後のキャリア開発に至る過程を追います。人材が教育され、成長していく現場を照らすということです。

●市場開拓や販路開拓、営業の現場

市場開拓や販路開拓は、新規顧客を獲得し、販売ルートを拡大するための活動です。これらの成果が現れるまでの過程は、見えない舞台裏の作業です。この過程には、セミナーや展示会の開催など、さまざまな取り組みが含まれます。これらの現場を訪れ、小売業者であれば店舗を訪問し、成果が生まれるまでの過程を詳しく調査します。

現場を訪れる時は、何が行われているのか、何が起こっているのかを見逃さないように注意深く観察します。ブランディングの責任者として、現場の状況をしっかりと把握することが求められます。

●CSRやSDGsに取り組む現場

CSRやSDGsに関する取り組みでは、社員一人ひとりが地域社会でどのような活動を行っているのかを確認し、これまでの取り組みを記録し続けます。

国際社会や日本全体は、多様な課題を抱えています。環境破壊、少子高齢化、貧困問題など、自社が取り組んでいる課題について、地域住民や関係者との交流を通じて、彼らがどのように感じているのかを確認します。視覚、聴覚、触覚を使って情報を得ることで、その魅力に気づくことができます。

第4章　実践編①ブランディングの現状診断と魅力の洗い出し

4-6　魅力の見つけ方、舞台裏の照らし方②

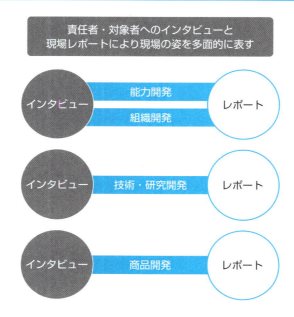

▶ 人的資本経営

　2023年3月期決算以降、上場企業は「人的資本の開示」を義務付けられました。これは、企業が従業員という重要な資源をどのように活用しているかを明らかにするためのものです。2023年は、「人的資本開示元年」とも呼ばれ、企業の**人的資本経営**が注目されました。しかし、一部の企業はこの流れに無関心であったり、単に流行に乗り遅れないようにとりあえず用語を使っているだけの場合もあります。経営の本質を理解せず、表面的な改善だけを行っても意味がありません。

　ステークホルダー資本主義の一部として、**知的資本**があります。これは無形資本とも呼ばれ、人的資本、組織資本、関係資本の3つの要素から成り立っています。最近では、**ソーシャル・キャピタル**が注目されています。

　上場企業は毎年、統合報告書を公表しています。これは、財務資本、製造資本、知的資本、人的資本、社会関係資本、自然資本の6つの資本を通じて価値創造のあり方を検討するものです。

従来のアニュアルレポートが主に株主や投資家を対象としていたのに対し、統合報告書はすべてのステークホルダーを対象としています。

未上場企業でも、「人的資本経営」に注目することが大事です。社員が働きやすい環境を整え、能力開発に投資することが求められます。これらの取り組みは、ブランディングの責任者が本質を理解し、忘れずに取り組むべき課題です。

国際統合報告フレームワークが示す6つの資本

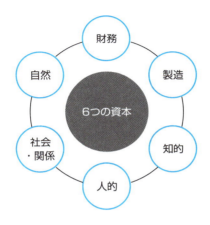

[出所] 国際統合報告評議会（IIRC）が公表している国際統合フレームワークをもとに筆者が作成

企業の魅力を引き立てるための視点

第1のキーワード群の3つ目、**細部**について見ていきましょう。

企業の成長にとって、その細部に光を当てることは欠かせません。日々の業務に追われ、自社の魅力を見落とすことがあります。しかし、「神は細部に宿る」という言葉が示すように、見落としていた細かな部分にも注目することが大切です。

例えば、技術会社では、自社の独自技術やコアコンピタンスに着目します。これにより、自社特有の魅力を強調することができます。例えば、技術責任者が科学的根拠に基づいて説明したり、大学教授などの専門家と対談したりすることで、その魅力をより明確に伝えることができます。

4-6 魅力の見つけ方、舞台裏の照らし方②

　また、研究所を訪れて施設内を案内することも、企業の舞台裏を照らす一助となります。

●任天堂の事例

　ゲーム大手の任天堂（株）は、自社の採用サイトで、25の職種に所属する75人の社員の声を紹介しています。このサイトは『仕事を読み解くキーワード』という名前で、社員がどのように仕事に取り組んでいるかを伝えるためのものです。

　サイトでは、社員を理工系、デザイン系、サウンド系、制作企画系、事務系の5つの大きなカテゴリーに分けています。特に注目すべきは、一般的に裏方と見なされがちな事務系の仕事にも焦点を当てていることです。

任天堂の『仕事を読み解くキーワード』

［出所］任天堂「採用情報」仕事を読み解くキーワード（https://www.nintendo.co.jp/jobs/keyword/index.html）

事務系はさらに7つの職種に分けられ、それぞれの職種から2人ずつ、合計14人の社員のインタビューが掲載されています（本書執筆時）。これらのインタビューは、任天堂が社員一人ひとりの仕事に丁寧に光を当てている良い例と言えます。

このように、任天堂は細部にまで注意を払い、社員の声を大切にしています。これは、他の企業も参考にすべき取り組みです。

魅力と舞台裏を洗い出す

第4章では、魅力を見つける方法と舞台裏を照らす方法について詳しく説明しました。魅力を見つけるための重要なポイントは、人物、現場、細部、過程、関係性の5つのキーワードを組み合わせることです。これらを活用することで、舞台裏を明るく照らすことができます。

また第1章で、欧州のラグジュアリーブランドが持つ情緒的な価値について触れましたが、ブランドの4つの要素（経営資源）である歴史、土地、人物、技術も考慮に入れると良いでしょう。

4-6 魅力の見つけ方、舞台裏の照らし方②

　舞台裏には多くの要素が存在します。これらを理解することができたら、「ステークホルダー別舞台裏一覧表」を完成させてみましょう。自分が使いやすい形に変更しても問題ありません。ルールは特にありません。多くの舞台裏を見つけることができるはずです。

　実行可能かどうかを考えると、自分自身に制限をかけてしまうことがあります。しかし、一度、実行可能かどうかを忘れて、思いつく限りのアイデアをすべて書き出してみてください。すべてのアイデアを洗い出した後で、「魅力の見える化」の設計と仕組み作りに取り組むことができます。

▼使用するワーク資料
・ステークホルダー別舞台裏一覧表

ステークホルダー別舞台裏一覧表

種別	舞台裏 （人物×現場×細部）×（過程×関係性）	内容 （ニュースルーム／カテゴリー名称）
経営者		
経営陣		
社員／スタッフ		
顧客		
取引先		
株主		
地域社会		
報道機関		
その他		

第5章

実践編②
ブランディング推進
エンジンの仕組み

　すべてのステークホルダーは自社の魅力を伝える対象です。
それぞれに異なりますが、対象とどのように関わっているかが
大切です。

　第5章では、ブランディングを進めるための基本的な構造
とプロセスを紹介します。その上で、自社に最適な仕組みをど
のように選び、組み込むかを説明します。

5-1
舞台裏を「見える化」する秘訣

ブランディングを成功させるためには、見える化が大切です。口頭での会話や実際の体験は一度きりのもので、個々の感情として心に留まるだけです。もし見える化ができなければ、魅力は、ほとんど理解されないかもしれません。そして、伝え方を間違えると、人々の心に共感を生み出すことはできません。

▶ 見える化

情報は、私たちの意識や判断、行動に影響を与え、変化を引き起こします。その情報をどのように視覚的に表現するか、つまり**見える化**するかが、ブランディングの成功を左右します。見える化には、「言葉にすること」「媒体にすること」の2つの側面があります。媒体にすることで、情報は保存や共有が可能になって何度でも確認でき、さらには発信することも可能になります。

また、本書では、音声や映像も「言葉にすること」の一部として扱います。映像による視覚表現は、文字と比べて情報量が圧倒的に多いことは周知の事実です。しかし、魅力を心に深く刻むためには、言葉と組み合わせることが大切です。そのため、本書では下記を基本としています。

> 見える化 ＝ 言葉にすること × 媒体にすること

企業が発信・共有する公式情報は、表舞台と舞台裏の2種類があります。これらは機能面と情緒面の情報に分かれ、ブランディングには両方が必要です。

まず本節では、主に舞台裏の情報の見える化について説明します。これは4-3節からの流れを考慮した結果です。

ステークホルダーは、価値を共に創造するパートナーです。これが本来の関係、あるいは理想的な関係とも言えます。パートナーは、心理的に常に私たちのそばにいるため、情報を単に発信するのではなく、共有する相手と考えます。この意味を込めて、本節では、「発信」よりも「共有」を主に使用します。

5-1 舞台裏を「見える化」する秘訣

▶ 体験を見える化

　見える化の重要性について説明します。体験は、個々の人々や集団が経験するもので、それぞれの体験はその場で消費され、体験者自身の心の中に留まります。これらの体験は、個人や集団にさまざまな感情を引き起こし、深く根付かせます。

　価値を共創する過程では、経営者、社員、取引先、提携先、顧客など、多くの人々が関与し、さまざまな活動を行い、体験を積み重ねます。そして、それぞれの人々が次のような感情や想いを抱くことがあります。

❶事業を推進する中で、MVVがどれほど重要なのか、身に染みた
❷こだわりを持って開発に挑んだが、何度も失敗し悔しい思いを味わった
❸ようやく開発に成功した時の喜びと醍醐味は格別だった
❹営業の最前線で貴重な体験ができて、自分の成長を実感できた
❺こだわりのサービスを体験し、予想を超えた驚きがあり、感動も得られた
❻協力して取り組み、障壁を共に乗り越えることで共感や一体感が育まれた

　しかし、これらの感情や想いは体験者の心の中に留まり、同じ体験をした集団内でしか共有できません。また、時間が経つとその感情は薄れてしまいます。もし同じ体験をしたとしても、感じ方は人それぞれです。だからこそ、体験を見える化することが大切なのです。これにより、体験を共有し、理解し合うことが可能になります。

5-1 舞台裏を「見える化」する秘訣

▶ 不完全でもマイナス面でも「見える化」

体験を見える化する際には、いくつかの重要な点を考慮する必要があります。ま
ず、舞台裏には数多くの体験が存在しています。これらの体験を理解するためには、
「ステークホルダー別舞台裏一覧表」を使って洗い出しを行うことが有効です。

次に、これらの舞台裏を見える化する際には、そのままの姿、つまり等身大で
表現します。過度に装飾することは避け、事実を優先することが大切です。事実
（ファクト）より印象（イメージ）を優先するとブランディングが劣化する可能性
があります。

また、見える化する舞台裏を選ぶ際には、恣意的な選択を避けます。重要な機
密事項でなければ、基本的にはすべてを明らかにすることが原則です。開発過程
であっても、不完全な情報であっても見える化し、失敗談やマイナス面の情報も
共有することが真のブランディングとなります。

バッドニュース・ファーストの原則も忘れてはなりません。これは、悪い知らせ
をまず共有するというトヨタ自動車の組織文化です。弱点や恥部を自己開示するこ
とで信頼関係が築かれます。

▼使用するワーク資料
・ステークホルダー別舞台裏一覧表

▶ 舞台裏を自己開示

社会心理学では、「人間関係を深めるためには自己開示が重要だ」とされていま
す。これは筆者の経験からも確認できます。

新型コロナウイルスの拡大とともに、日本全体でオンライン文化が急速に広まり、
定着しました。筆者自身も、オンラインでの面談や情報交換、交流が日常的になり
ました。現在までに、筆者が1対1で面談を行った経営者や起業家、個人事業主は
1,000人以上に上ります。

オンライン面談では、筆者は常に1つのことを心掛けています。それは、初対面の相手の舞台裏を聞くことです。相手がどのような経緯や理由で事業やサービスを始めたのか、どのような情熱やこだわりを持っているのかを尋ねます。

　また、相手の略歴や出身地、家族構成なども聞きます。

　たとえ事業やサービスの競合が多くても、その舞台裏は唯一無二です。それは記憶に残ります。さらに、筆者自身も自分の舞台裏を率直に話します。弱点を含む自己開示を行うことで、心理的距離が大幅に縮まります。一方で、失敗のない完璧な歩みは自慢話に聞こえ、共感を得るのは難しいでしょう。

　失敗談や苦労話で綴られた人生、欠点や弱さを持つ人間性。これらに魅力を感じる人は少なくありません。企業も同じです。その舞台裏をありのままに見せることが、非常に大切なのです。

▶ 情報の送り手と受け手を媒介する手段

　体験を見える化するためには、口頭表現だけでは不十分です。日常の会話やイベントでの発言は、その場限りで消えてしまいます。また、これらの情報は限られた人々や場所にしか伝わらないため、情報の蓄積や広がりがありません。これは企業の情報共有にとっては非効率的で、原始的とも言えます。

　そこで、情報を伝えるための**媒体**が重要になります。媒体は、情報の送り手と受け手をつなぐ役割を果たします。

媒体とは

情報伝達の媒介手段

送り手　→情報→　受け手

両者の間に立って仲立ちすること、
取り持つこと

5-1 舞台裏を「見える化」する秘訣

下記に、媒体で使用できる表現手段をいくつか挙げてみましょう。

❶音声　　　　　　❹映像（動画）
❷文字（テキスト）　❺図像（図表、図解）
❸写真（静止画）　　❻イラスト/漫画

これらの表現手段は、言語を補完する形で視覚表現に活用されます。

▶ 媒体は時間と空間を開く

情報は、人々の選択や行動を変える力を持っています。ブランディングの責任者の役割は、そのような情報を共有することです。そのため、セミナーなどの体験談を共有する機会を設けることも施策の1つとなります。

共有される情報は、参加者に直接的に受けとめられ、言葉に込められた情熱や表情、態度などが心に強く印象づけられます。これらは人々を行動に駆り立てるエネルギーを持っています。これがブランディングの最前線と言えます。

その一方で、問題もあります。共有できる範囲が限られてしまうことです。その時間、その場所にいた人々だけしか情報を得ることができません。そのため、情報の効果が制限されてしまいます。

しかし、情報を媒体にすることで、この問題を解決できます。情報を保存し、いつでもどこでも繰り返し共有できるのです。これにより、情報の影響力を広げ、持続させることができます。ブランディングには、このような媒体が必要不可欠です。

▶ 印刷媒体と電子媒体

媒体は、主に**印刷媒体**と**電子媒体**の2つに分けられます。印刷媒体は紙などに文字や画像を印刷する形式で、電子媒体はインターネットなどを通じて情報を配信する形式です。

また、**電波媒体**も存在しますが、これは主にマスメディアが利用しています。ラジオは電波媒体の一例ですが、現在ではインターネットでの配信も可能なため、ここでは電子媒体に含めます。

5-1 舞台裏を「見える化」する秘訣

それぞれの媒体で使える表現手段は、次の通りです。

・**印刷媒体**……文字、写真、図像、イラスト/漫画など。
・**電子媒体**……音声、文字、写真、映像、図像、イラスト/漫画など。

これらの要素は単独で、または複数を組み合わせて、1つのコンテンツを作り出すことができます。情報の受け手の状態や状況に応じて、この表現手段を自由に組み合わせることが求められます。

ただし、情報を受け取っただけでは、内容を完全に理解することは難しく、さらに受け手の心を動かし、行動を変えることは一層難しい課題となります。そして、すべての情報を1つの表現手段や要素だけで伝えることは不可能です。

▶ 表し方と伝え方の組み合わせ

見える化は、情報を言葉と媒体を通じて表現することを指します。媒体の選択は、どのように情報を表現するかに大きく影響します。そのため、1つの媒体だけではなく、複数の媒体を組み合わせて情報を伝えることが大切です。まったく同じステークホルダーは、存在しないからです。

さらに、見える化した内容をどのように相手と共有するか、つまり伝達方法も考慮する必要があります。相手の状態や状況を理解し、どの内容をどのように伝達するかを決定します。

情報の受け手をどのように理解し、どのように情報を伝えるかで、情報がしっかりと伝わるかどうかが決まります。情報の表現方法を工夫するだけでなく、伝え方も重要です。情報の表現方法と伝達方法をどのように組み合わせるかが、情報共有の成功を左右します。

ブランディングの責任者は、人々の心理を深く理解する洞察力が求められます。そして、情報の表現方法と伝達方法の組み合わせに、柔軟な思考で創意工夫を凝らすことが必要です。このプロセスを繰り返すことが、ブランディングの成功にとって決定的に重要です。

5-1　舞台裏を「見える化」する秘訣

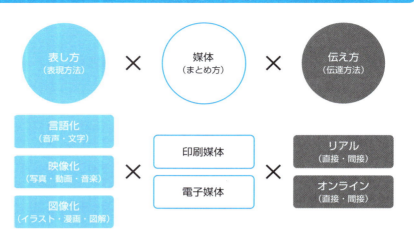

企業が発行・運営する印刷媒体と電子媒体

さらに、企業が情報を共有・発信するために使う媒体も、大きく分けて印刷媒体と電子媒体の2つに分けられます。また、これらの媒体は、企業自身が運営しています。情報を受け手に届けるための最終手段、つまりデリバリー方法があります。

● 印刷媒体

会社案内や各種パンフレット、チラシ、小冊子、プレスリリース、社内報、広報誌、株主通信、アニュアルレポート（CSR報告書、統合報告書）などが該当します。

「いまさら印刷媒体を使うの？」と疑問に思う読者もいるでしょう。特にデジタルネイティブ*やZ世代*と呼ばれる若年層には、その感覚が強いかもしれません。しかし、デジタルネイティブやZ世代は、現状では人口の多数派ではありません。

企業のステークホルダーを見ても、デジタルネイティブやZ世代が主流派だとは限りません。業種によっては、ステークホルダーが若年層ばかりで、電子媒体だけで十分な場合もあります。

＊デジタルネイティブ　物心がついた時からインターネットやパソコンのある環境で育ってきた世代のこと。
＊Z世代　　　　　　　1990年代半ばから2010年代序盤に生まれた世代のこと。1980年代から1990年代半ばの生まれがY世代（ミレニアル世代）と呼ばれ、それに続く世代という意味で名付けられた。

5-1 舞台裏を「見える化」する秘訣

しかし、大多数の人々は印刷と電子の両方を使っているのが現実です。また、「レコードのジャケット写真に魅了されてレコードを買う若者がいる」という話もあります。

デジタルネイティブの間でも、形のあるアナログなものを所有することへの関心が高まっているようです。

印刷媒体のデリバリー方法としては、郵送（宅配）、投函（記者クラブ）、手渡し（営業、展示会、セミナーなど）、展示（オフィス受付、展示会、セミナーなど）、FAXなどがあります。

● **電子媒体**

コーポレートサイトやメールマガジン、公式SNS（複数）、公式動画チャンネル、オウンドメディア、各種LP、ニュースルームなどが該当します。

電子媒体は、次に説明するプッシュ型とプル型の2つに大きく別れます。

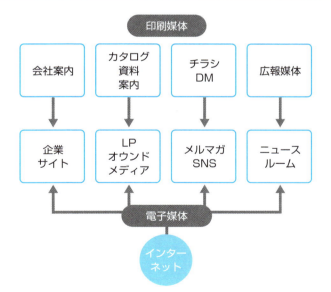

企業が発行・運営する印刷媒体と電子媒体

5-1 舞台裏を「見える化」する秘訣

▶ プッシュ型とプル型に分類

プッシュ型と**プル型**は、相手との関わり方を分類する方法です。

●プッシュ型

企業側で決めたタイミングで相手に情報を伝える方法です。メールアドレスの取得（メールマガジン）、公式SNSへのフォロー、動画チャンネルへの登録などで、プッシュ型が実施できます。

プッシュ型では、受動的な相手にどう情報を届けるかが重要です。例えば、ステークホルダーのメールアドレスを保有していれば、メールマガジンなどを配信するのが一般的です。

●プル型

相手が能動的に情報を探しにくる方法です。コーポレートサイト、オウンドメディア、各種LP、ニュースルームなどがプル型となります。

プル型では、相手が自分から情報を探す行動を相手にどう促すかが問われます。例えば、自社のWebサイトやLPへ誘導するために、ネット広告やSEO *を活用するのが一般的です。また、印刷媒体や交通広告にQRコードを表示して誘導する方法も増えています。

また、メールアドレスがなくても、公式SNSで友達になるなどして、プラットフォーム上でつながることが可能です。記事を投稿すれば、目に触れる機会が増えます。公式LINEやYouTubeなどの動画チャンネルも同様で、登録してもらえば、動画を公開するたびに接触することができます。

▶ 企業社会にはびこる手段優先の情報発信/共有

インターネットの普及と技術革新により、情報伝達の手段は大幅に増えました。インターネットという社会インフラを通じた情報伝達は、現在も進化し続けています。しかし、それと同時に、ビジネスの現場では懸念すべき状況が広がっています。

特に中小企業やスタートアップは、新しい情報伝達手段に振り回されてしまっています。

＊SEO　Search Engine Optimizationの略。Googleなどの検索エンジンに自社サイトを見つけてもらいやすいように最適化し、検索結果で上位表示させることで、サイトへの流入や広く認知されることを目指す施策のこと。「検索エンジン最適化」と訳される。

5-1　舞台裏を「見える化」する秘訣

　これらの企業では、ブランディングを担当する人材が大企業に比べて圧倒的に不足しています。その結果、SNSをはじめとする**手段**を先に決めて、情報共有や情報発信に取り組みます。しかし、手段を先に決めてしまうと、目的や対象が不明確になり、内容が的外れになることが少なくありません。

　また、LP制作やオウンドメディア運営代行、SNS運用代行を主業とする事業者が増えています。多くの経営者は、これらの外部事業者にすべてを任せてしまったり、その指示に従ってしまったりしていることも懸念すべき状況の1つです。

　情報とブランディングの本質を理解するためには、それぞれを1つずつ分解し、整理することが最初の一歩です。そうしなければ、結果として無駄な取り組みに終わってしまうことは明らかです。

▶ 舞台裏を見える化する秘訣

　本節では、「自社の隅々まで光を当てる」ことが見える化の秘訣であることをお伝えしました。この光は、すべてのステークホルダーに向けられ、完全性やマイナス面を問わず、その存在を照らします。これは、等身大でありのままの姿を示すことが基本です。

　ステークホルダーとの関係は長期的なものであり、そのメンバーは時折、変わることもあります。また、ステークホルダーの数が増えることもあります。ステークホルダー自身が成長し、変化することもあります。そして、その成長と変化を照らす方法もさまざまです。

舞台裏を「見える化」する秘訣

```
すべての登場人物
```
```
隅々まで光を当てる
```
```
等身大        ありのまま
```

5-1 舞台裏を「見える化」する秘訣

　時間が経つにつれて、自社の影響範囲が広がります。つまり、光を当てる対象は無限で、舞台裏は終わることがありません。そして、舞台裏を見える化する作業も終わることがありません。これが、ブランディングが常に進行形であることの理由です。

日本のモノづくり開発秘話③
雨の日には欠かせない「ビニール傘」のルーツ

　筆者は、雨の日はもっぱら「ビニール傘」を愛用しています。ビニール傘は実は日本生まれ。そのルーツは、江戸時代の参勤交代にあったというから驚きです。武田長五郎商店（現・ホワイトローズ株式会社）が大名行列の参列者に使ってもらおうと、たばこを保存する油紙を使って、雨がっぱを作ったのが始まりでした。同商店は、今から約300年前が創業の老舗企業。五代目に至り、幕府御用を許され、大名行列の雨具一式を大量納入したのです。

　第二次世界大戦後、進駐軍が日本に持ち込んだビニールに、9代目の須藤三男社長が着目。当時の傘は色落ちの苦情が絶えなかったため、傘を守るカバーとして売り出したところ、大ヒット。であれば、直接傘の骨にビニールを張ろうとの発想から開発に取り組み、5年の歳月をかけて1953年に完成形ができたのです。

［出所］『ニッポンはじめて物語 世界初・日本初のヒット商品を生んだ開発者の熱き魂』（2024年4月、北辻利寿著、東京ニュース通信社刊）

5-2
魅力を焼き印するエンジン

5-1節では、舞台裏の情報を見える化するための秘訣やノウハウを説明しました。つまり、言葉にすることと媒体にすることがどれほど重要かが理解できたと思います。本節ではブランディングの具体的な実施方法について詳しく説明します。

▶ 質、量、間の組み合わせ

情報の表現方法と伝達方法の組み合わせについて詳しく見ていきましょう。これまで、情報の表現方法と伝達方法を2つの大きなカテゴリーに分けてきました。情報を視覚的に表現することと、その情報を共有することは非常に重要です。その重要性を理解するために、現場での実践を通じて、新たな視点から考えてみましょう。

具体的には、下記の3つの観点から分析します。

1 コンテンツの質
2 コンテンツの量
3 コンテンツの間

情報、すなわち**コンテンツ**の受け手の心身の状態や、その人が置かれている状況を理解したり、想定したりすることが情報共有の基本となります。これらを明確に理解できたり、ある程度想定できたりすれば、質、量、間の3つをどのように組み合わせることが受け手にとって最適なのかを判断できます。そして、それに基づいて情報共有の手段や方法を決定できます。

次に、これらの要素を1つずつ詳しく見ていきます。

5-2　魅力を焼き印するエンジン

質・量・間の組み合わせ

▶ 1 コンテンツの質

　音や文字、映像、図像などの**コンテンツの質**は、その表現方法や技術力、スキルによって決まります。情報が受け手に伝わることが最も重要であり、そのためにはブランディングの責任者が一定のレベルのスキルを持つことが必要です。

　企業は、必要な能力を習得できる学習の機会を提供すべきだと、筆者は考えます。文章表現、画像・映像の撮影、編集、図解作成、デザインなど、現場で必要な能力を段階的に習得できるキャリア形成プログラムは必須です。これらのスキルはブランディングに欠かせません。人材という資本に投資することが、人的資本経営の本質です。自社内でどこまでを行い、どの領域を外部の専門事業者に委託するのかを判断し、内製化と外部委託のバランスを調整します。

　インターネットが情報発信、情報共有の主戦場となった現在、印刷媒体やDVDなどの映像記録媒体が主流だった時代より、画質は問われなくなりました。自社の人材だけで対応できる範囲は確実に広がっています。

　音声、文章、画像・映像、図解などをどう組み合わせると、情報の受け手に伝わるのか。ブランディングに携わる者たちは、この問いを発し続けることを忘れてはなりません。

② コンテンツの量

コンテンツの質は、文章の表現力、映像の撮影や編集の技術、デザイン力などによって決まります。しかし、質だけでなく、受け手の状態と状況に合わせた**コンテンツの量**を探る必要があります。

下記に適量に調整するための主な要素を挙げます。

❶1つのコンテンツにおける文章の長さ
❷1文の文字数
❸映像の長さ（視聴時間）
❹写真や図像の点数
❺1つの媒体に収める情報量

印刷媒体や映像記録媒体が主流だった時代、情報量には制限があり、ページ数、記録媒体の容量は決められた一定の範囲内に収めるしかありませんでした。現在は、インターネットが主流となったことで制限が撤廃され、情報量は無制限になったと言えます。

しかし、情報の受け手が知りたいことを伝えてこその情報です。情報の受け手の状態と状況、さらには、自社との関わりの深度に合わせて情報量を変えるべきでしょう。

また、自社との関係性が深いほど、関心が高まります。彼らは、経営者の情熱や社員のこだわり、商品開発の秘話など、詳細な情報を求めています。そのため、彼らには詳しく深く書かれたコンテンツや、じっくりと視聴できる映像が必要です。

一方、まだ関係性が浅い人にとっては、情報量が多すぎると圧倒されてしまうかもしれません。彼らには、短く編集された文章や映像が適しています。情報に触れる回数が増えることで、徐々に関心が高まるでしょう。

5-2　魅力を焼き印するエンジン

▶ 3 コンテンツの間

コンテンツの間は、受け取る時間や空間（場所）のことで、コンテンツの作成において重要な要素です。つまり、情報の受け手がいつ、どこで、どのような状況でコンテンツを目にして、読んだり視聴したりするのかを考慮することが大切です。

下記に特定の状況で適切なコンテンツの例を挙げます。

❶通勤や移動などの電車内

❷オフィスや自宅での仕事中、パソコンによる作業中

❸仕事の空き時間

❹自宅でくつろいでいる時間

これらの状況に応じて、文章と映像のどちらが適しているか、また、その長さはどれくらいが適切かを判断します。情報の受け手の状態や状況、自社との関わりの深度に合わせて、これらの要素を使い分けたり、組み合わせたりすることが大切です。

さらに、これらの要素をどのように組み合わせるかを検討しなればなりません。印刷媒体同士、電子媒体同士、印刷と電子の組み合わせなど、さまざまな組み合わせが考えられます。

情報は、マーケティングとブランディングの両方で扱いますが、それらの情報を効果的に伝えるためには、これらの媒体を組み合わせることも必要です。そして、その組み合わせを試行錯誤しながら最適化することで、マーケティングもブランディングも目的を達成できます。

自分自身が企業と関わる場合を想像してみてください。どのように情報を取得し、どのような過程を経て行動を起こすのかを分析してみてください。また、その企業や商品・サービスをどうして選び続けるのかを自身の体験に照らし合わせてみてください。その理由を理解することで、選択のプロセスをより深く理解することができます。

5-2　魅力を焼き印するエンジン

▶ 魔法の杖はない

　第4章で触れたように、最終的な決断や行動を促す決め手は人それぞれ異なります。しかし、どの情報がその最後の決め手になるかを予測する必要はありません。なぜなら、それは複数の要素が重なり合い、その組み合わせによって選ばれるからです。これは企業や商品を選び続ける時も同じです。

　最後の決め手を特定しようとする試みは、**魔法の杖**[*]を探すのと同じです。人々が行動を起こすのは、単一の要素だけでなく、複数の要素が組み合わさった結果です。それにもかかわらず、多くの経営者たちは魔法の杖を探しています。それは、一度にすべてを変えるような結果を望んでいるからです。ビジネスの現場で見られる「手段先行」「手段ありき」の風潮は、このような経営者の心理を反映しています。メディアでの報道や、SNSで「バズる」ことに過度な期待を抱く経営者は少なくありません。

　選択行動を起こすまでには、過程と段階があります。そのメカニズムについては、次節で詳しく説明します。しかし、大切なのは、どんな状況でも「組み合わせと積み重ね」が手段の本質なのです。

▶ 見える化の組み合わせ

　情報を「見える化」し、それを共有することは大切ですが、それだけでは十分ではありません。見える化そのものにおいても、**言語化**と**媒体**の組み合わせが大切です。また、コンテンツの**質**と**量**、**間**のバランスも考慮する必要があります。

　例えば、文章や動画などのコンテンツが質が低ければ、それは受け入れられません。しかし、質が高くても、それが受け手の状況に合っていなければ、記憶に残らず、感動も生まれません。

　あるいは、社員の仕事や働きがいについて詳しくインタビューし、それを長文の記事としてまとめたとします。その記事がどれだけ素晴らしくても、自社に対してあまり関心がない学生は、その長文を読む気にはならないでしょう。つまり、記事はスルーされてしまいます。

　一方、就職説明会に参加したり、社長のメッセージや若手社員の行動に触れて、自社に強い関心を持っている学生がいたとします。

＊**魔法の杖**　それがあることで、さまざまな物事がうまく運ぶであろう道具や手段のこと。

第5章　実践編②ブランディング推進エンジンの仕組み

5-2 魅力を焼き印するエンジン

　その学生が大学の先輩から先ほどのインタビュー記事が掲載された社内報を手渡されたとします。おそらく、その学生は記事をじっくりと読むでしょう。つまり、受け手の心の状態が情報の受け入れ方を左右するということです。

▶ 公式SNSとニュースルームの組み合わせ

　自社の**公式SNS**に、先ほどのインタビュー記事をそのまま投稿したとしましょう。その投稿が学生の目に留まり、見出しに興味を持ちます。しかし、記事が長文だと読む気が失せてしまうかもしれません。情報の量と伝達方法が適切でなければ、読まれない可能性もあります。

　ところが、記事の冒頭部分だけ、または要約した短い文章だけを投稿すると、おそらく読んでもらえるでしょう。そして詳細を知りたい人のために、**ニュースルーム**へのリンクを同時に掲載します。リンクをクリックすると、ニュースルームにはインタビューの全文が掲載されています。

　一度だけの投稿では、見逃されることもあります。そのため、1人だけでなく複数の社員のインタビューを定期的に投稿します。何度か見るうちに、興味を引く見出しや画像があれば、全文が掲載されているニュースルームにアクセスすることは容易に想像できます。

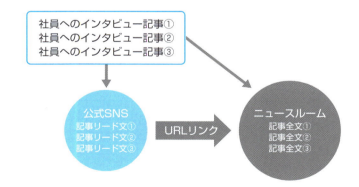

公式SNSとニュースルームの組み合わせ

このように、社員インタビューの要約を定期的に公式SNSに投稿し、そこからニュースルームの長文記事へと誘導することが組み合わせです。短い文章は公式SNSに、長い文章はニュースルームに掲載します。それぞれの媒体に適した情報量を掲載し、媒体同士を組み合わせることで、効果的な情報伝達が可能になります。

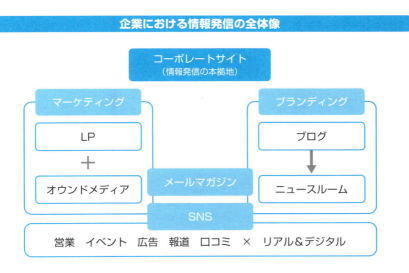

ストック型メディアとフロー型メディア

企業が運営するメディアは、**ストック型**と**フロー型**に分けることができます。これらの分類は、情報の受け手がメディアとどのような態度で接触するかに基づいています。フロー型は、さらに**デジタル**と**リアル**の2つに分けることができます。

●ストック型

情報を蓄積するタイプのメディアです。主に電子媒体に限定され、企業が自身で運営するWebサイトやページを指します。具体的な例としては、コーポレートサイト、オウンドメディア、各種LP、ニュースルームなどがあります。

5-2 魅力を焼き印するエンジン

●フロー型（デジタル）

企業が自身で発行・運営する媒体だけでなく、他の媒体も含みます。メールマガジン、公式SNS（複数）、公式動画チャンネル、ネットニュースなどの報道、ネット広告などが含まれます。

●フロー型（リアル）

営業、展示会出展、DM*（郵送、投函）、マスメディアの報道、マス4媒体広告、アウトドアメディア広告（交通・施設）などが含まれます。

これらのメディアの関わり方を理解するために、下の図を参照してください。

ストック型メディアとフロー型メディア

```
                    ストック型
                    （プル型）

              コーポレートサイト
              （情報発信の本拠地）

   マーケティング                    ブランディング

      LP           フロー型            ブログ
                  （プッシュ型）          ↓
        ＋        メールマガジン       ニュースルーム
   オウンドメディア
                     SNS

   営業　イベント    広告　報道　口コミ    リアル＆デジタル
```

＊DM　Direct Mailの略。宣伝目的で個人宛に送られる印刷物や電子メールなどのこと。

ストックとフローを分ける基準

たまに、公式SNSや動画チャンネルが**ストック型**ではないかという疑問が出ます。なぜなら、これらのプラットフォームは自社の情報を蓄積できるからです。しかし、重要なのは、これらが相手からどのように見え、どのように理解されるかです。

自分が情報を受け取る側だと想像してみてください。メールマガジンは届いた多くのメールの中の1つで、パソコンやスマートフォンの画面上を流れていきます。同様に、SNSや動画チャンネルも、画面上で流れていく情報の一部です。これらは情報が次々と流れる（＝フローする）ので**フロー型**となります。

大企業でブランディングに関わる人々は、ストック型とフロー型の組み合わせや連携を常に考えながら、日々新しいアイデアも考え、最適な解決策を見つけようと奮闘しています。

最も重要な役割を担うニュースルーム

現在、ブランディングの世界で注目されているのが、これまでに何度か登場した**ニュースルーム**です。米国から日本へと広がってきた新しい形態で、一部の先進的な大企業がすでに取り組み始めています。ブランディングのDX＊は、このニュースルームが牽引していくと筆者は見ています。

フロー型メディアの役割は、広く速く情報を届けることです。公式SNSや動画チャンネルは、ステークホルダーが容易に接触できるため、まるで「飛び道具」のように情報を広めます。そして、その情報に触れた人々がもっと深い情報を求める時、魅了するコンテンツが蓄積されているニュースルームへと導かれるのです。つまり、ニュースルームは**見える化した舞台裏の情報**を集約・蓄積する本拠地とも言えます。

次の5-3節では、ニュースルームについてさらに詳しく解説します。

＊DX　Digital Transformationの略。デジタル化により業務や組織、プロセス、企業文化・風土を変革すること。

5-3
ブランディングの本拠地「ニュースルーム」

現在、インターネットが日常的に利用され、企業の情報発信の中心地はコーポレートサイトとなっています。そして、その中でもニュースルームは、企業の魅力が集まり、蓄積される場所であり、ブランディングの拠点とも言えます。

ニュースルーム

十数年前から米国の先進的な企業は自社のWebサイトに**ニュースルーム**を設けることが増えてきました。企業が成長し続けるためには、常に新しい動きが必要で、その動きが停滞すると企業の存続が危ぶまれます。

企業の成長と存続を支える2つの要素、すなわちマーケティングとブランディングは、常に進行中のプロセスです。マーケティングの一環として、オウンドメディアやLPが作られます。一方、ブランディングのためにニュースルームが設けられます。ニュースルームは、企業の日々の活動や取り組みを深く伝える場として機能します。

ニュースルームの役割

目的	選ばれるため/選ばれ続けるため
対象	知っている人/現在の利害関係者
内容	企業の人柄/情緒中心・舞台裏

米国の企業では、Webサイトのディレクトリーに「newsroom」と記載されています。これが、日本でもニュースルームという名称が一般的になってきた理由です。

5-3 ブランディングの本拠地「ニュースルーム」

　GAFA*も早期からニュースルームを設け、頻繁に記事を投稿しています。
　日本では、トヨタ自動車（株）がニュースルームの設置を先駆けて行いました。筆者が初めてトヨタのニュースルームを訪れたのは、2019年のことです。その後、日産自動車（株）、本田技研工業（株）、マツダ（株）といった自動車業界の他の企業も、ニュースルームを設けるようになりました。

Apple Nrewsroom

［出所］Apple（日本）「Newsroom」（https://www.apple.com/jp/newsroom/）

amazon Newsroom

［出所］Amazon Newsroom - Home（https://amazon-press.jp/）

＊GAFA　米国のIT関連企業大手4社（Google,Apple,Facebook,Amazon）の頭文字をとった略称。

5-3 ブランディングの本拠地「ニュースルーム」

▶ ニュースルーム誕生以前の媒体

　企業の情報発信方法は、時間とともに大きく変化してきました。以前は、企業は自社のWebサイトに「ニュースリリース」や「お知らせ」などといったページを設け、そこに情報を掲載していました。しかし、現在では、これらのページは「ニュースルーム」へと進化し、多くの画像や動画などより豊かな表現が用いられています。なお、ニュースリリースは、プレスリリースとも呼ばれていました。日本語だと、「報道関係者向け発表資料」です。

　情報の伝達方法も変わりました。かつては、情報を広く伝える最も効果的な手段はマスメディアでした。しかし、インターネットの普及により、企業はマスメディアに頼らずとも、情報を迅速かつ広範に直接伝えることが可能になりました。その結果、企業は報道関係者（＝プレス）だけでなく、すべてのステークホルダーに対して新たな取り組み（＝ニュース）を発表することができるようになります。これにより、「ニュースリリース」という名称が一般的になりました。

　なお、日本の大企業では、印刷媒体が主流だった時代から、ステークホルダー別に媒体を発行するという歴史がありました。社内報、（顧客向けの）広報誌、株主通信などがその例です。

▶ 見える化の主流は、かつては印刷媒体だった

　プレスリリースは、新しい取り組みや公的な情報（表舞台）を伝えるためのものです。一方、社内報、広報誌、株主通信は、企業の内部情報やインタビュー記事などの情緒的な側面（舞台裏）を伝えるための媒体です。

　企業は成長するにつれて、ステークホルダーの数が急増し、その所在地は国内外に広がります。そのため、個々の人間に依存したコミュニケーションだけでは、すべてのステークホルダーと直接対話することは困難です。情報の取りこぼしや漏れが発生して、かつて良好だった関係が徐々に崩れていくようになります。そこで、大企業は**見える化**を行いました。見える化とは、情報を言葉にして媒体を通じて伝えることを指します。

5-3 ブランディングの本拠地「ニュースルーム」

　この「見える化」を担う媒体の主流は、長い間、印刷媒体（紙媒体）でした。大企業が発行する社内報は、企業の舞台裏の情報の宝庫です。社員の紹介、インタビュー、体験談、失敗談、苦労話、成長物語、対談、座談会、現場レポートなど、文字と写真を使って読みやすく、親しみやすい内容で作られています。これらの印刷媒体を活用することで、企業の魅力を伝えています。

　自社の顧客向けの印刷媒体は、広報誌やPR誌と呼ばれます。多くの人材と資金を投入し、雑誌のような誌面を作成している企業も少なくありませんでした。BtoC企業では、音楽や文学などの趣味や文化に関する記事もあります。また、BtoB企業では、社会問題について深く掘り下げた記事を掲載している企業もあったほどです。

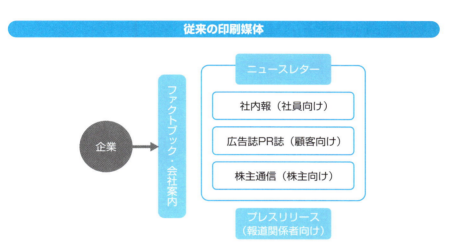

ブランディングの主役に躍り出たニュースルーム

　大企業が発行する印刷媒体の目的は、自社の魅力をステークホルダーに伝えることです。以前は、前述したように、さまざまな印刷媒体が存在し、それぞれがブランディングの役割を果たしていました。しかし、インターネットの時代になると、その役割はニュースルームに引き継がれます。さまざまな種類のコンテンツが1ヵ所に集約され、ステークホルダー別に分けることなく、ありとあらゆる舞台裏が見える化され、集約・蓄積されています。

5-3 ブランディングの本拠地「ニュースルーム」

　近年では、自動車業界だけでなく、キリンホールディングスや大和ハウス工業（株）、積水ハウス（株）、（株）ツムラ、JTBグループ、オリックスグループ、TOPPANホールディングス、オムロン（株）、（株）クボタなど、さまざまな業界の大企業がニュースルームの運営を始めています。りそなホールディングスは、すべてのオウンドメディアをニュースルームに統合すると2021年7月に発表しました。

　このような動きは、他の業界でも加速しています。大企業は、印刷媒体と電子媒体の組み合わせが重要であることを理解しています。そのため、ステークホルダーごとの広報媒体の発行を続けています。電子媒体においても、ステークホルダーごとに複数の公式SNSを運用している企業もあります。そして、現在ではニュースルームがブランディングの主役となっています。

ニュースルームが備えるべき3つの機能

　自社でニュースルームを開設・運営するために必要な機能について説明します。ニュースルームには主に、下記の3つの機能が必要です。

1 カテゴリー機能
2 バックデート機能
3 メールアラート機

　それぞれの機能を見ていきましょう。

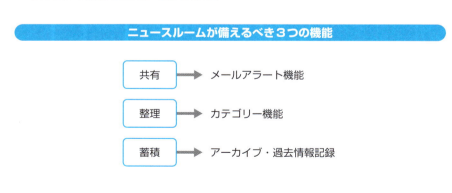
ニュースルームが備えるべき3つの機能

共有　→　メールアラート機能

整理　→　カテゴリー機能

蓄積　→　アーカイブ・過去情報記録

5-3 ブランディングの本拠地「ニュースルーム」

▶ **1 カテゴリー機能**

　企業が発信する情報は、印刷媒体でもデジタルでも、必ず複数のカテゴリー（コーナー)に分けられます。これはテレビや新聞などのマスメディアも同じです。したがって、ニュースルームでも、コンテンツをカテゴリーごとに分類できる機能が必要です。

　印刷媒体では、過去のコンテンツを見るためには、すべてのバックナンバーを保管しておく必要があります。これは、各号が時系列で分類されているためです。その結果、印刷媒体は時間軸に縛られ、固定化されてしまいます。同じカテゴリーのコンテンツを連続して読むためには、各号を1つずつ遡らなければなりません。

　しかし、ニュースルームに**カテゴリー機能**があれば、この問題は解消します。それぞれのコンテンツは時系列で並んでいるだけでなく、カテゴリー別にも分類されています。そのため、関心のある、または好きなカテゴリーのコンテンツを過去に遡って読むことができます。これにより、例えば移動中の電車内で時間を有効に活用して一気に読むといったことが可能になります。何冊ものバックナンバーを持ち歩く必要もなく、1号ずつページを開いて読む手間も省けます。

▶ **2 バックデート機能**

　バックデート機能は、過去の日付で記事を追加することができる機能です。例えば、印刷媒体で作成したコンテンツのデジタルデータがある場合、そのコンテンツを作成した当時の日付でニュースルームにアップロードすることができます。

　この機能のおかげで、ニュースルームが開設される前に作成されたコンテンツも問題なく追加することが可能です。そして、それらのコンテンツは最新のものから時系列に並べられます。過去の印刷媒体のバックナンバーが多ければ多いほど、それらをニュースルームに集約・蓄積するためには時間と労力が必要になりますが、それにより一元化された情報源を作ることができます。

　また、SNSに投稿したコンテンツや社内研修の写真や動画など、舞台裏のコンテンツもニュースルームに投稿することができます。その際、文章が短い場合は加筆し、画像や動画と一緒に投稿します。これにより、過去の出来事を振り返りながら、それを文章に起こして投稿することができます。

5-3 ブランディングの本拠地「ニュースルーム」

　このように、ニュースルームには過去の出来事をコンテンツとして投稿し、それらを蓄積することができます。これにより、自社の魅力を伝えるための情報源として、ニュースルームは非常に有効なツールとなります。

3 メールアラート機能

　メールアラート機能は、トヨタ自動車（株）や日産自動車（株）、マツダ（株）などが採用している機能で、ニュースルームに新しいコンテンツが投稿されると、登録したメールアドレスにそのコンテンツの情報が自動的に送られる機能です。

　この機能を利用するためには、ニュースルーム内にフォーム機能を設置し、メールアドレスを登録させるだけです。メールには、新しいコンテンツの冒頭部分と画像が掲載され、そのコンテンツへのリンクが含まれています。これにより、コンテンツの内容に興味がある場合は、リンクをクリックしてニュースルームにアクセスし、コンテンツの全文を読むことができます。

　ニュースルームはもともとプル型メディアでしたが、このメールアラートというプッシュ機能を追加することで、プルとプッシュの両方の特性を持つメディアに進化しました。これにより、情報の見える化が拡充し、情報量と共有手段、表現方法と伝達方法の最適な組み合わせが可能になりました。

　さらに、このメールアラート機能は、公式SNSとも連携できます。

5-3 ブランディングの本拠地「ニュースルーム」

　短い文章と画像1点を絞ったメールアラートと同様の内容をSNSに手動で投稿することができます。また、メールアラート機能を公式LINEと連動させることで、スマートフォンでも記事を確認することが可能になります。

　なお、筆者の会社が開発したニュースルーム・システムでは、メールアドレスをCSV*形式で一括登録することができます。これにより、社員、顧客、取引先、株主など、すべてのステークホルダーのメールアドレスを登録し、新しい記事を即座に共有することが可能になります。

- ブランディング責任者は各部署からすべてのリストを収集
- 全リストをニュースルームに（段階的に）登録
- 定期的にリストを登録
- 記事投稿、公開後に一斉配信

▶ 仲間意識、共感、一体感を醸成するため

　最後にニュースルームの目的を再確認しましょう。

　ニュースルームは、すべてのステークホルダーと情報を迅速に共有するためのツールです。ニュースリリース、報道実績、業績など、表舞台の情報だけでなく、舞台裏の情報も共有できます。これらの情報が集まり、魅力が蓄積されています。

　この情報を継続的に共有することで、ステークホルダーからの好意、信頼、共感を得ることができます。彼らの存在なしでは、価値を生み出すことも提供することもできません。企業は、すべてのステークホルダーがパートナーとなることを望んでいます。これは企業の本能であり、良心です。

　過去の情報も蓄積できるニュースルームをブランディングの拠点とすることで、ステークホルダーの心に魅力が刻まれるのです。

---

*CSV　Comma Separated Valuesの略。それぞれ項目が「,」（カンマ）で区切られたテキストデータのこと。データ量が軽く、素早く読み書きができる特徴がある。

5-4

ニュースルームとSNSの
組み合わせによるブランディング

5-3節で説明したように、ステークホルダーに魅力を伝えて共感を得るためにはストック型メディアとフロー型メディアの組み合わせが重要であり、ニュースルームがその中心になります。本節では、SNSが盛んな現代におけるニュースルームの役割と、その有用性について説明します。

▶ SNSマーケティングとSNSブランディング

5-1節では、情報発信や共有が「手段先行」で行われることについて警鐘を鳴らしました。特に、SNSを利用する企業の姿勢や、運用代行事業者の姿勢に課題が残ります。そして、目的が単に「バズらせる」ことだけである場合、問題が多発していると筆者は感じています。

現在、SNSの利用方法は大きく2つに分けられます。それは、**SNSマーケティング**と**SNSブランディング**です。これらは2つの用語を組み合わせた造語で、ビジネスの現場ではよく使われます。なお、これらの造語の使用は問題を引き起こすこともありますが、伝えたいことを明確にするために、これらの造語を使います。

多くの企業はSNSマーケティングを実践しています。主な目的は、優秀な若手人材の採用や新規顧客の獲得です。どのSNSを利用するかによって、対象となる年齢層や商品、サービスには差が出ます（SNSマーケティングの問題点については、3-4節を参照ください）。

一方、売り切り型の商品の継続購入や単発サービスの継続利用の場合、顧客はすでにステークホルダーの一員となっています。つまり、より深くつながるためにSNSを運用するので、これはSNSブランディングの領域と言えます。

例えば、ANAの愛称で知られる全日本空輸（株）は、Facebookの公式アカウントで、バックヤードで働く整備士や、キャビンアテンダントが搭乗するまでの姿などを積極的に発信しています。これはまさにSNSブランディングの一例です。

SNS時代における選択行動のメカニズム「SIPS」

　マーケティングの世界では、AIDMA*やAISAS*という購買行動のメカニズムがよく知られています。これらは、消費者が購買をどのように決定するか、つまり人々がどう選ぶかを説明しています。

　購買や就職、取引契約など、企業との関わり方によって、人々の行動は変わります。しかし、選ぶという行動自体は共通しています。その心理は完全に同じではないかもしれませんが、大きな違いはないと考えられます。本書では、これを**選択行動のメカニズム**と呼びます。

　なお、テーマから外れてしまいますので、AIDMAやAISASの詳細は説明しませんが、これらのメカニズムを取り上げる理由は、SNS時代の購買行動のメカニズム、SIPSを皆さんに知っていただきたいからです。

　SIPSは、佐藤尚之氏が提唱し、その著書『明日のコミュニケーション「関与する生活者」に愛される方法』（2011年、アスキー・メディアワークス刊）で新しいメカニズムとして紹介しています。

　佐藤氏は、筆者とは歩んできた道も立っていた場所も違います。しかし、表現の違いはあるものの、本書で述べる**舞台裏の見える化**の重要性を説いています。その本質が一致していることに意味があり、それがSIPSというメカニズムなのです。

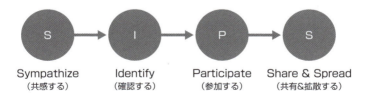

SIPSの概念

Sympathize（共感する） → Identify（確認する） → Participate（参加する） → Share & Spread（共有&拡散する）

---

*AIDMA　Attention,Interest,Desire,Memory,Actionの頭文字をとったマーケティング用語。消費者が商品を購入するまでのプロセスを「注意→興味関心→欲求→記憶→行動」の5段階で表した、消費者行動モデルの1つ。

*AISAS　Attention,Interest,Search,Action,Shereの頭文字をとったマーケティング用語。消費者が実際に商品を認知してから購入するまでのプロセスを「認知・注意→興味・関心→検索→行動→共有」の段階で表した、消費者行動モデルの1つ。2005年に電通が商標登録している。

AIDMA、AISAS、SIPSの3つが並存する時代

　佐藤氏によれば、インターネットを日常的に使わない人々の行動パターンは、今でもAIDMAに基づいています。筆者自身も90歳近くの母親の行動を観察することで、この考え方に納得しています。また、インターネットを使う一方で、SNSをあまり活用しない人々の行動は、依然としてAISASに従っています。筆者自身の行動を見ても、これは確かにそうだと感じます。SNSの普及に伴い、新たな行動モデルとして生まれたのがSIPSです。企業のコミュニケーションは、これら3つのモデル（AIDMA、AISAS、SIPS）の組み合わせによって形成されるべきです。伝える相手によってモデルが変わるだけで、これら3つのモデルは今でも同時に存在しています。

　それでは、SIPSモデルにおける4つの各頭文字の意味を説明します。

❶S……Sympathize（共感する）
❷I……Identify（確認する）
❸P……Participate（参加する）
❹S……Share & Spread（共有＆拡散する）

　佐藤氏は、購買行動に大きな影響を与える人々を「関与する生活者」と呼びました。これらの生活者は、SNSの時代において、会社の同僚、趣味の仲間、地域の友人など、さまざまなコミュニティに所属しています。そして、彼らのつながりは、SNSを通じてさらに広がります。特に社会問題に対する意識が高い人々が「関与する生活者」です。これらの人々は、自分のつながりを通じて影響力を持つことができます。過去のマーケティングでは、これらの人々は**イノベーター**（革新者）と呼ばれていましたが、インターネットの時代には**アルファブロガー**や**インフルエンサー**と呼ばれるようになりました。

　SIPSの起点は**共感**です。SNSで発信される情報が「共感」を集めるかどうかが、すべてのスタートです。佐藤氏が言うところの共感とは「笑えた」「泣けた」「心が震えた」などの感情的な反応だけでなく、「これ好きかも」「面白いね！」「新しい！」「かわいい！」などの好意や興味、さらには「有益だ」「役に立つね」などの情報的な価値も含まれています。

5-4 ニュースルームとSNSの組み合わせによるブランディング

　情報がSNS上で共有・拡散されるためには、その情報に対する共感が必要です。しかし、情報に共感があるだけでは不十分で、情報の発信元が信頼できるかどうかも重要な要素となります。

並存する選択行動のメカニズム①

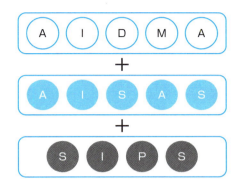

並存する選択行動のメカニズム②

友人・知人のソーシャルネットワーク（SNS）書き込み閲覧後の態度変容経験		
ポジティブ行動	友人・知人が企業やブランド・商品を褒める（共感する）書き込みをSNSなどで読んだ	42.90%
	友人・知人が企業やブランド・商品を褒める（共感する）書き込みをSNSなどで読み、自身も共感した	34.70%
	友人・知人が企業やブランド・商品を褒める（共感する）書き込みをSNSなどで読み、商品を購入したり利用した	25.70%
ネガティブ行動	友人・知人による企業やブランド・商品を批判する書き込みをSNSなどで読んだことがある	34.90%
	友人・知人による企業やブランド・商品を批判する書き込みをSNSなどで読み、そのブランドや商品のイメージが悪くなったことがある	24.10%
	友人・知人が企業やブランド・商品を批判する書き込みをSNSなどで読み、購入や利用を控えたり、中止したことがある	16.40%

［出所］株式会社電通 コーポレートコミュニケーション局 広報部、2011年10月25日リリース「電通ソーシャルメディアラボがソーシャルメディアの 企業ブランド・消費に与える影響を調査」をもとに著者が作成

5-4　ニュースルームとSNSの組み合わせによるブランディング

発信元である企業への共感が問われる

「関与する生活者」は、情報の発信元が信頼できるか、また、その存在に共感できるかを確認します。友人や知人からの情報であれば、すでに信頼関係が築かれているため、情報はスムーズに共有・拡散されます。しかし、情報の発信元が企業である場合、そのプロセスは必ずしもスムーズではありません。

企業から発信される情報がどれだけ共感を引きつけていても、それが自動的に共有・拡散されるわけではありません。生活者は、その企業が信頼できるか、また、その企業に共感できるかを厳しく確認します。この確認結果が、情報の共有・拡散に大きな影響を与えます。

佐藤氏によれば、企業が信頼できるか、共感できるかは、企業が自身の**中身**をどれだけ見せられるかによって決まります。企業が表面的にどれだけ印象よく見せても、その実態が異なっていれば、現代社会ではすぐに明らかにされ、SNSで公開されてしまいます。

共感を得るためには舞台裏の「見える化」が必要

ここでは、佐藤氏が書籍で「中身」の重要性について語っている部分を紹介します（原文のママ）。

> 一方的に口説いていた時代には見せていなかった「中身」を相手にオープンにする。自分に都合がいいところばかりを見せるのではなく、都合の悪いところも見せる。普段の行動もちゃんと見せる。社会に関わる姿も隠さず見せる。そして長く付き合う。ずっと付き合う。そんな関係になるべきなのだ。

佐藤氏は、自社の本当の姿を隠さずに、ありのままを見せることの重要性を伝えるとともに、長期間にわたって関係を築くことでしか、相手からの信頼と共感を得ることができないと言っています。信頼関係は、一晩で築けるものではありません。

また、同書では「ロング・エンゲージメント」という表現で、長期的な関係に立った上で「中身」を公開し、それを見える化することでしか共感を得ることができないとも述べています。

佐藤氏が指摘する「中身」とは、**舞台裏の情報**のことです。最終的に大切なのは、その舞台裏の情報をどれだけ見える化できるかということです。

そして、その舞台裏の情報を蓄積する場所が、ブランディングの本拠地であるニュースルームなのです。

共感を得るためには舞台裏の見える化が必要

▶ SNSにおける差別化も舞台裏の見える化

インターネットが普及する前、訪問販売や電話勧誘販売は日常的に行われていました。これらの販売方法はしばしば強引で、社会問題となることもありました。その結果、2009年に特定商取引法が改正されています。

SNSにおける情報発信でも同様の問題が見られます。商品やサービスの名称や機能についての情報を投稿すると、相手に不快感を与える可能性があります。これは「売らんかな」の姿勢と同じで、プラスの感情を生む要素はありません。

一方で、「バズらせよう」という意図のもとに投稿される内容は、事実（ファクト）よりも印象（イメージ）を重視する傾向があります。しかし、本来の姿から離れた印象を押し出すことは、長期的な関係性の構築には逆効果です。

このような中で、先ほど紹介した全日本空輸のSNSブランディングは好例と言えます。やはり、「舞台裏＝ありのまま」を見せることが、SNSのブランディングにおいて決定的に重要だということです。

筆者は、言語化がブランディングの基底となると捉えています。ゆえに本文では、ことさら言語化の重要性を繰り返し述べています。ただ、画像・映像などは情報量が豊富で、人々の記憶にも残りやすいことが知られています。

5-4 ニュースルームとSNSの組み合わせによるブランディング

　左脳と右脳で言えば、明らかに右脳、つまり感性の領域です。インスタグラムは画像中心のSNSとして感性を刺激し、若年層を筆頭に幅広い世代に普及しています。

　吉日電材工業株式会社は、創業80年を超える老舗企業。電材機器や医療機器の製造 販売を手掛けます。同社のインスタグラムでアップされる画像は、すべて舞台裏。工場で働く社員たちのありのままを瞬間で切り取ります。工具、機器、扇風機などを映し出し、一枚の写真が会社の魅力を見事にうきぼりにしています。

　同社に情報発信の在り方を指南するのは、240ページのコラムで紹介する「桃尻先生」こと小川美衣さん。小川さんの感性が光る一例と言えます。

吉田電材工業は舞台裏を等身大で発信①

[出所] 吉田電材工業株式会社(@yoshida_denzai_kogyo)・Instagram（https://www.instagram.com/yoshida_denzai_kogyo/）

吉田電材工業は舞台裏を等身大で発信②

[出所] 吉田電材工業株式会社(@yoshida_denzai_kogyo)・Instagram（https://www.instagram.com/yoshida_denzai_kogyo/）

5-5
ブランディング推進の
エンジンを設計する

　第5章の最後となる本節では、ブランディング推進エンジンを自社に導入し、動かすための基本的な手順と設計図を解説します。これにより、ブランディングの責任者が理解し、実践しやすくなるように配慮しています。本節以降の解説を通して、ブランディング推進エンジンを効果的に運用してください。

▶ ブランディング推進における3つのステップ

　ブランディングは、自社の魅力をステークホルダーの心に深く刻むことを指します。ブランディングは絶えず進化し続けるプロセスであり、企業が存続する限り、その歩みは止まることはありません。

　これまでブランディングに取り組んでこなかった企業は、ブランディングを推進するための「組織（能力）」や「システム（仕組み）」を持っていないかもしれません。つまり、ブランディングを推進するエンジンがまだ搭載されていないということです。

　実践編では、**ブランディング推進エンジン**をどのように実装し、どのように動かすかを3つのステップで解説しますが、実は第4章から第6章まで、各章で1つずつステップを解説しており、ここまでを振り返って整理します。

1 場と要素を整える（第4章）
2 エンジンを設計する（第5章）
3 エンジンを実装し、駆動させる（第6章）

　ブランディングの責任者としては、これらのステップを全体的に把握し、それぞれがどのように連携して動作するのかを理解しましょう。

第5章　実践編②ブランディング推進エンジンの仕組み

5-5　ブランディング推進のエンジンを設計する

ブランディング推進における3つのステップ

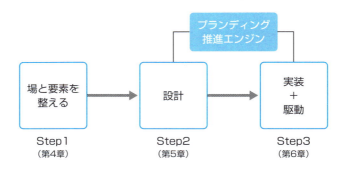

1 場と要素を整える（第4章）

　まず、自社が現在どのようにステークホルダーと関わり、どのような関係を築いているのかを評価します。これにより、自社の現在の状態と位置を把握することができます。もしステークホルダーとの関係が十分でなければ、その現実を直視し、自覚することが必要です。これがブランディングを始めるためのスタートラインとなります（4-1節、4-2節）。

▼**使用するワーク資料**
・情報発信の棚卸しシート
・ステークホルダー関係診断表

　次に、ステークホルダーから信頼され共感を得られる情報は、見えない舞台裏に存在します。これらは隠れていたり、埋もれていたりします。それらの魅力を見つけ出し、明るく照らすことで、1つ1つがはっきりと見えるようになります。すべての要素を洗い出し、整理します（4-3節）。

▼**使用するワーク資料**
・ステークホルダー別舞台裏一覧表

5-5　ブランディング推進のエンジンを設計する

▶ 2 エンジンを設計する（第5章）

　ブランディングを推進するための情報共有の仕組み、つまりエンジンは見えない舞台裏を見える化する役割を果たします。

　しかし、現状では多くの企業では手段が入り乱れ、複雑に絡まったままで、不要な手段や不足している手段、適合できずに不具合を起こしている手段が存在します。これは、エンジンを構成する重要な装置が不足しているためです。

　エンジンを機能させるためには、エンジンの核となるニュースルームを設けることが必要です（5-1節、5-2節、5-3節）。

　そして、さらにニュースルームを中心に各機能を最適な位置に配置することが求められます。各ステークホルダーとのコミュニケーション戦略が、このエンジンの設計図となります。この設計図を完成させることで、エンジンを実装できます（5-4節）。

▼使用するワーク資料
・企業の人格シート
・コミュニケーション戦略シート

▶ 3 エンジンを実装し、駆動させる（第6章）

　エンジンを実装するためのポイントは、組織作りです。エンジンの設計には、組織作りも含まれます。ブランディングは、1人では推進できません。ステークホルダーと直接対話しているのは各部署です。各部署には、コミュニケーション戦略をリードするリーダーが配置されます。

　ブランディングの責任者を中心に、各リーダーとともに戦略を実行します。全社が一体となり、ブランディングを推進する有機的な体制を作り上げます。インナーブランディングとは、ブランディング推進エンジンを実装することです。

　エンジンを動かすためには、戦略に基づいた年間計画を立て、それを実行することが必要です。多くの中小企業やスタートアップは、表舞台（機能面）の計画に集中しがちです。しかし、コミュニケーション戦略に従って、舞台裏の計画も立てるべきです。これは、見える化や情報共有の計画です。

5-5 ブランディング推進のエンジンを設計する

▼使用するワーク資料
・ブランディング年間活動計画シート

それでは、本節の主題であるブランディング推進のエンジンの設計に取り組みましょう。

▶ コミュニケーション戦略

経営戦略は、ステークホルダーとの約束です。これは、誰にどのような価値（利益と体験）を、いつ、どのように提供するかを明示することを意味します。さらに深く掘り下げると、価値（利益と体験）をどのように共創するかを描くことが求められます。

ブランディングは、ステークホルダーと直接対話しなければ始まりません。その心に魅力を刻み込むためには、目をそらしたり、見ないふりをしたりすることは許されません。対話するとは、つまりコミュニケーションを取ることです。コミュニケーションは、「見る、聞く、考える、伝える」の4つの要素で成り立っています。

経営戦略には、表舞台（機能）と舞台裏（情緒）の2つの側面があります。表舞台は、**成長戦略**や**財務戦略**などの機能面を主に扱います。事業戦略や開発戦略も含まれます。一方、舞台裏は、**コミュニケーション戦略**と**リスクマネジメント**の2つの戦略に分けられます（リスクマネジメントについては、第6章で詳しく説明します）。

経営戦略で約束する相手は、現在のステークホルダーだけでなく、未来のステークホルダーも含まれます。コミュニケーション戦略の中心は「情報」で、情報の受発信と共有が重要な領域となります。

▶ 組織全体にブランディングの遺伝子を組み込む

ステークホルダーとの対話を円滑に進めるため、各部署の社員が最前線で活動しています。彼らは直接的な責任を持ち、ブランディングの責任者と密接に連携することが求められます。各部署に、コミュニケーション戦略を推進するリーダーを配置し、ブランディングの推進を担当してもらいます。

経営者とブランディングの責任者は、企業全体と全社員に対して、ブランディングの本質を伝え続ける役割を果たします。

5-5　ブランディング推進のエンジンを設計する

　ブランディングを浸透させ、定着させるために、情熱を示し、MVVを掲げ、真のブランディングの要素を組み込む役割を果たします。

　コミュニケーション戦略は、見える化だけではなく、情報共有も重要な役割を果たします。これらの役割はブランディングの責任者が担当します。見える化するためには、魅力を見つけ、舞台裏を照らす作業が必要です。この作業は、日々最前線で活動している各部署の社員が最適です。

　ステークホルダーの魅力を見つけ、舞台裏を照らすための経営施策を立てることが最初のステップです。正面から向き合うためには、多くの方法があります。知恵を絞り、創意工夫を凝らして施策や企画を考え、それを設計図に組み込むことが求められます。

▶ 各ステークホルダーのペルソナを設定する

　経営の本質は、**Mission**に共感するステークホルダーたちと**Vision**を実現するためために一緒に歩むことです。同じ**価値観**を共有し、一緒に行動し、未来を創造することが本質です。

　Visionを共に実現し、未来を創造したい相手、つまりステークホルダーを明確にすることが重要です。そのためには、ステークホルダーごとに**ペルソナ**を設定します。ペルソナとは、具体的な顧客像を設定するマーケティング用語ですが、ステークホルダーの重要性を理解すれば、顧客だけでなく、他のステークホルダーにも適用できます。

　4-2節でステークホルダーとの関係を診断してもらいました。ステークホルダーとの関係性を深く理解するためには、彼らがどのように成長し、どのように企業と関わっているかを考察します。そして、自分たちが誰から選ばれたいのか、誰と仲間になりたいのかを問います。

　現在のステークホルダーが段階的に成長することもあります。その成長には、企業の魅力を高める取り組みだけでなく、ステークホルダー自身の素養、意識、価値観の影響も大きいです。これは、企業とステークホルダーが相互に影響を与え合うからです。その結果、ステークホルダーが入れ替わることもあります。

5-5 ブランディング推進のエンジンを設計する

▶ 企業の人格

　もう1つ別の視点で捉えます。自社がステークホルダーからどのように見られたいかという視点です。この視点と、各ステークホルダーの視点を考慮に入れて自社のペルソナを設定します。これは、自社がどのように理解されたいかを想像し、設定するプロセスです。

　最初は想像の域を超えることはできませんが、理想や目標がなければ進むことはできません。まず現在地を確認し、ブランディングの出発点を設定します。次に、どこに向かいたいのかを決めます。

　ブランディング推進エンジンを設計する際は、組織構築が必要です。各部署にリーダーを立て、コミュニケーション戦略を牽引します。経営者、ブランディングの責任者、各部署のリーダーが議論を重ね、2つの視点でペルソナを設定します。

　MVVはステークホルダーに対する誓いです。MVVを中心に、ブランディングの議論を進めます。そして、「企業の人格」に議論の内容をまとめて記載します。これにより、ブランディングの方向性がぶれないようにします。「企業の人格シート」に議論の内容をまとめて、記載してください。

▼使用するワーク資料
・企業の人格シート

企業の人格シート

種別	ステークホルダーのペルソナ （誰に選ばれたいのか）	自社のペルソナ （どう理解されたいのか）
社員/スタッフ		
顧客		
株主		
取引先		
地域社会		
パートナー		
報道機関（メディア）		

5-5　ブランディング推進のエンジンを設計する

▶ MVV浸透と人員体制と媒体戦略

「企業の人格シート」を完成させた後、次のステップはコミュニケーション戦略の策定です。最初から壮大な戦略を立てると、現場との乖離や歪みが生じる可能性があります。そこで、無理なく、大まかな枠組みで3年間のコミュニケーション戦略を立てます。「コミュニケーション戦略」の縦軸を5つの項目に分類します。

1 MVV浸透

MVVが組織全体に浸透しなければ、ブランディングは進行しません。しかし、**MVVの浸透**は容易なことではありません。経営陣がリーダーシップを発揮し、MVV体験を伝えることが大切です。MVV体験とは、MissionとVisionを意識しながら事業に取り組む中で得られる経験のことを指します。これは、組織の目標と価値を理解し、それに基づいて行動することを意味します。

2 人員体制

ブランディングの責任者は、情報を見える化し、共有する役割を果たします。また、**経営者**や**各部署のリーダー**との日常的な連携と交流が重要です。彼らとの関係性を深めることが、ブランディングの成功につながります。

初年度はブランディングの責任者1人だけかもしれませんが、組織の成長に伴い、2年目には3人、3年目には5人とスタッフを増やすことを目指すと良いでしょう。

さらに、映像撮影や動画編集、文章ライティングなどの特殊なスキルが必要な場合は、フリーランスを含む外部の専門業者に業務を委託することを考えてみてください。これにより、ブランディングの推進力が向上します。

ただし、人員の増員や外部委託は、自社の経営資源が許容できる範囲内で行うことが重要です。そして、ブランディングに対する投資として、人員や予算を増やすという選択肢も考えられます。

3 ニュースルームのカテゴリー数/内容

ニュースルームの**カテゴリー**は、新聞や雑誌の各コーナーと同じようなものです。どの媒体でも、人気のあるコーナーが存在し、それらは長期間にわたって続きます。

5-5　ブランディング推進のエンジンを設計する

例えば、日本経済新聞の『私の履歴書』はその一例です。

　ニュースルームでは、舞台裏の情報を見える化する際に、その内容によってカテゴリーを分けます。例えば、社員インタビューのカテゴリーとしては、「先輩社員に聞く」や「開発秘話」などが考えられます。また、顧客をフィーチャーする場合は、「顧客体験」やBtoBの顧客向けに「お客様訪問」などのカテゴリーが適しているかもしれません。

　「ステークホルダー別舞台裏一覧表」を作成していれば、さまざまな視点からカテゴリーを考えることができます。ただし、すべてを一度に見える化しようとすると、問題が生じる可能性があります。そのため、1年ごとに段階的にカテゴリーを増やすという方法もあります。どのカテゴリーを優先するかは、チームメンバーとの協議が必要です。

▼使用するワーク資料
・ステークホルダー別舞台裏一覧表

4 メールアラート登録数

　メールアラート登録数は、ニュースルームに投稿された記事をメールで受け取るために登録した人数を指します。理想的には、すべてのステークホルダーを登録することが望ましいです。

　しかし、組織内にブランディングの考え方が十分に浸透していない場合、登録数が思うように伸びない可能性があります。そのため、最初の半年間は、まず社員だけがメールアラートに登録することを推奨します。

　社員の意識が高まったら、次に顧客や取引先など、より広範なステークホルダーに対して登録を促進します。このように段階的に対象を広げていくことで、スムーズにメールアラートの登録数を増やすことができます。

5 媒体選定

　媒体選定は、情報をどのように共有するかを決定する重要なプロセスです。多くの企業では、情報共有の手段が複雑に絡み合っており、不必要な手段や不足している手段、または適合できずに問題を引き起こしている手段が存在します。

5-5　ブランディング推進のエンジンを設計する

　情報を見える化することは、重要ですが、それだけでは十分ではありません。媒体との組み合わせや媒体選定自体が誤っている場合、問題が生じる可能性があります。そのため、「情報発信の棚卸し」を行い、現状を把握することが重要です。何が足りないのか、何が不要なのかを協議し、判断することが求められます。

　次に、文字、動画、図解、イラストなどの表現方法を組み合わせて検討します。この際、人員と予算を考慮することが欠かせません。そして、媒体としてはコーポレートサイトやニュースルームが必須です。特にニュースルームはブランディング推進の中心的な役割を果たします。

　ニュースルームを基軸に、SNS、動画配信、音声配信、印刷媒体などを組み合わせます。最適な組み合わせを見つけるために、毎年見直しと改善を繰り返すことが必要です。また、5-3節で考察したSIPSを思い出し、再度確認することも大切です。

▼使用するワーク資料

・コミュニケーション戦略シート

コミュニケーション戦略シート

項目	1年目	2年目	3年目
NVV浸透			
人員体制			
ニュースルーム/カテゴリー数/内容			
メールアラート登録者数			
媒体戦略（動画・文字/SNS・印刷媒体）			

ブランディング推進エンジンを設計する

　5つの要素に基づいて、3年間のコミュニケーション戦略を作ります。この戦略は経営者、各部署のリーダー、そしてブランディングの責任者との協議を経て策定されます。全員の合意が得られたら、それを具体的な年間ブランディング活動計画に落とし込みます。

5-5 ブランディング推進のエンジンを設計する

次の第6章では、エンジンの実装とその動作方法について説明します。さらに、上級者向けの実践ガイドとして、メディアで取り上げられるための基本的なスキルを学びます。3-1節、3-2節で示した調査結果から、ニュースや記事はブランディングにプラスの影響を与えることが明らかになりました。

最後に、リスクマネジメントの視点からブランディング全体を見直します。エンジンに問題が発生すると、ブランディングは後退する可能性があります。最悪の場合、ブランディングは根本から壊れる可能性もあります。

SNSで舞台裏を伝え続ける「桃尻先生」

SNSは集客のための道具ではない。ましてや新規顧客開拓の手段でもない。そう繰り返し主張するのは「桃尻先生」のニックネームで知られる小川美衣さん（株式会社dimo 代表取締役）。

現在、主に個人事業主を対象にSNS研究室を立ち上げ、等身大の姿を自ら発信しています。SNSはファンづくりの場だ、と喝破する毎日の投稿は痛快です。企業に伴走しながら、SNSを軸に（本書で主張する）ブランディングも支援しています。桃尻先生は、異色の経歴の持ち主。2011年、11年間勤めた警察官を退職。直後、口コミで1000人のママさんコミュニティを立ち上げます。そして、メンバーに迅速かつ正確に情報を伝えるために、SNS（mixi）を利用。これを機にSNS活用を始めます。さらに、2012年からはフィットネス事業を開始して、その流れで2016年から「桃尻先生」を名乗りますが、その頃、フォロワー総数が20万人を超えたと言います。

常に本質を見極める類まれなる天性を武器に、SNSで舞台裏を伝えることの重要性を説き続けています。桃尻先生の取り組みに期待しています。

第6章

実践編③
真のブランディングがもたらす企業の未来、社会の未来

　ブランディングを推進するエンジンを動かすためには、3つのステップが必要です。これまでに、第4章と第5章で最初の2つのステップを説明しました。この章では、3つ目のステップについて詳しく説明します。また、ブランディングを推進するために役立つメディアでの報道についても重要な点を取り上げます。

　さらに、エンジンを永遠に動かし続けるために必要な取り組みについても説明します。企業ブランドを維持し続けるための秘訣も明らかにします。

6-1
ブランディング年間活動計画

　3年間のコミュニケーション戦略をもとに、ブランディング活動の年間計画を作成します。この計画には、ブランディングを推進するための具体的な施策が含まれます。これらの施策は、組織全体でブランディングを推進する「遺伝子」を形成する役割を果たします。

▶ 事業計画に組み込む3つの施策

　ブランディングとは、ステークホルダーの心に企業の魅力を深く刻むことです。企業の魅力については、「魅力度ブランディング調査」の結果をもとに詳しく説明しています。

　この調査と4-1節で示した「情報発信の棚卸し」から、次のような多くの企業が共通して抱える課題が明らかになりました。

❶ステークホルダーとの向き合い方がほぼ表面（機能）的なことに留まる
❷報道関係者との関係が極めて希薄でほとんど接点がない
❸媒体による情報共有が単層かつ近視眼的な手段に走る傾向がある

　これらの課題はすべての企業に当てはまるわけではありませんが、改善の余地がある場合は積極的に取り組むべきです。具体的には、下記の3つの施策を推奨します。

1 **各ステークホルダーとの対面によるコミュニケーション拡充**
2 **報道機関との良好な関係構築**
3 **ニュースルームを軸とした媒体展開**

　これらの施策について、次に詳しく説明します。

6-1　ブランディング年間活動計画

事業計画に組み込む3つの施策

1　各ステークホルダーとの対面による
コミュニケーション拡充

2　報道機関との良好な関係構築

3　ニュースルームを軸とした媒体展開

1 各ステークホルダーとの対面によるコミュニケーション拡充

　1つ目の施策は、各ステークホルダーとの対面によるコミュニケーション拡充です。企業のコミュニケーション戦略は、企業がステークホルダーとの信頼関係を強化し、企業ブランド力を向上させるためのものです。

●既存の取り組みの強化

　企業は社員、顧客、取引先、パートナー、株主、地域社会（住民、行政）との対話を行っていますが、その内容はしばしば事務的で表面的です。これを改善するためには、企業の舞台裏をもっと見せることが重要です。

●組織開発の拡充

　社員同士が仕事について本音で話し合う機会を増やすことが必要です。これにより、組織全体の成長と心理的安全性が促進されます。

●舞台裏の見える化

　企業の舞台裏を言語化し、それを媒体で共有することはブランディングにとって大切です。また、その情報を直接、対面で伝えることも同様に重要です。言葉に込められた情熱やエネルギーは、人々を引きつける力があります。

第6章　実践編③真のブランディングがもたらす企業の未来、社会の未来

243

6-1　ブランディング年間活動計画

●リアルタイムの傾聴の機会

社員の失敗談、開発秘話、顧客体験、取引先の苦労話、株主の期待などをリアルタイムで聞く機会を設けるべきです。これらの情報をすべてのステークホルダーに伝えることで、より深い理解と関係性を築くことができます。

●自主的なイベントの開催

企業は賀詞交歓会、社員総会、セミナー、イベント、展示会などを自ら企画し、実施するべきです。これらのイベントで、ステークホルダーの生の声を伝える場を新たに組み込むことを推奨しています。

各ステークホルダーとの対面によるコミュニケーション拡充

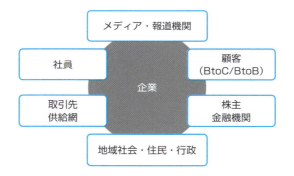

2 報道機関との良好な関係構築

2つ目の施策は、報道機関との良好な関係構築です。第3章では、生活者を対象とした3つの調査結果を分析しました。それらは下記の通りです。

❶メディア定点調査（『広告ビジネスに関わる人のメディアガイド2018』）
❷生活者の"企業観"に関する調査
❸魅力度ブランディング調査

6-1　ブランディング年間活動計画

これらの調査から明らかになったのは、報道の影響力が決して小さくないという事実です。

まず、『広告ビジネスに関わる人のメディアガイド2018』（博報堂DYメディアパートナーズ著、2018年、宣伝会議刊）によると、「公からの発表」は情報の信頼性を確保するための重要な情報源であることが示されています。具体的には、正式な取材に基づいたテレビや新聞などのメディアで発表されるニュースが、信頼できる情報源となっています。これらのニュースがどのようにして「正式」なものとされるかについては、次の6-2節「メディア・リレーションズ」で詳しく説明します。

次に「生活者の"企業観"に関する調査」では、生活者の約8割が「メディアからの発信（ニュースや記事などの報道）」を信頼していることが明らかになりました。

最後に、「魅力度ブランディング調査」では、企業の魅力を知るための情報源として、生活者の約3割が「メディアでの番組・記事」を選んでいることがわかりました。これは、「リアル」（約5割）に次ぐ高い割合です。

大企業がメディアで報道されるのは、報道機関と良好な関係を築いているからです。この点については、次節で詳しく説明します。

▶ 3 ニュースルームを軸とした媒体展開

3つ目の施策として、ニュースルームの開設が最初のステップです。開設のタイミングを決定し、それを事業計画に取り入れます。開設するかどうかを迷う余地はありません。開設する決意を固め、準備を進めます。

ブランディングとマーケティングは、企業経営にとって重要な機能です。これらは永続的な成長を目指す企業にとって、継続して実施すべき活動です。これはもう1つの「両利きの経営」と言えます。

情報の扱いは、ブランディングとマーケティングの両方で大事です。対面と媒体で情報をどのように発信するかを考え、施策を練ります。

対面での情報伝達の重要性は、第1の施策でも強調しています。新規顧客を獲得するためのセミナーもその一部で、マーケティングの一環です。対面と媒体の組み合わせは、どのような状況でも大切です。

ニュースルームを中心に最適な媒体の組み合わせを探り、計画します。その際には、媒体の選択と統合を行います。

第6章　実践編③ 真のブランディングがもたらす企業の未来、社会の未来

6-1　ブランディング年間活動計画

　これはブランディングとマーケティングの両方で必要です。ブランディング推進エンジンを設計する段階で、媒体はすでに選ばれ、組み合わせも決定されています。

　例えば、りそなホールディングスが2021年7月に、いくつかのオウンドメディアをニュースルームに統合したのもブランディング推進の一環です。これらすべての活動は、事業計画に取り入れられます。

りそなホールディングスのニュースリリース

[出所] りそなホールディングス「ニュースリリース」情報発信メディア「ニュースルーム」の開設について（https://www.resona-gr.co.jp/holdings/news/hd_c/detail/20210712_2190.html）

6-1　ブランディング年間活動計画

▶ 表舞台を見える化するニュースリリース

　3つの新しい施策は、ブランディングにとって必要不可欠です。これらを取り入れた事業計画を作成し、それをもとにブランディングの年間活動計画を立てます。

　企業ブランドを確立するためには、機能的な価値と情緒的な価値の両方を形成する必要があります。これを達成するためには、機能面と情緒面の両方を強化し、見える化を実施します。

　本書では、情緒面の情報、つまり**舞台裏の情報**の重要性を強調しています。これは、多くの企業が機能面に過度に偏っているためです。

　しかし、これは機能面がそれほど重要でないという意味ではありません。機能の差別化が困難な時代ですが、機能を磨くことを放棄すべきではありません。前述の施策はまさに新たなアプローチであり、これは機能面、つまり表舞台を指します。

　舞台裏と同様に、表舞台もまた見える化することがブランディングに求められます。表舞台の見える化の最良の例が**ニュースリリース**です。これは、企業の新しい取り組みを発表する公式資料であり、表舞台を言語化した最も代表的な媒体です。

▶ 新たな打ち手をニュースリリースとして公表/共有

　企業は新しい取り組みを始める時、それを公にすることが大切です。これは、事業計画に記載された各部署の新たな取り組みにも当てはまります。新たな取り組みは、ニュースリリースを通じて公表されます。専門用語で**情報開示**と**説明責任**と言います。これは企業の最も基本的な責任です。

　企業が情報を公開する理由は何でしょうか。それは、企業が社会や自然環境から経営資源を預かって事業を行っているからです。経営資源とは、ヒト、モノ、カネ、情報の4つから成り立っています。企業はこれらの経営資源を預かる立場にあるため、情報を開示し、詳しく説明する責任があります。

　情報を開示し、説明することはCSRの最も根本的な責務であり、SDGsへの取り組みをアピールするだけでは不十分です。新たな取り組みは、すべて公表するべきです。

6-1 ブランディング年間活動計画

情報開示とは、情報を隠さないことを意味します。説明責任とは、他人が理解できるように情報を伝えることを意味します。上場企業は、自社にとってマイナス面の情報であっても、迅速に公表することが義務付けられています。情報を隠すと、社会や市場から排除される可能性があります。

企業は、前述した3つ以外にも新たな取り組みに挑戦することでしょう。それらの取り組みはすべてニュースリリースとして公開され、ニュースルームのメールアラート機能を活用して、すべてのステークホルダーに迅速に共有されるのです。

▶ ブランディング年間活動計画シート

事業計画に継続する取り組みとともに、3つの新たな施策を組み入れます。新商品発売、新規事業など、新たな挑戦に関しても組み入れます。育休制度拡充、新たなキャリア形成プログラム導入なども同様です。これらの施策を踏まえ、ブランディングの年間活動計画を策定します。

計画は上、中、下の3部に分けられています。

●上部（事業計画）

新たな挑戦など、全体に関わる事業計画を記入します。既存の取り組みと新規の取り組みは色分けして表示します。

●中部（対面によるブランディング活動）

ステークホルダーと直接対話するためのブランディング活動を記入します。これらの活動は、ステークホルダー別に分けられています。

前述した対面によるコミュニケーションに当たる施策です。既存と新規で文字を色分けしましょう。

●下部（媒体によるブランディング活動）

表舞台の見える化としてのニュースリリースの計画を最上段に記入します。上部と中部で色分けした新規の取り組みは、すべてニュースリリースとして公開・共有します。既存の取り組みはインタビュー、レポート、解説（あるいはその組み合わせ）の記事としてニュースルームに投稿します。

6-1 ブランディング年間活動計画

　ニュースルームはカテゴリー別に分けます。それ以外はSNSの各ツール、動画配信など、手段別に分けて記入します。ニュースリリースに始まり、ニュースルーム、SNSなど、組み合わせを最適に活用し、それを実行計画として組み入れます。

ブランディング年間活動計画シート

項目	第1四半期	第2四半期	第3四半期	第4四半期
事業計画				
対面によるコミュニケーション施策				
社員				
顧客				
取引先・パートナー				
株主・投資家				
地域社会				
見える化（言語化×媒体）計画				
ニュースリリース				
ニュースルーム/カテゴリー2				
ニュースルーム/カテゴリー3				
ニュースルーム/カテゴリー4				
ニュースルーム/カテゴリー5				
ニュースルーム/カテゴリー6				
ニュースルーム/カテゴリー7				
印刷媒体				
SNS1				
SNS2				
SNS3				
動画配信				

▶ SNS運用における法人と個人のバランス

　SNSは情報発信の手段として有効ですが、その運用は慎重に行うべきです。情報を発信する際には、その内容と受け取る相手を考慮することが重要です。ただ単に「バズらせる」ことだけを目指すのではなく、その目的を明確にすることが求められます。

　SNSは好感や評判、共感を得やすいツールですが、それだけで選ばれ続けるわけではありません。第4章で佐藤尚之氏が提唱するSIPSを読み解きましたが、大切なのは「ロング・エンゲージメント」、つまり長期的な関係を維持することです。

第6章　実践編③真のブランディングがもたらす企業の未来、社会の未来

6-1　ブランディング年間活動計画

　ブランディングの本拠地であるニュースルームと、フロー型メディアの代表であるSNSを組み合わせて最適解を探り続けることが、ブランディングの責任者の役割です。

　また、SNSの運用において、担当者の個性をどの程度表現するかは難しい問題です。BtoB企業では、多くの場合、公式アカウントを運用する担当者として行動し、個人名を明かさない傾向があります。

　一方、BtoC企業では、店舗の人気店員が集客に貢献するのと同様に、インターネット上でも社員個人を前面に出すことで、顧客が親近感を覚え、安心感を得ることがあります。

▶ 目的や対象が曖昧なまま、SNS運用者個人に丸投げは厳に慎む

　2021年春にTBSで放送されたドラマ『着飾る恋には理由があって』では、主演の川口春奈さんが、若者に人気のインテリアメーカーの広報担当を演じていました。この会社はインターネットで商品を販売しており、川口さんは広報担当として、SNSを使った情報発信に日々取り組んでいます。

　ドラマの中で、川口さんは担当者として名前も明かし、個性を前面に押し出してSNSを運用しています。顧客層が若者であり、販売手段もインターネットという設定です。となると、SNSは重要かつ的確な情報発信の手段であることは間違いありません。会社の顔、あるいはシンボルとして広報担当の女性が活躍する姿は、わかりやすいステレオタイプといえます。

　会社と広報担当者との間には信頼関係が必要です。広報担当者が会社のビジョンに共感しているかどうか、その関係や思いが情報発信に影響を及ぼします。会社との信頼関係が十分に築かれていない状態で、方針や目的が曖昧なまま広報活動を個人に任せることは避けるべきです。そうしないと、リスクのマイナス面が現れ、炎上する可能性があるからです。

6-2 メディア・リレーションズ

　大企業は、PR、コーポレート・コミュニケーション、ブランディングなど、さまざまな名称でブランディングを担う組織を持っています。これは、各ステークホルダーとコミュニケーションしたり、企業の魅力を伝えるためです。報道関係者に対しても同様に十分な人員を配置しています。

● パブリシティのわな

　大企業は毎月、公式なニュースリリースを数本発行しています。これらのリリースは企業の活動を公に示す役割を果たしています。ニュースリリースとプレスリリースは同じ意味を持っています。プレスリリースとは、報道関係者に対して新しい取り組みを伝えるための資料です。

　戦後、日本経済が成長、発展するにつれて、マスメディアが経営に及ぼす影響も増してきました。大企業は、**メディア・ファースト**の姿勢を保ち続けてきました。つまり、新しい取り組みは、まず報道関係者に伝えられてきたのです。

　企業はプレスリリースを作成し、それを報道関係者に配布します。報道関係者はその資料と取材をもとにニュースを作成します。この一連の流れは「パブリシティ」と呼ばれ、現代の産業界では「広報＝パブリシティ」という認識が一般的です。「メディア露出」という言葉も同じ意味で使われています。

パブリシティとは

企業組織 → プレスリリース 報道資料 → 報道関係者 → 報道 → 一般社会

6-2 メディア・リレーションズ

しかし、「メディア露出」は、「バズる」と同じように企業を混乱させ、経営者を惑わせることがあります。パブリシティに対する期待は、本来の目的から大きく逸脱していることがあります。それはまるで「魔法の杖」のように奇跡を起こすと誤解されています。筆者は、これを**パブリシティのわな**と呼んでいます。

メディアに対する態度や、ニュースに接触した後の行動を冷静に見つめ直すことで、自社が幻想を抱いていることに気づくでしょう。この「わな」にはまらないように注意が必要です。

ステークホルダー・ファーストの時代

正式な取材とは、報道関係者が現地に足を運び、自分の目と耳で情報を得ることを指します。これは一次情報を得るための基本的な方法です。

しかし、インターネットの普及により、**コタツ記事**と呼ばれる現地に行かずに情報を得る方法が増えています。これは正式な取材とは言えず、信頼性に欠けるとされています。

一方で、インターネットは企業にとって新たな情報発信の手段となっています。企業は自社のニュースルームで新たな取り組みを直接ステークホルダーに公表することができます。これにより、「プレスリリース」ではなく「ニュースリリース」という言葉が定着しました。

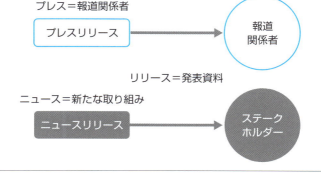

6-2　メディア・リレーションズ

つまり、「プレス＝報道関係者」向けの「リリース＝発表資料」ではなく、「ニュース＝新たな取り組み」に関する「リリース＝発表資料」が主流となっています。

これはメディア・ファーストから**ステークホルダー・ファースト**へと情報発信のあり方が変わったことを示しています。つまり、情報は同時に公表され、共有されるべきだというのが現代の情報発信のあり方です。

▶ ニュースリリース公表における3つの王道

大企業が報道関係者にニュースリリースを送る方法は、主に下記の3つです。これらの方法は、大企業が長年にわたり地道に続けてきたもので、それぞれがニュースリリースの伝達における重要な役割を果たしています。

1 記者クラブへの投函
2 自社独自のリストの作成と配信
3 コーポレートサイト（ニュースルーム）掲載

ニュースリリース公表における3つの王道

ニュースリリース
- 記者クラブ投函
- 自社リスト配信
- ニュースルーム掲載

6-2 メディア・リレーションズ

1 記者クラブへの投函

インターネットが普及した現代でも、日本の企業は主に**記者クラブへの投函**を通じて報道関係者に情報を届けています。記者クラブとは、各省庁や自治体、業界団体、商工会議所などが記者たちのために部屋を提供し、そこで情報を共有する制度です。この制度は日本と韓国のみに存在すると言われています。

「広報＝PR」は、ステークホルダーとの良好な関係を築くことを目指しています。この考え方から、**メディア・リレーションズ**という概念が生まれ、これは報道関係者との良好な関係を築くことを意味します。これは単なる情報発信やマーケティングの手段ではなく、報道関係者という「人間」を対象とした関係構築の一環です。

そして、報道関係者との良好な関係を保つために、大企業の広報担当者たちは日々、ニュースリリースを記者の個々のアドレスに送信し、メールや電話でのやり取りを行います。場合によっては、電話や対面での個別の取材を受け、その結果が各メディアでニュースや記事として報道されます。

記者クラブの活用

記者クラブの情報は、『広報・マスコミハンドブック PR手帳』（公益社団法人日本パブリックリレーションズ協会刊）やインターネットの検索で得ることができます。同書に掲載されている連絡先や各機関のWebサイトを見ることで、記者クラブのリストを作成することが可能です。

自社にとって必要な記者クラブを選ぶ際のポイントは、自社の業界、本社や支社の所在地、そして発表するテーマの3つです。下記に、それぞれの分野ごとに選定基準と例を示します。

広報・マスコミハンドブック PR手帳 2024年版

●中央省庁

業界と発表テーマが選定基準です。各省庁内には複数の記者クラブがあります。例えば、医療や福祉、介護業界の場合、厚生労働省内に厚生労働記者会と日比谷クラブがあります。女性や働き方に関するテーマでは厚生労働記者会、環境問題では環境省記者クラブや環境専門記者会があります。

記者クラブ所属媒体：省庁編

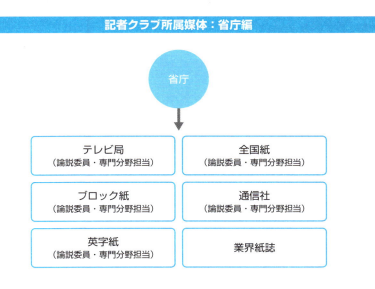

6-2 メディア・リレーションズ

●商工会議所

本社所在地が選定基準で、会議所への入会が必須です。例えば、横浜経済記者クラブ（横浜商工会議所内）などがあります。

記者クラブ所属媒体：商工会議所編

●自治体（都道府県、市町村）

本社や支社の所在地が選定基準です。都道府県庁や市役所内にはそれぞれ1つの記者クラブが設置されています。

記者クラブ所属媒体：自治体編

・地方紙の影響力は各地域においては全国紙を上回る。
・地方紙、つまり地元の記者との接点は記者クラブから始める。

●業界団体

自社が事業展開している業界が選定基準です。例えば、自動車産業記者会（日本自動車工業会内）、重工業研究会（日本鉄鋼連盟内）、エネルギー記者会（経済団体連合内）、兜倶楽部（東京証券取引所内）などがあります。

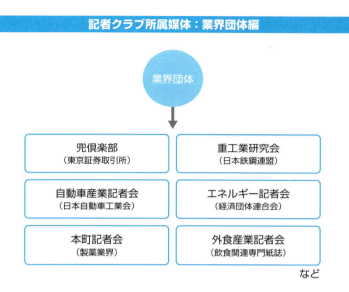

各省庁、都道府県庁、商工会議所の記者クラブには、テレビ局（ネットワーク局）、全国紙、地方紙、ブロック紙、通信社、一部ラジオなどが所属しています。また、業界やテーマごとの記者クラブには業界紙や専門誌が所属しています。

記者クラブ制度はその閉鎖性などから批判もありますが、中小・中堅企業やスタートアップにとっては、記者たちとの接触を容易にする有益な制度です。記者クラブにニュースリリースを投函することは、企業のイメージ向上にも寄与します。ぜひ活用してみてください。

6-2　メディア・リレーションズ

▶ 一斉配信サービスがもたらした功罪

　現在、多くの企業でニュースリリースを一斉に配信するサービスが広く利用されています。共同通信PRワイヤー、PR TIMES、＠Pressなどがその代表的な例です。これらのサービスの普及により、ニュースリリースが一般的になったことは喜ばしいことですが、一方で問題も生じています。

　配信サービスを利用する企業にとって、下記の3つの主要な問題があります。

❶記者の存在を忘れ（無視し）、手段（機械）として利用
❷報道に対する誤った認識（単なるリリース転載を記事として認識）
❸責務としての情報開示ではなく、マーケティングの一環として利用

　ニュースリリースは、マーケティングの一部として、また認知度を上げるために利用されています。商品やサービスを売るため、集客するために一斉配信サービスを利用しています。しかし、これは明らかにニュースリリースの誤用であり、注意が必要です。3つの問題によって、報道関係者との関係が悪化する可能性があります。

　なお、記者クラブへの投函や一斉配信サービスによる配信を通じて、ニュースリリースを受け取った記者から連絡が入ることがあります。その際は、1つ1つの問い合わせを逃がさず、丁寧なコミュニケーションを心掛けることを目指しましょう。

報道に対する誤った認識

リリース転載	≠	報道

6-2　メディア・リレーションズ

▶ 報道の舞台裏を知る

　報道は、報道関係者との丁寧で地道なコミュニケーションによって成り立つものです。報道の結果（表舞台）の背後には、必ず人間関係が絡む舞台裏が存在します。

　本質を理解するためには、このことを忘れず、近視眼的な考え方から離れて、固定観念を捨てることが大切です。

　しかし、一斉配信サービスの利用がまったく無意味であると言っているわけではありません。例えば、日本経済新聞社が運営する**日経テレコン**は、日本最大級の記事データサービスで、750以上の情報源から記事を一括で検索・収集することができます。

　この情報源の中には「プレスリリース」も含まれており、「企業IR情報」カテゴリーに分類されています。一斉配信サービスで配信したリリースは、日経テレコンの検索対象となります。キーワードを入力して検索すると、その結果に表示されます。

　日経テレコンは、ほとんどの報道機関や上場企業、大企業が利用しています。検索結果に表示されることは、企業の信頼性を高めることにつながります。そのため、一斉配信サービスの利用は、企業にとって**第4の王道**とも言えるでしょう。

▶ 2 自社独自のリストの作成と配信

　少し脱線しましたので、3つの王道に関する解説に戻ります。大企業の広報部門は、前任者から引き継いだ**自社独自のリスト**を保有しています。おそらく200 ～ 300人の記者の情報を管理しています。このリストを使って、ニュースリリースや記者発表会の案内を送ったり、個別取材を交渉したりします。

　また、一斉配信サービスについては、こちらでは配信先の媒体名はわかりますが、記者個人の連絡先は非公開です。そのため、自社専用のメディアリストを作成することが重要です。これは地道な取り組みから始めるしかありません。

　『広報・マスコミハンドブック PR手帳』が毎年発行されています。テレビ、新聞（全国紙、地方紙）、業界紙誌、雑誌など、各媒体の連絡先が網羅されています。この情報を利用して、自社にとって必要な媒体を抽出し、リスト化します。

　また、各社のWebサイトを見ると、ニュースリリース専用のアドレスが掲載されています。これは個人リストではないですが、必ず押さえておくべき情報です。

第6章　実践編③真のブランディングがもたらす企業の未来、社会の未来

3 コーポレートサイト（ニュースルーム）掲載

最後に第3の王道、**コーポレートサイト（ニュースルーム）掲載**について説明します。記者クラブへの投函時間、リストなどへの配信時間に合わせて、必ずコーポレートサイトにもニュースリリースを掲載してください。

サイトにニュースリリースが掲載されていない場合、報道関係者は混乱し、その情報を疑うかもしれません。そのため、大企業は必ず「ニュースリリース」コーナーを設け、過去10年以上のニュースリリースを掲載しています。

ニュースリリースは、企業の戦略の履歴とも言えます。新しく担当になった記者たちは、サイトに掲載されているニュースリリースを重要な資料として利用します。

近年、一斉配信サービスのサイトに掲載されているニュースリリースにリンクしている企業がありますが、これは好ましくありません。自社の公式発表資料は自社のサイトに掲載するのが当然であり、そうしないと報道関係者は不信感を抱く可能性があります。

今後は、自社のニュースルームに「ニュースリリース」のカテゴリーを設け、ここにすべて掲載することが主流となります。これにより、情報が一元化され、報道関係者だけでなく、ステークホルダー全体にとってもアクセスしやすくなります。

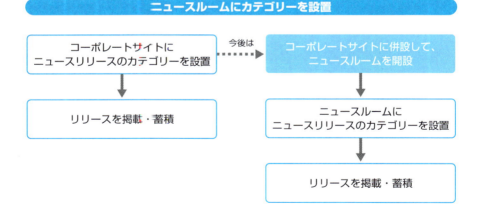

ニュースルームにカテゴリーを設置

報道に至るまでに必要な4つの活動

本節の最後に、大企業が日常的に行うメディア・リレーションズの主要な活動を紹介します。中小企業やスタートアップは、大企業のように頻繁にマスメディアで取り上げられるわけではありませんが、ブランディングを推進するためには、これらの活動が一定の影響を及ぼすことが確認されています。したがって、何も行動を起こさないわけにはいきません。

下記に、大企業が行う代表的なメディア・リレーションズの活動を4つ挙げます。

1. ニュースリリース
2. プレスイベント（記者発表会、記者懇親会、プレスセミナー）
3. 取材交渉/誘致（個別取材交渉、各種イベントへの取材誘致）
4. プロモート企画（メディア訪問、メディアキャラバン）

ニュースリリース以外の各活動について詳しく説明します。

報道に至るまでに必要な4つの活動

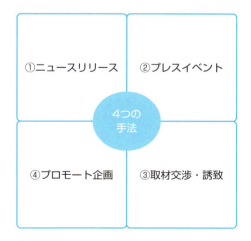

6-2 メディア・リレーションズ

❷プレスイベント（記者発表会、記者懇親会、プレスセミナー）

同時刻、同一の会場に報道関係者を集めて開催するイベントを**プレスイベント**と総称します。プレスイベントには、下記の種類があります。

●記者発表会

企業が新たな取り組みを発表する際には、ニュースリリースの配布だけでは不十分です。そのため、先進的な企業は毎月1回程度、報道関係者を集めて記者発表会を開催します。この会では、新商品やサービスの展示、プレゼンテーション、ニュースリリースの配布、そして質疑応答が行われます。

●記者懇親会

経営者と報道関係者が定期的に交流する場です。具体的な発表がない場合でも、この会を通じて報道関係者との良好な関係を築くことができます。ランチを囲みながら、和やかな雰囲気で行われることもあります。

●プレスセミナー

ある専門領域で事業を展開している企業は、自社の専門知識を記者たちに教えるためにプレスセミナーを開催します。これは、記者たちが専門知識を吸収する機会であり、企業と記者との信頼関係を深める機会でもあります。

●オンライン公開

トヨタ自動車（株）は、ニュースルーム経由でメールアドレスを登録したすべての人を対象に、記者発表会をオンラインで公開しています。これにより、報道関係者以外の人々も記者発表会に参加し、編集された映像やニュースだけでなく、記者発表会の全体を視聴することができます。

6-2 メディア・リレーションズ

プレスイベントとは

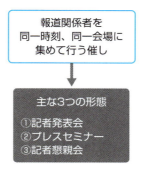

3 取材交渉/誘致（個別取材交渉、各種イベントへの取材誘致）

　報道を見ていると、ニュースは記者発表会やニュースリリースだけから生まれるわけではないことに気づくでしょう。企業の広報担当者は、記者との交渉や駆け引きを通じて、まだ報道されていない情報を提供するなど、多くの活動を行っています。

　企業は**取材交渉**という手法を用いて、自社の新しい取り組みだけでなく、商品やサービスの開発秘話などの舞台裏も報道させます。これらの記事は、企業が個別に取材を交渉した結果、正式に取材され、ニュースになるのです。

　また、企業は**取材誘致**という活動も行います。自社で開催する展示会や一般向けイベントなどの現場を取材してもらうため、「当日取材案内」を作成し、記者クラブに送ったり、自社のメディアリストに配信したりします。この案内は、イベント開催の2週間前に送るのが適切とされています。案内を送った後は、電話でフォローアップしたり、再送したりします。

　そうしてイベント当日を迎えます。テレビは撮影できる映像にこだわり、新聞や雑誌もカメラマンを同行させて現場の様子を撮影します。その結果、当日の夕方のニュースや翌日の新聞に掲載されます。これらの活動は、地道なコミュニケーションが欠かせません。

6-2 メディア・リレーションズ

4 プロモート企画（メディア訪問、メディアキャラバン）

　報道機関は常に新しい情報を求めています。記者たちは自分の視覚、聴覚、そして体全体で情報を探し、記事を作成します。報道関係者と同じ視点で社会や自社を見ることで、ニュースになり得る情報を見つけることができます。

　その情報をもとに、企画資料を作り、報道関係者に提案します。これを**プロモート企画**と呼びます。まず、どのメディアで、どのような記事やニュースとして報道されたいのかを明確にします。そのためには、メディアについての研究が必要です。その上で、報道関係者向けの資料を作成します。

　企画の背景として、社会的な背景、トレンド、業界の動向などを説得力のある形でまとめることが求められます。また、記者が必要とする事実としての情報を把握しているかどうかも重要です。

　次に、企画の背景から見つけた情報をつなげていきます。その際には、文脈が整っているか、矛盾がないかを確認しながら提案資料を作成します。そして、目指すメディアに対して、企画の趣旨を伝えるために連絡を取ります。こちらから訪問し、15～30分程度の時間を確保するように交渉します。1日～2日で一気にメディアを訪問することを**メディアキャラバン**と呼びます。

　以上が、メディアでの報道を得るための活動の一部です。報道はブランディング推進の一部を担っています。そのため、ブランディングの責任者はメディアとの関係について理解しておく必要があります。

6-2 メディア・リレーションズ

プロモート企画を立てるまでのステップ

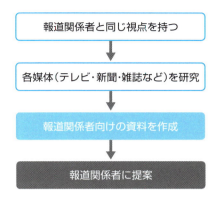

 Column **「舞台裏」はマスメディアの常套句？**

　筆者はGoogleアラートで「舞台裏」をキーワード登録しています。すると、キーワードを含んだネットニュースなどが毎日いくつも送られてきます。「舞台裏」や「裏側」はマスメディアの常套句、あるいは専売特許なのかと思うくらい、記事で使われています。

　これら言葉のセットのように必ず使われるのが「情熱」「挑戦」「魅力」「奮闘」です。例えば、有名番組を2つ取り上げます。

「経済の現場で奮闘している人たちを通して、さまざまな経済ニュースの裏側に迫る」（テレビ東京「ガイアの夜明け」）。
「どんな時代にも挑戦者は必ずいる。人に讃えられなくても、光が当たらなくても、ひたむきな仕事がある。情熱と勇気をまっすぐに届ける群像ドキュメンタリー」（NHK「新プロジェクトX　〜挑戦者たち〜」）。

　新聞や雑誌でも毎日のように飛び交っています。その理由は明らかです。一般人、世間のみんなが舞台裏に心が惹かれるという事実があるからこそ、使っているのです。

6-3
魅力を磨き続ける

企業ブランディングの成功は、自社の魅力をすべてのステークホルダーに伝えることにかかっています。企業の魅力は、企業が永続的な存在を目指す過程で進化し、成長します。同様に、ステークホルダーも変化し、成長します。企業が選ばれ続けるためには、その魅力を磨き続け、ステークホルダーにその魅力を伝え続ける活動と仕組みが必要です。

▶ 東海大学・河井教授との出会い

東海大学文学部（広報メディア科）の河井孝仁教授は、**地域魅力創造サイクル**という理論を提唱しています。この理論は、企業のブランディングにも応用可能です。

河井教授の専門は自治体によるシティプロモーションの研究で、静岡県富士市、栃木県那須塩原市、岩手県北上市、愛知県名古屋市など、多くの自治体のシティプロモーションに関与してきました。また、公共コミュニケーション学会の会長理事も務めており、多数の著書を持っています。

筆者は十数年前、日本広報学会で知人から河井教授を紹介されたことがきっかけで初めて出会いました。2015年11月には、公共コミュニケーション学会シティプロモーション事例研究会が主催するシンポジウムにパネリストとして登壇しました。その際のテーマは「シティプロモーション推進のための人材開発とは」で、筆者は地方中小企業が広報部を立ち上げる必要性について発表しました。

2019年9月、筆者が参加した静岡/東伊豆町稲取での地域活性化イベントで、河井教授が登壇しました。その時に「地域魅力創造サイクル」について詳しく説明され、筆者は深い感銘を受けたことを覚えています。

▶ 地域魅力創造サイクル

「地域魅力創造サイクル」は、市町村単位の自治体の魅力を伝え、共感されるための考え方です。河井教授の著書『「失敗」からひも解くシティプロモーション なにが「成否」をわけたのか』(2017年、第一法規株式会社刊) から引用します (原文のママ)。

> まちの魅力を発散し、発散したまちの魅力を共有し、共有したまちの魅力を編集して『誰に共感されるまちなのか』というブランドを明らかにする。
> その上で、そのブランドを基礎に、まちの様々な取組みを磨き上げ、磨き上げた取組みを魅力として再び発散するサイクルだ。

つまり、「発散 → 共有 → 編集 → 研磨 →（再）発散」というサイクルが重要とされています。企業の魅力は、企業経営の舞台裏に存在します。舞台裏は魅力の宝庫であり、価値の源泉と言えます。この舞台裏を見える化し、ステークホルダーたちと共有することが、ブランディングの本質です。

地域魅力創造サイクル

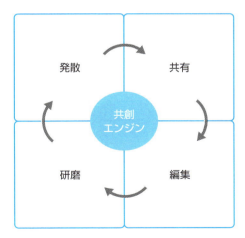

[出所]『「失敗」からひも解くシティプロモーション なにが「成否」をわけたのか』(河井孝仁著、2017年、第一法規株式会社刊) をもとに筆者作成

6-3 魅力を磨き続ける

　河井教授が提唱する「発散→共有」の流れは、舞台裏の見える化に相当します。見える化は「言語化×媒体」を意味し、「共有」は「編集→研磨」のプロセスに対応します。

▶ サイクルを回すことで信頼と共感の総計が増大

　編集は、相手に伝わるように工夫して情報を伝えることを指します。このプロセスは、相手の心に魅力を刻み込むコンテンツを作り出すことを目指しています。

　また**研磨**は、その魅力が一度だけではなく、継続的に心に刻まれることを意味します。この魅力が心に刻まれることで、新たな行動が引き起こされ、その行動自体が新たな魅力を生み出します。

　この新たに生み出された魅力を見える化することで、一連のサイクルが始まります。企業価値は、ステークホルダーの信頼と共感の総計と考えることができます。このサイクルを繰り返すことで、信頼と共感が深まり、熟成します。そして、信頼と共感の輪が広がり、その総計は増え続けます。

　ステークホルダー一人ひとりの経験と思いは、他の誰とも違います。それぞれの経験を言葉にして見える化し、一人ひとりに共有します。共有するたびに、魅力が確実に植え付けられます。個々の共有が増えるほど、ステークホルダー同士のつながりは強くなります。

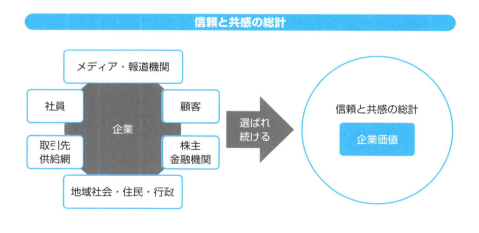

信頼と共感の総計

▶ 組織の知識創造理論「SECIモデル」

　こうして見てくると、一橋大学の野中郁次郎名誉教授が提唱するSECIモデルに相通ずるものがあります。同モデルは、次の頭文字を取ったものです。

- ❶ S……Socialization（共同化）
- ❷ E……Externalization（表出化）
- ❸ C……Ccombination（連結化）
- ❹ I……Internalization（内面化）

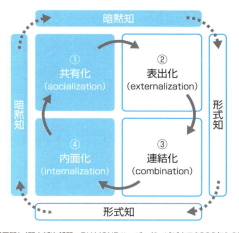

知の創造の動的プロセス

[出所]『組織的知識創造の新展開』（野中郁次郎著、DIAMONDハーバード・ビジネス1999年1-2月号）をもとに筆者作成。

　2021年9月に、私がある書籍でSECIモデルについて読んだ時、その理論がすぐに理解でき、深く共感できました。その書籍は、前にもご紹介した入山章栄氏の著書『世界標準の経営理論』（2019年、ダイヤモンド社刊）で、800ページを超える大作です。この本では、現在学ぶべき世界の主要な経営理論を30モデルほど解説しています。

6-3 魅力を磨き続ける

　SECIモデルは、これらの主要な経営理論の1つとして紹介されていました。日本人ではただ1人、野中教授が登場し、その理論を入山氏がわかりやすく解説していました。

　入山氏は、SECIモデルを「組織の知識創造理論」と位置づけ、「この世に1つだけ、知の創造プロセスを描き切った理論」と評価しています。さらに「SECIモデルほど、知の創造を深く説明したモデルは存在しない」と喝破しています。

　「イノベーション、デザイン思考、そしてAIとの付き合い方にまで、多大な示唆を与える。これからの時代に、不可欠な理論」と絶賛しているほどです。

▶ 「暗黙知＝舞台裏」と「形式知＝表舞台」

　SECIモデルを理解するためには、**暗黙知**と**形式知**の2つの用語が重要です。ここでも入山氏の著書での解説が非常にわかりやすいので、一部引用します。

●形式知
　言語化・記号化された知識を指します。例えば、話す言葉、書物や文章で伝えられる言語、数式や図表、プログラミング言語などです。

●暗黙知
　言語や文章、記号などで表現するのが難しい、主観的・身体的な経験知識を指します。例えば、スポーツや音楽で反復練習によって身につく能力、直感やひらめき、勘、信条などです。

　これらの用語を深く理解することで、ブランディングとの共通点が見えてきます。形式知は表舞台、つまり見える部分を表し、暗黙知は舞台裏、つまり見えない部分を表します。

　では、第4章〜第6章にわたって解説した**ブランディング推進エンジン**の仕組みと一致しているか、考察してみましょう。改めて整理すると次の通りです。

●発掘
　舞台裏の見つけ方、照らし方（発掘）

●言語化
舞台裏の言語化

●媒体
舞台裏の見える化（＝言語化×媒体）と組み合わせ

●共有
ニュースルームによる共有・蓄積

▶ ブランディング推進エンジンとの照合

　入山氏の著書を参考に、SECIモデル、地域魅力創造サイクル、ブランディング推進エンジンの3つの概念を比較してみましょう。それぞれの概念は下記のように整理できます。

●SECIモデル
❶ S（共同化）……暗黙知→暗黙知
❷ E（表出化）……暗黙知→形式知
❸ C（連結化）……形式知→形式知
❹ I（内面化）……形式知→暗黙知

●地域魅力創造サイクル
❶ **発散**……研磨→発散
❷ **共有**……発散→共有

6-3 魅力を磨き続ける

❸**編集**……共有→編集

❹**研磨**……編集→研磨へ

●**ブランディング推進エンジン**

❶**発掘**……共有→発掘

❷**言語化**……発掘→言語化

❸**媒体**……言語化→媒体

❹**共有**……媒体→共有

　これらの概念は、一部強引に見えるかもしれませんが、大体一致していると言えます。入山氏によれば、2人いれば組織が成立します。そして、その組織における知識創造、つまりイノベーションを生み出す理論がSECIモデルです。企業が主体のブランディング推進エンジンや、地域社会全体を役所主体で解析した地域魅力創造サイクルは、どちらもステークホルダーまで範囲を広げています。組織、企業、社会に至るまで、これらの概念の本質は共通しているのです。

▶ ステークホルダーと作り上げる「共創エンジン」

　ちなみに河井教授は、「地域魅力創造サイクルが役所だけではできない」と強調しています。前述の著書の中で「まちに住む人たちや、まちのNPO・会社、まちの外からまちに共感する人たちとの共創・協働による『共創エンジン』が必要になる」と述べています。

　筆者は、シティプロモーションとは役所主体のブランディングだと捉えています。役所にとって「まちに住む人たちや、まちのNPO・会社、まちの外からまちに共感する人たち」は、まさしくステークホルダーそのものです。

　役所にとって、企業はステークホルダーの一角を成しています。企業を主体とした場合、役所と住民による地域社会がステークホルダーであることは、すでに述べた通りです。

　共創エンジンは、非常に示唆に富んだ内容です。役所と企業という両者の視点から読み解くことで、企業ブランディングに対する理解が深まります。サイクルを回すためには、関わる者たちがいかに当事者となれるかが鍵を握ります。

役所であれば、「まちに住む人たちや、まちのNPO・会社、まちの外からまちに共感する人たち」を当事者とすることです。企業であれば、経営者、社員、顧客、取引先・パートナー、株主、地域社会（住民、役所）を当事者にすることです。つまり「自分ごと」として取り組める、そこまで深く関与するための処方箋を共創エンジンは示してくれています。

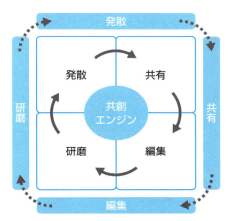

[出所]『「失敗」からひも解くシティプロモーション なにが「成否」をわけたのか』（河井孝仁著、2017年、第一法規株式会社刊）をもとに筆者作成

関わりの度合いを定量化するための3つの指数

河井教授は、ステークホルダーとの関係性を定量化するための新しい方法、mGAP（修正地域参画総量指数）を提案しています。第3章でNPSについて言及しました。ステークホルダーとの関係性の実態を把握するために有用だからです。河井教授もNSPをもとに次の3つの指数を用いています。

●推奨意欲指数
町を知人に推奨する気持ちはどの程度か？

6-3 魅力を磨き続ける

●参加意欲指数

町をより良くする活動に参加したい気持ちはどの程度か？

●感謝意欲指数

町をより良くするために活動している人に感謝する気持ちはどの程度か？

　これらの指数は、0点から10点の範囲で評価されます。そして、8点以上の評価をした人の割合から、5点以下の評価をした人の割合を引いたものが、その指数の値となります。

　特筆すべき点として推奨だけでなく、参加、感謝も加えています。3つの指数から判断するのです。しかも調査対象は住民だけでなく、町のNPO・会社、町を応援する人たちまで範囲を広げています。つまり、すべてのステークホルダーが対象です。

　今後、この3つの指数は、企業におけるステークホルダーとの関係性を理解するための有力なツールとなり得ると筆者は考えています。

mGAP（修正地域参画総量指数）

[出所]「「失敗」からひも解くシティプロモーション なにが「成否」をわけたのか」（河井孝仁著、2017年、第一法規株式会社刊）をもとに筆者作成

6-3 魅力を磨き続ける

▶ 情熱で機能を磨く過程に情緒が生まれる

　企業ブランド（企業価値）は、機能的な価値と情緒的な価値の2つから成り立っています。現在のビジネス界では、機能に関する情報が主流となっていますが、本書では、普段見えない企業の裏側、中身に光を当て、その舞台裏を見える化することがどれほど重要かを強調しています。

　ただし、機能面が重要でないと言っているわけではありません。事業、技術、商品、サービスがなければ、企業は存在できません。企業は情熱とこだわりを持って、これらの開発に努力を続けています。つまり、機能を磨き上げているのです。この挑戦の過程で、情緒的な価値が生まれます。

　現在、あらゆる分野でコモディティ化が進展しています。ほとんどの分野でトッププランナーといえる企業以外は実力が拮抗しています。経済社会全体のエコシステムは、幾重もの階層で構成され、それぞれの層で群雄割拠の様相を呈しているかのようです。だからこそ、情緒的な側面で差別化するしかありません。

　機能を磨き続ける過程、道のりのすべてが舞台裏として積み上げられていきます。悔恨、悲哀、苦渋、歓喜、感動などさまざまな情緒が生まれ、紡がれています。そして、どの舞台裏も唯一無二で、同じものは1つもありません。

▶ 『ビジョナリー・カンパニー2　飛躍の法則』

　ブランディング推進エンジンを止めてしまえば、その時点で企業ブランドの成長も止まります。エンジンを駆動させなければ、ビジョンに向かって前進できません。前述した「発掘→言語化→媒体→共有→（再）発掘」のサイクルを回し続けることで、エンジンは駆動します。回すことをやめてはなりません。

　筆者の会社には、バイブルと位置づける書籍がいくつかあります。その1つがジム・コリンズ著『ビジョナリー・カンパニー2 飛躍の法則』（2001年、日経BP社刊）です。同書には回し続けることの重要性を独特な言葉で表現しています。「弾み車効果」あるいは「弾み車の法則」と名付けています。

　この言葉の意味を説明する前に、同書の内容を紹介しましょう。同書は、結論ありきではなく、地道で気の遠くなるような膨大な調査と分析によりある法則を導き出しています。

第6章　実践編③真のブランディングがもたらす企業の未来、社会の未来

275

6-3 魅力を磨き続ける

　具体的には、15年間で株式運用成績が業界平均の3倍以上だった企業を調査しています。これらの企業は、ある時点で飛躍的な成長を遂げた企業で、ただの幸運だけでは15年間の成長を維持することはできません。それに加えて同じ期間にわたり、同じ業界で事業を営んでいたにもかかわらず、飛躍できなかった企業を直接比較対象としています。さらには、一時期飛躍したものの維持できなかった企業とも比較しています。

調査対象企業

飛躍した企業	直接比較対象企業	持続できなかった比較対象企業
アボット	アップジョン	バローズ
サーキット・シティ	サイロ	クライスラー
ファニー・メイ	グレート・ウェスタン	ハリス
ジレット	ワーナー・ランバート	ハスブロ
キンバリー・クラーク	スコット・ペーパー	ラバーメイド
クローガー	A&P	テレダイン
ニューコア	ベスレヘム・スチール	
フィリップ・モリス	R・J・レイノルズ	
ピットニー・ボウズ	アドレソグラフ	
ウォルグリーンズ	エッカード	
ウェルズ・ファーゴ	バンク・オブ・アメリカ	

［出所］『ビジョナリー・カンパニー2 飛躍の法則』（ジム・コリンズ著、2001年、日経BP刊）

　そして、「飛躍した企業に共通していて、しかも、比較対象企業との違いをもたらしている点は何か」を明らかにし、「ブラックボックスの内部に何があるのか」（同書）を解き明かしています。

276

ブラックボックスの内部に何があるのか

[出所]『ビジョナリー・カンパニー2 飛躍の法則』(ジム・コリンズ著、2001年、日経BP刊)

▶ 弾み車効果

　そのブラックボックスの内部にあった「飛躍の法則」の1つが、**弾み車効果**です。「弾み車効果」とは何かを説明しましょう。円形の大きな弾み車があるとします。この弾み車を回す際、大きくて重ければ重いほど簡単には回せません。長い時間をかけて、全力で同じ方向にずっと回し続けるしかありません。すると、最初はゆっくりしか回っていなかったのに、だんだん遠心力により勢いが増して、回り始めます。さらに回し続けると、もっともっと遠心力が加わり、高速で回り始めます。

　そうなった段階で周囲の人たちは気づきます。そして、驚きつつ、こう質問するでしょう。「何回目の回し方が良かったのですか、100回目ですか、それとも1万回目ですか。どのひと押しが効いたのですか？」

　どれかひと押しだけが効いたのではありません。ずっと押し続けたから、100回、1000回、1万回、10万回と回し続けたからこそ、周囲に注目を浴びるまでの状態になったのです。大きなうねりとなり、エネルギーが満ちあふれ、周囲に影響を与えられるのです。シリーズの最新刊『ビジョナリー・カンパニー　弾み車の法則』(2020年、日経BP社刊)では次のように記されています。

> 　大きな成功を収めるのは、弾み車を10回まわしたら、さらに10億回まわし続ける会社だ。10回まわしたら新しい弾み車で1からやり直し、それが10回転したらまた別の何かへとエネルギーを浪費する会社ではない。100回転させたら次は1000回転、さらに1万回転、100万回転、1000万回転とまわし続けよう。

6-3 魅力を磨き続ける

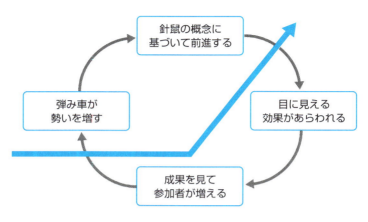

[出所]『ビジョナリー・カンパニー2 飛躍の法則』(ジム・コリンズ著、2001年、日経BP刊)

▶「発掘→言語化→媒体→共有→(再)発掘」のサイクル

　賢明な経営者たちは、どんな激しい変化にさらされても、事業そのものを諦めずに営み続けています。ブランディングも同じです。魅力を見える化し、共有すること、焼き印することを諦めてはいけません。どんなに激しい変化にさらされても、諦めないでブランディング推進エンジンを駆動し続けるのです。

　ステークホルダーと常に正面から向き合い、その状態や状況をしっかりと把握します。向き合うことをやめてはいけません。その上で、情熱とこだわりで機能を磨き続けます。舞台裏を見える化して、組み合わせの最適解を探りながら、伝え続けるのです。その連続でステークホルダーから選ばれ続ける状態を維持できるのです。「弾み車効果」が発揮されるのです。

　ブランディングを成功に導く「魔法の杖」はありません。手段にとらわれ、振り回されることは「10回まわしたら新しい弾み車で1からやり直」すことと同じです。長期的視点を失ってはいけません。

　「発掘→言語化→媒体→共有→(再)発掘」のサイクルを回し続けることで、エンジンは駆動します。ブランディング責任者は、経営者とともに先頭に立って、各部署のリーダーと連携しながら、このサイクルを回し続けていきましょう。

6-3 魅力を磨き続ける

ブランディング推進エンジン

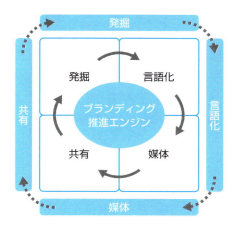

「舞台裏」は組織開発でも鍵を握る

　組織開発の専門家として活躍する平尾貴治さん（株式会社シー・シー・アイ代表取締役社長）と筆者は10年以上の親交があります。彼と交流を深め、組織開発を学ぶ中で分かったことがあります。戦略や機能的価値を徹底的に突き詰めつつ、同時にその背景にある情緒的価値を、しっかりと振り返り、深掘りし、統合することを重視していると言います。それなくして、企業の本質的な再生はありえない、と断言しています。

　企業の核となる部分は、必ず「情緒」と結びついているからです。しかし、社員同士でその「情緒」を掘り下げるのは簡単なことではありません。部署や経験値によって、かなり価値観はずれていると言います。「机の下＝本音」を明かさないまま、コミュニケーションしていることが課題の本質だ、と平尾さんは捉えています。
本音（舞台裏）をお互いに明かすことが重要です。組織開発でも舞台裏が鍵を握っているのです。

6-4
何がブランディングを阻むのか

本書のもう1つの特徴は、ブランディングにリスクマネジメントの視点を取り入れていることです。リスクはどこにでも存在し、リスクゼロの状態は存在しません。ブランディングを妨げる障害や問題は必ず存在します。本節では、ブランディングを妨げる要素が何であるかを、具体的な例を挙げて説明します。

▶ 本来の型を知る

第1章で述べたように、ブランディングの始まりは情熱からです。この情熱がMVVに刻印され、Visionはステークホルダーにとって目指すべき目標となります。

筆者は、経営には一定の**型**が存在すると考えています。その型はひし形で、その頂点にはMVVが位置します。MVVの直下には企業ブランド（企業価値）があり、これは業績とも言えます。これは原因と結果の関係を示しています。

企業経営における本来の型

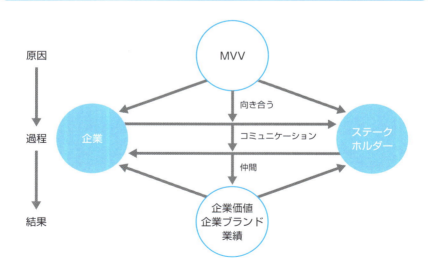

6-4　何がブランディングを阻むのか

このひし形の上下2点の間に、左右に点があります。左側はMVVの主体である企業を、右側はステークホルダーを表しています。企業とステークホルダーが向き合い、コミュニケーションを取ることで、お互いの関係はMVVを中心に成長します。この成長過程で組織文化が形成され、その結果として業績や企業ブランドが生まれます。

筆者がリスクマネジメントの分野に関わり始めてから20年が経ち、その間、事故や事件の背景を研究してきました。その結果、（自然災害以外で）危機に直面した企業には共通点があることに気づきました。それは、基本的に**理念の不在**と**コミュニケーション不全**により、企業に不祥事や事故という危機が訪れるということです。

▶ 理念の不在

本来、ひし形の頂点はMVVです。一定規模にまで成長した企業にはMVVが必ず存在しています。MVVへの共感がなければ、ブランディングはなかなか前進できません。MVVは経営者が押し付けるものではなく、社員を中心にすべてのステークホルダーから共感を得ることで、真の意味でのMVVとなります。

しかし、企業が成長する過程で、その経営の頂点がMVVから業績（売上高や利益）へと移り変わることがあります。これは、株主至上主義や金融資本主義の影響によるものです。その結果、MVVは形骸化し、単なる口先だけのものになってしまいます。社員手帳に書かれ、毎朝唱えられ、オフィスの至る所に掲示されていても、その本質が失われてしまうと、MVVは何の意味も持たなくなります。型が崩れ始めると、リスク（マイナス面）が顕在化するのです。

例えば、2005年4月にJR西日本福知山線で発生した脱線事故は、その一例です。多くの方が死傷する大惨事となりましたが、事故の原因の1つとして挙げられるのが、最新のATS＊を設置していなかったことです。これは利益を最優先し、安全投資を怠っていた結果です。また、競争環境で生き残るために、運転手に過酷な労働を課し、無理をさせていたことも事故の一因でした。

＊**ATS**　Automatic Train Stopの略。列車が停止を現示している信号機の手前で絶対に止まれるようにブレーキ制御を行う装置。「自動列車停止装置」と訳される。

第6章　実践編③真のブランディングがもたらす企業の未来、社会の未来

281

6-4 何がブランディングを阻むのか

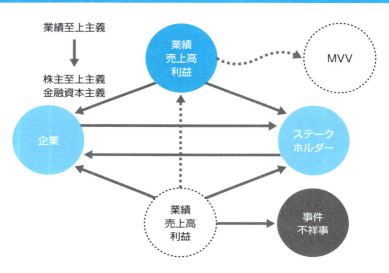

▶ コミュニケーション不全の実例❶

　企業の理念を無視した経営は、企業の信頼を大きく損なう可能性があります。ブランディングを通じて築き上げたステークホルダーからの信頼を一瞬で失うこともあります。

　リスクのマイナス面が危機として現れるもう1つの要素は、コミュニケーションの不全です。この影響を理解するために、2021年に起こったみずほフィナンシャルグループのシステム障害の事例を見てみましょう。

　2021年6月15日に、みずほフィナンシャルグループからこの障害に関する「調査報告書」が公表されました。報告書では「本調査には時間の制約もあり、役職員の主観的な意識や無意識にすり込まれた行動様式について踏み込んだ検証を行うには至らなかった」と断りつつも、「システム障害等の有事において、自らの持ち場を超えた積極的・自発的な行動によって、問題を抑止・解決するという姿勢が弱い場面がしばしば見受けられた」と指摘しています。

　「主観的な意識や無意識にすり込まれた行動様式」とは、組織風土、組織文化のことです。

282

6-4 何がブランディングを阻むのか

　「積極的に声を上げることでかえって責任問題となるリスクをとるよりも、自らの持ち場でやれることはやっていたといえるための行動をとる方が、組織内の行動として合理的な選択になってしまう企業風土」だった、と続けています。

みずほフィナンシャルグループのニュースリリース（2021年6月15日付）

[出所] みずほFG「システム障害特別調査委員会の調査報告書の受領について」（https://www.mizuho-fg.co.jp/release/20210615release_jp.html）

▶ 舞台裏を見せるコミュニケーションの重要性

　「たとえ間違っていたとしても改善の声を上げ、組織の持ち場を超えて意見を述べ、積極的に連携をするなどの行動が高く評価されず、間違いがあれば大きく評価を下げるような企業風土」が、個々人の意識や姿勢の根底に横たわっていることが推測されます。

　さらに「そういった企業においては、事前に想定しなかった事態が突発的に生じると、組織間連携の欠如」が生じ、その結果として、平時には現れにくく、気づきにくい、組織風土に色濃く影響を受けた根本の姿勢が「環境の変化時や危機時において」露呈するとしています。

第6章　実践編③真のブランディングがもたらす企業の未来、社会の未来

6-4 何がブランディングを阻むのか

報告書は、厳しく続けます。「前例がないことについて、新たな提案を行うことが困難となり、根本的な改善提案や業務におけるイノベーションを期待することも難しい状況と」なっていたことが報告書から伺えます。明らかにコミュニケーション不全に陥っていたのです。

コミュニケーション不全とは、端的に言えば日頃から本音でのコミュニケーションがなされていない状態のことを指しています。舞台裏を見せないまま、表面的には仲が良く、業務連絡などの機能面の情報のやり取りは円滑に行われています。

本音を語り合える組織風土でないので、多くの社員は自社が抱える課題に関して見てみない振りをします。ほぼ無意識に見ようとしないし、見過ごしてしまっています。ですから、不測の事態が生じると、思考が停止し、行動にも狂いが生じます。隠していた舞台裏が危機で露呈するのです。

社員とのコミュニケーション不全

心理的安全性が
十分ではない

MVV

企業

社員

コミュニケーション不全
本音を見せない

事故
不正

6-4 何がブランディングを阻むのか

▶ コミュニケーション不全の実例 ❷

　もう1つ実例を紹介します。2021年7月20日、トヨタ自動車とその全額出資の子会社であるトヨタモビリティ東京は、レクサス高輪で不正車検が行われたことを公表しました。この不正行為はトヨタモビリティ東京が行い、その事実はトヨタ自動車のニュースルームで共有されました。

トヨタ自動車のグローバルニュースルーム（2021年7月20日付）

［出所］トヨタ自動車株式会社 公式企業サイト「グローバルニュースルーム」レクサス高輪における不正車検につきまして
（https://global.toyota/jp/newsroom/corporate/35709413.html）

第6章　実践編③真のブランディングがもたらす企業の未来、社会の未来

6-4　何がブランディングを阻むのか

　ニュースルームの記事によれば、一部の指定整備検査で基準を満たす値への書き換えや、一部の検査を実施しなかった事実が認められました。該当する車両は565台で、すべて無償で再検査を行うと明記されています。

　同日、トヨタ自動車とトヨタモビリティ東京は共同でオンライン記者会見を開き、謝罪しました。この記者会見により、ニュースルームの記事以上の詳細が報道されました。

　トヨタモビリティ東京は100%子会社、しかも首都東京での主要販売会社で起きた不正で、トヨタ自動車本社の信頼が揺るぎかねない重大な事案です。報道によると、トヨタ自動車本社側の人間として、国内販売事業本部の本部長が記者会見に出席したとしています。

　なお、報道関係者からの質問に関してもトヨタ自動車が真摯に対応していることは、各記事から理解できます。情報開示と説明責任を果たそうとする姿勢は、高く評価されるべきだと筆者は考えます。

▶ 真のブランディングに挑戦するトヨタ自動車

　制度やルールが重要なことは言うまでもありません。制度・ルールは表舞台です。風土が舞台裏です。

　当時、トヨタモビリティ東京とネッツトヨタ愛知、両社のWebサイトのトップページにアクセスしてみました。すると、大きく目立つように「弊社レクサス高輪での不正車検につきまして」、「弊社店舗（プラザ豊橋）に対する行政処分について」と表示されていました。

　顧客をはじめとするステークホルダーに対して、決して隠そうとはしていません。何が起こったのか、なぜ起こったのか、再発防止のためにどうするのか、などの必要な情報はいずれも明記されています。

　両社の発表資料の中で筆者の目に留まったのが、「コミュニケーション強化」という言葉です。コミュニケーションは何も社内、組織内に限ったことではありません。両社の公表内容の一部を次に転載します。ここではあくまでも社内のコミュニケーションについてのみ言及しています。

6-4　何がブランディングを阻むのか

▼トヨタモビリティ東京

（4）コミュニケーション強化

　検査員の悩み事や疑問を受け付けるための新たな相談窓口「検査員ヘルプライン」を本社に設置しました。そして、役員および幹部が積極的に現場に足を運び、広く困りごとに耳を傾け、課題に対して真正面に向き合ってまいります。

▼ネッツトヨタ愛知

（3）経営トップ、役員によるコミュニケーション強化

　経営トップ含む役員と店舗スタッフとの職場面談に基づいた課題の掌握と対策の実行　など

　トヨタモビリティ東京では、他にも目に留まった文章がありました。「全員が目指すべきものに向けて一つになれる環境とお互いが話し合える風土を作り上げ」るとしています。

▶ ステークホルダーとの本音のコミュニケーション

　筆者は、魅力を心に刻印し、共感を得る対象として、どこまで個々のステークホルダーと丁寧で地道なコミュニケーションができるのかに注目しています。

　本音のコミュニケーションとは、社内だけでなく、すべてのステークホルダーとの間においてもその可否が重要な意味を持ちます。どうしても超が付くほどの大企業が相手ですから子会社、販売代理店が心情として萎縮したり、圧力を感じたりすることがあるのかもしれません。ある程度は仕方がない面があることは、理解できます。大企業は影響力が大きいだけに、社会から厳しい目を向けられます。

　さらに子会社、販売代理店も自社のステークホルダーの心に魅力を刻み込み、共感を得ようとする意思や意識があるのかを把握する必要があると筆者は考えます。トヨタ自動車は、ブランディングを推進するためにニュースルームを国内企業では最も積極的に展開しています。

　しかし、子会社も販売代理店もニュースルームは見当たりません。トヨタ自動車が新たな挑戦として、子会社にもニュースルームを導入すると筆者は予想しています。トヨタ自動車の挑戦に注目し、期待しています。

第6章　実践編③真のブランディングがもたらす企業の未来、社会の未来

6-4 何がブランディングを阻むのか

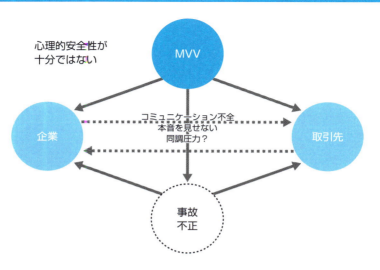

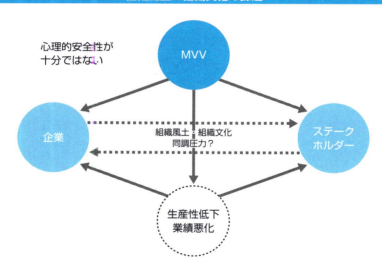

6-5
企業ブランドを守り続ける

ビジョンを達成するための旅は、しばしば困難や危機に直面します。本節では、障壁を克服するための解決策の1つとして「心理的安全性」に焦点を当て、さら真のブランディングがもたらす未来について考察します。

▶ 企業社会で注目が高まる「心理的安全性」

組織の風土がコミュニケーションにどのように影響を与え、それがブランディングを阻む要因となるかを2つの事例から解説しました。次に、**心理的安全性**という概念について考えてみましょう。

この概念は近年、日本の産業界で注目を集めています。米Googleが2012年に開始したプロジェクトでは、4年間の調査と分析を通じて、心理的安全性が組織の成功にとって重要であることが明らかになりました。心理的に安全な環境を提供する組織は、従業員の離職率が低く、収益性が高いという結論が出されました。

日本では、（株）ZEN Techが心理的安全性を重視し、その推進企業として事業を展開しています。同社の取締役である石井 遼介氏が著した『心理的安全性のつくりかた』（2020年、日本能率協会マネジメントセンター刊）は、組織風土やコミュニケーションのあり方について深く考えるための示唆に富んだ1冊です。

ZEN Techは、組織の心理的安全性を評価するための診断ツールを開発し、6,000人以上、500チーム以上の「日本のチームの心理的安全性」を評価しました。日本と米国の文化的な違いを考慮し、慶應義塾大学システムデザイン・マネジメント研究科の前野隆司教授と共同で、日本版の診断項目を開発しました。この研究とビジネス現場での評価から得られた知見をここで紹介します。

6-5 企業ブランドを守り続ける

▶ 心理的安全性に必要な4つの要素

心理的安全性を感じるためには、下記の4つの要素が必要です。

❶話しやすさ
❷助け合い
❸挑戦
❹新奇歓迎

前述したみずほフィナンシャルグループの事例において、「話しやすさ」と「助け合い」の要素がかなり低かったことは容易に想像できます。「挑戦」と「新奇歓迎」も同様だったのでしょう。

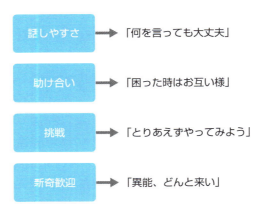

［出所］『心理的安全性のつくりかた「心理的柔軟性」が困難を乗り越えるチームに変える』（石井遼介著、2020年、日本能率協会マネジメントセンター刊）をもとに筆者作成

1999年に、心理的安全性という概念を提唱したのはハーバード大学のエイミー・C・エドモンドソン*教授です。

エドモンドソン教授による心理的安全性の定義は少々難しい表現ですが、同書から引用して紹介します。

＊**エイミー・C・エドモンドソン**　Amy C. Edmondson。1959年生まれ。ハーバード大学ビジネススクール教授、学者、作家。リーダーシップ、チーム編成、組織学習を専門とする。

> チームの心理的安全性とは、チームの中で対人関係におけるリスクをとって
> も大丈夫だ、というチームメンバーに共有される信念のこと。

　石井氏は、対人関係におけるリスクとは「チームの成果のためや、チームへの
貢献を意図して行動したとしても、罰を受けるかもしれない」という不安を感じて
いる状況だといいます。この定義に基づいて、みずほフィナンシャルグループの
報告書を読むと、心理的に「安全でない」組織だったと考えられます。

▶ 組織変革の3段階

　組織文化、組織風土を変革する道のりは、険しいと予想されます。同書では、
変革には3段階があると解説しています。変革をもたらす3段階とは、4つの要素
の向上を阻害する環境要因ともいえるそうです。つまりブランディングを阻害する
環境要因ということです。変革しやすい順に3段階を示します。

●行動・スキル

　4つの要素を実現するため、言葉にして伝えることが大事です。コミュニケーショ
ン・スキルが求められます。ブランディング推進エンジンを駆動させるためのノウ
ハウやスキル習得の秘訣として、第4章から6-4節までに解説したことの中に、心
理的安全に必要な行動やスキルが含まれています。

●関係性・カルチャー

　組織行動の積み重ねにより根付いた、組織としての習慣や行動のパターンを指
します。例えば、トヨタ自動車の場合、子会社や販売代理店などのステークホルダー
との関係性やカルチャーが挙げられます。

●構造・環境

　最も変革が困難な段階で、会社や事業、ビジネスの仕組み自体に起因する構造
的な問題を指します。トヨタグループの不正問題は、この「構造・環境」に深く関
わっていると考えられます。

6-5　企業ブランドを守り続ける

変革の3段階

		定義
変えにくい ↑ ↓ 変えやすい	構造・環境	会社や事業・ビジネスの仕組み自体に起因する構造・環境要因 ・パワーバランス ・組織構造 ・ビジネスプロセス ・業態上の成約
	関係性・カルチャー	組織・チームが背負った歴史に起因する、チームとしての習慣・行動パターン
	行動・スキル	一人一人が行動を取るかどうか。また的確なタイミング・品質の行動が取れるかどうか（スキル）

[出所]『心理的安全性のつくりかた「心理的柔軟性」が困難を乗り越えるチームに変える』（石井遼介著、2020年、日本能率協会マネジメントセンター刊）

日本型下請け構造「系列」

　ブランディングの王道を歩むためには構造・環境の変革にまで着手する覚悟が問われます。どの業界にもブランディングを阻む構造・環境が横たわっていることを忘れてはなりません。歴史的に作られてきた根が深い障壁であり、環境です。現在の経済社会が誕生した頃に遡って確認してみましょう。

　日本の企業経営は第二次世界大戦後から新たな時代に突入しました。民主主義、そして資本主義が注入され、発展を遂げます。高度経済成長期を迎え、大量生産・大量消費の時代へと進みます。当時、まだ小さかった多くのベンチャー企業が、大企業へと成長していきます。

　競争力の源泉となっていたのが、主要業界の「系列」でした。財閥系商社や銀行も力を持ちます。商社は、日本独特のビジネスモデルです。五大財閥は現在も勢力は衰えていません。自動車業界、電機業界、建設業界など、それぞれの業界で、大企業と中小企業の間に日本型の下請け構造が確立されました。これがいわゆる「系列」です。

　護送船団方式といい、国・行政、所轄省庁を挙げ、各業界を発展させようと日本全体が一丸となって、高度経済成長を遂げました。その過程で、日本型の下請け構造が完全確立したと見ています。高度経済成長の時代には非常に優秀で有効な仕組みだったからこそ、成長を遂げることができたことは疑う余地はありません。

6-5　企業ブランドを守り続ける

建設業界の多重下請け構造

ゼネコン
（元請け）

サブコン
（専門工事事業者）

2次下請け
（専門工事事業者）

3次下請け
（技能労働者・労務作業員）

IT業界の多重下請け構造

元請け企業

2次請け企業

3次請け企業

4次請け企業

すべてのステークホルダーに心理的安全性を

　しかし、1989年12月、米国と旧ソ連による東西冷戦が終結。これを機に平和の配当として軍事技術であったインターネットが一気に経済社会、市場に広がります。同時に市場もグローバルへと開かれました。

　すると、日本型下請け構造全体がもともとはらんでいたリスクのマイナス面が現れます。さらに金融資本主義、株主至上主義が日本の経済社会を跋扈し、拍車をかけます。「系列」はそのまま業界構造として固定され、不条理や不合理が渦巻く業界慣習が根深く定着してしまいました。

　今もなお、業界における同調圧力はさまざまな業界で幅を利かしています。日本企業にブランディングが定着しない要因として、2-4節でも解説したことです。先に少し触れた自動車業界だけでなく、建設業界、テレビ業界、コンビニエンスストア業界など、たびたび報道されている通りです。

　社員、取引先だけでなく、顧客との間でも心理的安全性は実現されてしかるべきです。株主との間でも同様です。それぞれのステークホルダーとの関係において話しやすさ、助け合い、挑戦、新奇歓迎の4つの要素がそろっていることが大切です。

第6章　実践編③真のブランディングがもたらす企業の未来、社会の未来

6-5 企業ブランドを守り続ける

すべてのステークホルダーに心理的安全性を

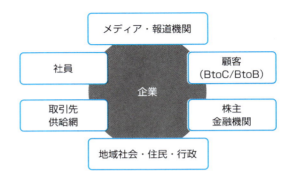

　どちらかが相手に対して、話しにくさを感じ、助けを求められない。失敗を責められるから挑戦しにくい。新しい提案は歓迎されない。そんな思いを持っているのであれば、心理的安全性を感じられないということです。顧客、取引先、パートナー、株主に対しての感情、あるいは彼らの自社に対する感情を把握することが重要です。

▶ ステークホルダーそれぞれが主人公として物語を紡ぐ

　行き過ぎた金融資本主義、株主至上主義がブランディングに多大なる負の影響を与えてきた歴史がありました。近年、ステークホルダー資本主義は国際社会で脚光を浴び始めています。しかし、残念ながら、事実として株主至上主義はまだ終わりを告げていません。多くの上場企業が株主の顔色を気にして、株主のみに過剰な利益を還元しようとする姿勢がまだ散見されます。

　さらに日本型下請け構造「系列」における負の側面がブランディングを阻む障壁として、日本企業の目の前に厳然と立ちはだかっています。川上から川下へと連なるサプライチェーンにもブランディングを阻む要因が潜んでいます。企業規模の大小により、立場が弱い方が不利益を被りがちです。

　企業にとってのステークホルダーは、それぞれが社会を構成する一員です。それぞれが主体として、この社会に存立しています。つまり一人ひとりが紛れもない主人公なのです。そして、主人公としての物語が今も紡がれています。視点、立場を変えると主人公が脇役に、脇役が主人公へと変わります。地域魅力創造サイクルとブランディング推進エンジンがその証左ともいえます。

ステークホルダーそれぞれが主人公の物語

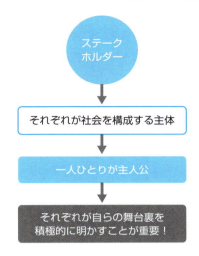

　ですから、それぞれが自らの舞台裏を積極的に明かすことが決定的に重要です。個人も法人も、そして業界全体も本音を自己開示することから真のブランディングは始まります。舞台裏を堂々と明かすことから始まるのです。

企業の未来、社会の未来

　ステークホルダーは、役割や立場にそれぞれ違いがあります。しかし、本質的に価値はすべて同等です。ステークホルダーは価値を共に生み出す仲間たちです。一人ひとりの心に、仲間全員の魅力が焼き印されている状態が本来あるべき関係なのです。誰もが迷いなく「私たちは仲間だ」と宣言できる関係を築くことが真のブランディングです。

　すべてのステークホルダーには、物心両面にわたる適正利益を享受する権利があるといえます。誰かを不当に扱い、誰かが不条理と不合理を味わうような関係は健全ではありません。一部の過剰な能力を有する主体が社会全体の心理的安全性を脅かしています。個人、家庭、地域、社会、国家、世界につながる階層すべてで脅威が生まれています。

6-5　企業ブランドを守り続ける

　金融資本主義、日本特有の同調圧力、業界慣習がブランディングの王道を歩むことを妨げています。挑戦的な態度で、真っ向からブランディングを否定してかかります。しかし、ブランディング責任者は臆することなく、正面から現実と向き合い、「目の前」にいるステークホルダーと向き合いましょう。

　ステークホルダーは、価値を共に生み出す大切な仲間たちです。喜び、苦しみ、悔しさを明かし合い、分かち合いながら、永続を目指す物語を共に紡いでいきましょう。その歩みの先に見える企業の未来、社会の未来では、みんなで笑い合える社会が待っていると信じています。

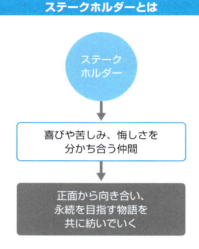

ステークホルダーとは

索 引
I N D E X

英数字

AIDMA ・・・・・・・・・・・・・・・・・・・・・・・・・・・・ 225
AISAS ・・・・・・・・・・・・・・・・・・・・・・・・・・・・・ 225
BtoB/BtoC ・・・・・・・・・・・・・・・・・・・・・19、95
CSR ・・・・・・・・・・・・・・・・・・・・・・・21、30、40
CSR報告書 ・・・・・・・・・・・・・・・・・・・ 40、108
CSV ・・・・・・・・・・・・・・・・・・・・・・・・・・・・・・・・17
CX ・・・・・・・・・・・・・・・・・・・・・・・・・・・・・・・・・83
DISCO VALUES ・・・・・・・・・・・・・・・・・・ 163
How ・・・・・・・・・・・・・・・・・・・・・・・・・・・・・・・33
ISO26000 ・・・・・・・・・・・・・・・・・・・・・・・・・40
ISO31000 ・・・・・・・・・・・・・・・・・・・・・・・・・43
LP・・・・・・・・・・・・・・・・・・・・・・・・・・・ 79、124
LTV ・・・・・・・・・・・・・・・・・・・・・・・・・・・・・・・20
mGAP ・・・・・・・・・・・・・・・・・・・・・・・・・・・・ 273
Mission・・・・・・・・・・・・・・・・・ 31、32、235
MVV・・・・・・・・・・・・・・ 30、31、35、280
NPS ・・・・・・・・・・・・・・・・・・・・・・・・・・・・・ 172
SECIモデル・・・・・・・・・・・・・・・・・・・・・・・ 269
SIPS ・・・・・・・・・・・・・・・・・・・・・・・・・・・・・ 225
SNS ・・・・・・・・・・・・・・・・・・・・・・・ 10、143
SNSブランディング/マーケティング ・・ 224
SRI ・・・・・・・・・・・・・・・・・・・・・・・・・・・・・・・21
SWOT分析 ・・・・・・・・・・・・・・・・・・・・・・・・29
UX ・・・・・・・・・・・・・・・・・・・・・・・・・・・・・・・83
Value・・・・・・・・・・・・・・・・・・・・・・・・・31、32
Vision ・・・・・・・・・・・・・・・・・ 31、32、235
VOC ・・・・・・・・・・・・・・・・・・・・・・・・ 83、183
What ・・・・・・・・・・・・・・・・・・・・・・・・・・・・・33
Why ・・・・・・・・・・・・・・・・・・・・・・・・・・・・・33

あ行

アニュアルレポート・・・ 40、62、80、190
アブラハム・H・マズロー ・・・・・・・・・・・ 150

ありたい姿・・・・・・・・・・・・・・・・・・・・・・・・・・16
安全欲求・・・・・・・・・・・・・・・・・・・・151、153
暗黙知・・・・・・・・・・・・・・・・・・・・・・・・・・ 270
一貫性・・・・・・・・・・・・・・・・・・・・・・・・・・・・66
一斉配信サービス・・・・・・・・・・・・・258、259
イベント・・・・・・・・・・・・・・・・・・・・・・・・・ 143
印刷媒体・・・・・・・・ 143、200、202、218
印象(イメージ)・・・・・・・・・・・・・・・125、144
インターナル・コミュニケーション・・・・・42
インタビュー記事・・・・・・・・・・・・・118、125
インナーブランディング・・・・・・・・ 18、233
インフルエンサー・・・・・・・・・・・・・・・・・ 226
右脳・・・・・・・・・・・・・・・・・・・・・・・・・・・・・69
エイミー・C・エドモンドソン ・・・・・・・・ 290
営利法人・・・・・・・・・・・・・・・・・・・・・・・・・13
エバンジェリスト・・・・・・・ 155、157、159
応援者・・・・・・・・・ 155、158、159、160
オウンドメディア・・・・・・・・・・・・・ 79、116
公からの発表・・・・・・・・・・・・99、102、109
オフラインの情報発信・・・・・・・・・・・・・・・80
表舞台・・・・・・・・・・ 123、130、145、175
オンラインの情報発信・・・・・・・・・・ 79、143

か行

外的キャリア・・・・・・・・・・・・・・・・・・・・・ 137
外部環境・・・・・・・・・・・・・・・・・・・・・・・・・29
価格選好者・・・・・・・・・・・・・・・・・・156、160
価値観・・・・・・・・・・・・・・・・・・・・・・・・・・・32
カテゴリー・・・・・・・・・・・・・・・・・・・・・・・ 237
カテゴリー機能・・・・・・・・・・・・・・・・・・・ 221
カネ・・・・・・・・・・・・・・・・・・・・・・・・・46、47
株主・・・・・・・・・・・・・・・・・・・・・・・・19、21
株主至上主義・・・・・・・・・・・・・・・・・・・ 164
環境報告書・・・・・・・・・・・・・・・・・・・・・ 108

関与する生活者・・・・・・・・・・・・・・・・・・・・ 226
機会／脅威・・・・・・・・・・・・・・・・・・・・・・・・・29
企業 ・・・・・・・・・・・・・・・・・・・・・・・・・・・・・・・10
企業価値・・・・・・・・・・・・・・・・・・30、48、58
企業広報戦略研究所・・・・・・・・・・・ 94、110
企業市民・・・・・・・・・・・・・・・・・・・・・・13、22
企業の社会的責任・・・・・・・・・・・・・・・・・・・30
企業の人格・・・・・・・・・・・・・・・・・ 50、236
企業の人格シート・・・・・・・・・・・・・・233、236
企業の人生観・・・・・・・・・・・・・・・・・・・・・・・・32
企業ブランディング・・・ 56、71、85、120
企業ブランド・・・・・・・・・・・・・・・・・・・・・・・・57
記者クラブ・・・・・・・・・・・・・・・・・・・・ 254
記者発表会／記者懇親会・・・・・・・・・・・・・ 262
機能的価値・・・・・・・・・・・・・・・・・・・・・57、63
機能的な側面・・ 57、68、82、120、145
業界紙・・・・・・・・・・・・・・・・・・・・・・・・・・ 136
業界団体・・・・・・・・・・・・・・・・・・・・136、257
共感・・・・・・・・・・・・・・・・ 223、226、228
供給網・・・・・・・・・・・・・・・・・・・・・・・・・・・・19
行政機関・・・・・・・・・・・・・・・・・・・・・・・・・・22
業績・・・・・・・・・・・・・・・・・・・・・・・・・・・・・62
共有価値の創造・・・・・・・・・・・・・・・・・・・・・17
金融機関・・・・・・・・・・・・・・・・・・・・・19、21
経営資源・・・・・・・・・・・・・・・・・・・・30、46
経営者・・・・・・・・・・・・・・・・・・・・・・・・・・・18
経営戦略・・・・・・・・・・・・・・・ 30、38、234
経営目的・・・・・・・・・・・・・・・・・・・・30、31
経済広報センター・・・・・・・・・・・・・ 94、105
形式知・・・・・・・・・・・・・・・・・・・・・・・ 270
継続意欲・・・・・・・・・・・・・・・・・・・・・・・ 172
顕示性・・・・・・・・・・・・・・・・・・・・・ 66、145
コアコンピタンス・・・・・・・・・・・・・・・・・・・66
公益法人・・・・・・・・・・・・・・・・・・・・・・・・・14
公式SNS・・・・・・・・・・・・・・・・・・・・・ 212
広報／PR ・・・・・・・・・・・・・・・・・・30、41
コーポレート・レピュテーション・・・・・・・65

コーポレートサイト・・・・・・・・・・・・・・・・・ 108
コーポレートサイト掲載・・・・・・・・・・・ 260
ゴールデンサークル理論・・・・・・・・・・・・・・33
顧客・・・・・・・・・・・・・・・・・ 19、20、155
顧客体験・・・・・・・・・・・・・・83、131、183
顧客不満足度調査・・・・・・・・・・・・・・・・・ 172
コタツ記事・・・・・・・・・・・・・・・・・・・・・ 252
コミュニケーション・・・・・・・・・・・・・・・・・41
コミュニケーション戦略・・・・・・・234、243
コミュニケーション戦略シート・・233、239
コミュニケーション不全・・・・・・・・・・・・ 281
コンテンツ・・・・・・・・・・・・・・・・・・・・・ 207
コンテンツの質／量／間
・・・・・・・・・ 207、208、209、210

さ行

財務的魅力・・・・・・・・・・・・・・・・・・・・・ 110
採用LP・・・・・・・・・・・・・・・ 125、126、139
左脳・・・・・・・・・・・・・・・・・・・・・・・・・・・・68
参加者・・・・・・・・・ 155、158、159、160
三現主義・・・・・・・・・・・・・・・・・・・・・・・ 186
三方よし・・・・・・・・・・・・・・・・・・・・・・・・・25
支援者・・・・・・・・・ 155、158、159、160
自己開示・・・・・・・・・・・・・・・・・・・・・・・・・45
自己実現欲求・・・・・・・・・・・・・・・・151、153
事実（ファクト）・・・・・・・・・・・・・・・125、144
持続可能な社会・・・・・・・・・・・・・・・・・・・・11
自治体・・・・・・・・・・・・・・・・・・・・・・・ 256
シティプロモーション・・・・・・・・・・・・・・・ 266
使命・・・・・・・・・・・・・・・・・・・・・・・・・・・・32
社会・・・・・・・・・・・・・・・・・・・・・・・・・・・・10
社会的欲求・・・・・・・・・・・・・・・・・・151、153
社内コミュニケーション・・・・・・・・・・・・・・42
修正地域参画総量指数・・・・・・・・・・・・・・ 273
取材交渉／誘致・・・・・・・・・・・・・・・・・・ 263
商工会議所・・・・・・・・・・・・・・・・・・・・・ 256
情緒的価値・・・・・・・・・・・・・・・・・・・・57、63

情緒的な側面‥ 57、68、82、120、145
承認欲求‥‥‥‥‥‥‥‥‥151、153
情熱‥‥‥‥ 38、74、88、117、130、
　　　　　　149、243、275、280
商品的魅力‥‥‥‥‥‥‥‥‥‥ 110
情報‥‥‥‥‥‥‥‥‥‥‥46、47
情報開示‥‥‥‥‥‥‥‥ 40、247
情報の非対称性‥‥‥‥‥‥‥‥58
情報発信‥‥‥‥‥ 26、71、78、142
情報発信の棚卸し‥‥‥ 143、239、242
情報発信の棚卸しシート‥‥‥147、232
情報リテラシー‥‥‥‥‥‥‥‥27
将来像‥‥‥‥‥‥‥‥‥‥‥‥32
真実性‥‥‥‥‥‥‥‥‥‥‥‥66
人的資本経営‥‥‥‥‥‥‥‥ 190
人的魅力‥‥‥‥‥‥‥‥‥‥ 110
心理的安全性‥‥‥‥‥‥‥117、289
推奨意欲‥‥‥‥‥‥‥‥‥‥ 172
ステークホルダー‥‥‥‥‥16、18、25
ステークホルダー・エンゲージメント‥‥40
ステークホルダー・ファースト‥‥‥‥ 253
ステークホルダー関係診断表‥‥‥169、232
ステークホルダー資本主義‥‥‥25、31、39
ステークホルダー別舞台裏一覧表
　　‥‥‥‥‥ 194、198、232、238
ステークホルダーマップ‥‥‥‥‥‥ 166
ストック型‥‥‥‥‥‥‥‥213、214
ストックホルダー‥‥‥‥‥‥‥‥25
生活者‥‥‥‥‥‥‥‥‥‥ 94、102
成長段階‥‥‥‥‥‥‥‥‥‥ 150
生理的欲求‥‥‥‥‥‥‥‥151、153
説明責任‥‥‥‥‥‥‥‥ 40、247
セミナー‥‥‥‥‥‥‥‥‥‥ 136
専門家の知識‥‥‥‥‥ 100、103、109
創業ストーリー‥‥‥‥‥‥‥176、181
ソーシャル・キャピタル‥‥‥‥ 64、190
ソーシャル・ネットワーキング・サービス

‥‥‥‥‥‥‥‥‥‥‥‥‥‥‥10
組織変革の3段階‥‥‥‥‥‥‥‥ 291
孫子‥‥‥‥‥‥‥‥‥‥‥‥‥28

た行

地域社会‥‥‥‥‥‥‥‥‥ 19、22
地域魅力創造サイクル‥‥‥‥‥‥ 266
知的財産‥‥‥‥‥‥‥‥‥‥‥46
知的資本‥‥‥‥‥‥‥‥‥‥ 190
知の深化‥‥‥‥‥‥‥‥‥‥‥84
知の探索‥‥‥‥‥‥‥‥‥‥‥84
地方公共団体‥‥‥‥‥‥‥‥‥14
チャールズ・J・フォンブラン ‥‥‥‥65
中央省庁‥‥‥‥‥‥‥‥‥‥ 255
常にさらすアプローチ‥‥‥‥‥‥ 104
展示会‥‥‥‥‥‥‥‥‥‥‥ 136
電子媒体‥‥‥‥ 200、202、203、220
伝道者‥‥‥‥‥ 155、157、159、160
電波媒体‥‥‥‥‥‥‥‥‥‥ 200
動画配信‥‥‥‥‥‥‥‥‥‥ 143
統合報告書‥‥‥‥‥ 39、62、108、190
当事者の見解‥‥‥‥‥ 100、103、109
同調圧力‥‥‥‥‥‥‥‥‥‥‥91
透明性‥‥‥‥‥‥‥‥‥45、62、66
独自性‥‥‥‥‥‥‥‥‥‥‥‥66
共創エンジン‥‥‥‥‥‥‥‥‥ 272
トヨタイムズ‥‥‥‥‥‥‥‥‥ 186
取引先‥‥‥‥‥‥‥‥‥‥ 19、21

な行

内的キャリア‥‥‥‥‥‥‥‥‥ 137
内部環境‥‥‥‥‥‥‥‥‥‥‥29
仲間意識‥‥‥‥‥‥‥‥‥‥ 223
日経テレコン‥‥‥‥‥‥‥‥‥ 259
日本型下請け構造‥‥‥‥‥‥‥‥ 292
ニュースリリース‥‥‥‥ 251、260、261

ニュースルーム・・・・・・・・・・・・・108、212、
　　　　　　　　215、216、219、
　　　　　　　　220、223、245
ニュースルーム掲載・・・・・・・・・・・・・・・・・260
任意団体・・・・・・・・・・・・・・・・・・・・・・・・・・・14
認知不協和・・・・・・・・・・・・・・・・・・・・・・・・・91
ネット広告・・・・・・・・・・・・・・・・・・・・20、145
能力と動機・・・・・・・・・・・・・・・・・58、60、66

は行

パーティシパント・・・・・・・155、158、159
パートナー・・・・・・・・・・・・・・・・・・・・・・・・・21
パーパス経営・・・・・・・・・・・・・・・・・・・・・・・15
媒体・・・・・・・・・・・・・・・・・・・・・・・・・・・・・199
媒体展開・・・・・・・・・・・・・・・・・・・・・・・・・245
弾み車効果・・・・・・・・・・・・・・・・・・・・・・・277
バズる・・・・・・・・・・・・・・・・・・・・・・・・・・・127
バックデート機能・・・・・・・・・・・・・・・・・・・221
発信手段・・・・・・・・・・・・・・・・・・・・・・・・・143
発信対象・・・・・・・・・・・・・・・・・・・143、145
発信内容・・・・・・・・・・・・・・・・・・・・・・・・・143
バッドニュース・ファーストの原則・・・・198
パブリシティのわな・・・・・・・・・・・・・・・・・252
針鼠の概念・・・・・・・・・・・・・・・・・・・・・・・75
反射体・・・・・・・・・・・・・・・・・・・・・・・・・・152
ピーター・ドラッカー・・・・・・・・・・・・・11、33
非営利法人・・・・・・・・・・・・・・・・・・・・・・・14
ヒト・・・・・・・・・・・・・・・・・・・・・・・・・・・・・・46
ファクトブック・・・・・・・・・・・・・・・・80、108
ファン・・・・・・・・・・・・・・・・155、158、159
風評被害・・・・・・・・・・・・・・・・・・・・・・・・・65
フェイクニュース・・・・・・・・・・・・・・・・・・・・98
不確実性・・・・・・・・・・・・・・・・・・・・・・・・・44
舞台裏・・・・・・・・・・・・・・・123、128、130、
　　　　　　　132、145、175、176
プッシュ型・・・・・・・・・・・・・・・・・・・・・・・・204

ブランディング・・・・・・・・25、29、46、50、
　　　　　　　　52、55、71、77、
　　　　　　　　120、130、231、
　　　　　　　　242、280、289
ブランディング推進エンジン・・・・231、271
ブランディング年間活動計画シート
　　・・・・・・・・・・・・・・・・・・・・・・・・234、248
ブランドの4要素・・・・・・・・・・・・・・・・・・・87
プル型・・・・・・・・・・・・・・・・・・・・・・・・・・204
プレスイベント・・・・・・・・・・・・・・・・・・・・262
プレスセミナー・・・・・・・・・・・・・・・・・・・・262
プレスリリース・・・・・・・・・・・・・・251、259
フロー型・・・・・・・・・・・・・・・・・・・213、214
プロモート企画・・・・・・・・・・・・・・・・・・・264
ペルソナ・・・・・・・・・・・・・・・・・・・・・・・・235
法人・・・・・・・・・・・・・・・・・・・・・・・・・・・・12
報道関係者・・・・・・115、251、254、259
報道機関・・・・・・・・・・・・・・19、21、244
ポストトゥルース・・・・・・・・・・・・・・・・・・・98

ま行

マーケティング・・・・・・・・・・・・・・・・26、77
マイケル・ポーター・・・・・・・・・・・・・・・・・17
マス4媒体・・・・・・・・・・・・・・・・・・・・・・・20
魔法の杖・・・・・・・・・・・・・・・・・・・・・・・211
マルクス・ガブリエル・・・・・・・・・・・・・・・・62
見える化・・・・・・・・・67、90、103、104、
　　　　　　130、131、134、141、196
魅力度ブランディング調査・・・・・・・・・・・112
魅力度ブランディングモデル・・・・・・・・110
みんなの意見・・・・・・・・・・100、102、109
無形資産・・・・・・・・・・・・・・・・・・・・・・・・64
無形資本・・・・・・・・・・・・・・・・・・・・64、190
群れで見せるアプローチ・・・・・・・・・・・・104
メールアラート機能・・・・・・・・・・・・・・・・222
メールマガジン・・・・・・・・・・・・・・・・・・・143
メディア・・・・・・・・・・・・・・・・・・・・・19、21

メディア・ファースト・・・・・・・・・・・・・・・ 251
メディア・リレーションズ
　・・・・・・・・・・・・・・・・・・・ 251、254、261
メディア環境研究所・・・・・・・・・・・・・・94、95
メディア訪問/メディアキャラバン・・・・・ 264
モノ・・・・・・・・・・・・・・・・・・・・・・・・・・・・・・・・46

や行

焼き印・・・・・・・・・・・・・・・・・・・ 55、71、207
ユーザーズボイス・・・・・・・・・・・・・・・・・・・ 183
優良顧客・・・・・・・・・・・・・・・・・・・・・155、159
揺るぎない誓い・・・・・・・・・・・・・・・・・・・・・・34
欲求5段階説 ・・・・・・・・・・・・・・・・・150、157

ら行

ラグジュアリーブランド・・・・ 57、86、179
リ・ブランディング・・・・・・・・・・・・・・・・・・52
リアル・・・・・・・・・・・・・・・・・・・・・114、143
リード獲得・・・・・・・・・・・・・・・・・・・124、146
利害関係者・・・・・・・・・・・・・・・・・・・・・・・・・16
リスク・・・・・・・・・・・・・・・・・・・・・・・・・・・・・43
リスクコントロール/対策・・・・・・・・・・・・・46
リスクマネジメント・・・ 30、42、46、234
両利きの経営・・・・・・・・・・・・・・・・・・・・・・・84
レピュテーション・・・・・・・・・・・・・・・・・・・65
レピュテーション・リスク・・・・・・・・・・・・・65
ロイヤルカスタマー
　・・・・・・・ 118、132、155、158、159
六方よし・・・・・・・・・・・・・・・・・・・・・・・・・ 165

索引

301

■主要参考文献

『安心社会から信頼社会へ 日本型システムの行方』(山岸俊男著、1999年、中央公論新社刊)

『リスク 神々への反逆』(ピーター・バーンスタイン著、1998年、日本経済新聞出版刊)

『ビジョナリー・カンパニー 2 飛躍の法則』(ジム・コリンズ著、2001年、日経BP刊)

『ネクスト・ソサエティー 歴史が見たことのない未来がはじまる』(P.F.ドラッカー著、2002年、ダイヤモンド社刊)

『コーポレート・レピュテーション』(チャールズ・J.フォンブラン著、2005年、東洋経済新報社刊)

『安全と安心の科学』(村上陽一郎著、2005年、集英社刊)

『「良心ある企業」の見わけ方 向社会性という新しい企業価値』(小檜雅章著、2006年、宝島社刊)

『組織行動の「まずい!!」学 どうして失敗が繰り返されるのか』(樋口晴彦著、2006年、祥伝社刊)

『「まずい!!」学 組織はこうしてウソをつく』(樋口晴彦著、2007年、祥伝社刊)

『日本企業の知的資本マネジメント』(内田恭彦/ヨーラン・ルース著、2008年、中央経済社刊)

『日本の「安心」はなぜ消えたのか 社会心理学から見た現代日本の問題点』(山岸俊男著、2008年、集英社インターナショナル刊)

『法律より怖い「会社の掟」』(稲垣重雄著、2008年、講談社刊)

『「不正」は急に止まれない！』(中島茂著、2008年、日本経済新聞出版刊)

『顧客「不満足」度のつかみ方・活かし方 顧客の本音を引き出し、「業績＝顧客の支持率」を達成する』(武匠哲男著、2009年、PHP研究所刊)

『職場は感情で変わる』(高橋克徳著、2009年、講談社刊)

『「無形の強み」の活かし方 中小企業と地域産業の知的資産マネジメント』(中森孝文著、2009年、経済産業調査会刊)

『知的資本経営のすすめ 人財・組織・顧客による価値創造と持続成長モデル』(アクセル監、船橋仁編著、大庭史裕/河瀬誠著、2009年、生産性出版刊)

『不祥事は財産だ プラスに転じる組織行動の基本則』(樋口晴彦著、2009年、祥伝社刊)

『企業社会関係資本と市場評価 不祥事企業分析アプローチ』(北見幸一著、2010年、学文社刊)

『明日のコミュニケーション 「関与する生活者」に愛される方法』(佐藤尚之著、2011年、アスキー・メディアワークス刊)

『ソーシャル・キャピタル入門』(稲葉陽二著、2011年、中央公論新社刊)

『経営戦略の教科書』(遠藤功著、2011年7月、光文社刊)

『未来に選ばれる会社 CSRから始まるソーシャル・ブランディング』(森摂/オルタナ編集部著、2015年、学芸出版社刊)

『リスクマネジメント基礎講座』(2015年、日本リスクマネジャーアンドコンサルタント協会)

『物語戦略』(内田和成監修、岩井琢磨/牧口松二著、2016年、日経BP刊)

『世界のエリートはなぜ「美意識」を鍛えるのか？ 経営における「アート」と「サイエンス」』(山口周著、2017年、光文社刊)

『「失敗」からひも解くシティプロモーション なにが「成否」をわけたのか』(河井孝仁著、2017年、第一法規出版刊)

『広告ビジネスに関わる人のメディアガイド2018』(博報堂DYメディアパートナーズ編、2018年、宣伝会議刊)

『世界標準の経営理論』(入山章栄著、2019年、ダイヤモンド社刊)

『持続可能な資本主義 100年後も生き残る会社の「八方よし」の経営哲学』(新井和宏著、2019年、ディスカヴァー・トゥエンティワン刊)

『両利きの経営 「二兎を追う」戦略が未来を切り拓く』(チャールズ・A・オライリーほか著、2019年、東洋経済新報社刊)

『広告ビジネスに関わる人のメディアガイド2020』(博報堂DYメディアパートナーズ編、2020年、宣伝会議刊)

『ビジョナリー・カンパニー 弾み車の法則』(ジム・コリンズ著、2020年、日経BP刊)

『心理的安全性のつくりかた 「心理的柔軟性」が困難を乗り越えるチームに変える』(石井遼介著、2020年、日本能率協会マネジメントセンター刊)

『つながり過ぎた世界の先に』(マルクス・ガブリエル著、大野和基編、2021年、PHP研究所刊)

『カルティエ 最強のブランド創造経営 巨大ラグジュアリー複合企業「リシュモン」に学ぶ感性価値の高め方』(長沢伸也編著、杉本香七著、2021年、東洋経済新報社刊)

『六方よし経営 日本を元気にする新しいビジネスのかたち』(藻谷ゆかり著、2021年、日経BP刊)

『両利きの経営 「二兎を追う」戦略が未来を切り拓く 増補改訂版』(チャールズ・A・オライリーほか著、2022年、東洋経済新報社刊)

『戦略をやり切る組織の作り方 自ら考え、成長し続けるためのホンネ会議』(平尾貴治著、2023年、ゴマブックス刊)

『注意ワード・ポイントを押さえれば文章は簡単に直せる!! 執筆・推敲・リライト・校閲……これ1冊で解決』(前田安正著、2023年、東京堂出版刊)

『選ばれるブランディング・選ばれないブランディング 企業ブランド力向上の鍵を握る「舞台裏」』(荒木洋二著、2024年、セルバ出版刊)

『愛され続ける会社から学ぶ 応援ブランディング』(渡部直樹著、2024年、同文館出版刊)

『世界はナラティブでできている なぜ物語思考が重要なのか』(アンガス・フレッシャー著、2024年、青土社刊)

『ニッポンはじめて物語 世界初・日本初のヒット商品を生んだ開発者の熱き魂』(北辻利寿著、2024年、東京ニュース通信社刊)

■参照メディア

『組織的知識創造の新展開』(野中郁次郎著、DIAMONDハーバード・ビジネス1999年1-2月号)

『オーシャンズ8』(ゲイリー・ロス監督、ワーナーブラザーズ製作、2018年公開)

『Ferret』(2020年8月27日付記事)

『着飾る恋には理由があって』(TBS系「火曜ドラマ」、金子ありさ脚本、2021年4月20日〜6月22日放送)

『東洋経済ONLINE』(2021年6月23日付記事)

『月刊経済広報』(2021年7月号、経済広報センター刊)

『月刊経済広報』(2023年3月号、経済広報センター刊)

『日経ビジネス』(2023年6月23日付記事)

『日本経済新聞』(2024年4月4日付記事)

『DIAMOND ハーバードビジネスレビュー』(2024年5月2日付記事)

●著者紹介

荒木　洋二（あらき　ようじ）

株式会社AGENCY ONE 代表取締役。広報PRコンサルタント。中小・中堅企業、スタートアップを対象に広報・ブランディングの内製化を支援する「広報人倶楽部」主宰。広報PR歴27年。中小・中堅企業を中心に、広報戦略立案、記者発表会開催、個別インタビュー設定、プレスリリース作成、社内報・広報誌作成など、広報活動全般を支援。創業以来、「広報＝『企業の人格』形成」を信条に、広報人材育成にも取り組むとともに、1000社近くの経営者に広報・ブランディングの真髄を指南している。また、リスクマネジメント専門人材を育成する、NPO法人日本リスクマネジャー＆コンサルタント協会（略称：RMCA、1993年12月設立）の事務局長に2004年就任。理事・副理事長を経て、2013年より理事長に就任し、現在に至る。
主な著書に、『選ばれるブランディング・選ばれないブランディング』（2024年2月セルバ出版刊）がある。

●制作協力

児島 慎一（株式会社オープンマインド）

●作図

株式会社明昌堂

図解入門ビジネス
最新ブランディングの基本と動向がよ～くわかる本

発行日　2024年 10月 1日　　　　第1版第1刷

著　者　荒木　洋二

発行者　斉藤　和邦
発行所　株式会社　秀和システム
　　　　〒135-0016
　　　　東京都江東区東陽2-4-2　新宮ビル2F
　　　　Tel 03-6264-3105（販売）　Fax 03-6264-3094
印刷所　三松堂印刷株式会社　　　　Printed in Japan

ISBN978-4-7980-7299-9 C3034

定価はカバーに表示してあります。
乱丁本・落丁本はお取りかえいたします。
本書に関するご質問については、ご質問の内容と住所、氏名、電話番号を明記のうえ、当社編集部宛FAXまたは書面にてお送りください。お電話によるご質問は受け付けておりませんのであらかじめご了承ください。